浙江省高职院校"十四五"重点立项建设教材

U0646990

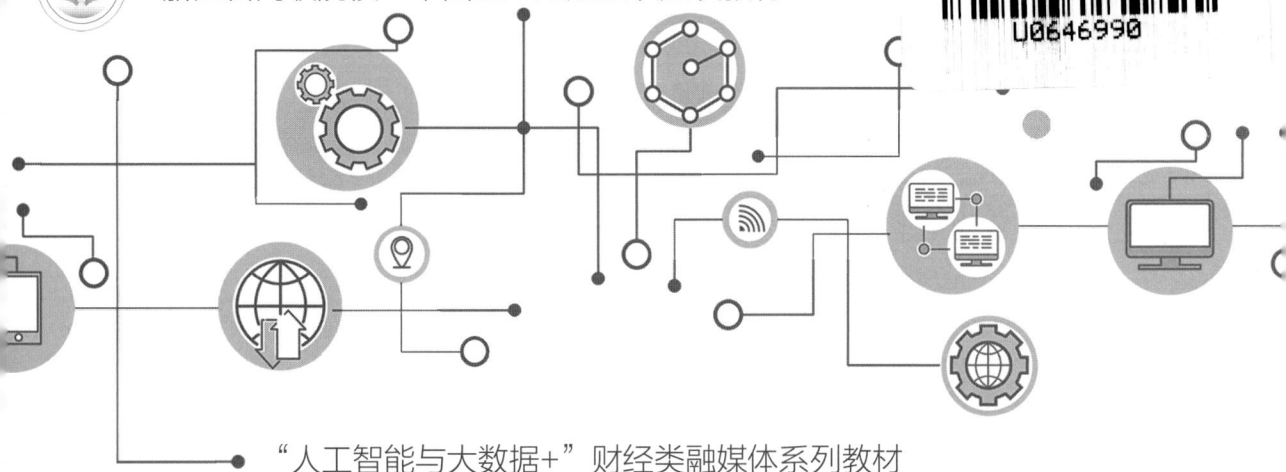

"人工智能与大数据+"财经类融媒体系列教材

TAX ACCOUNTING PRACTICE

税务会计实务

陈 影 ◎主编

魏 璐 蒋艳萍 ◎副主编

解勤华 胡开艳 钱 丹 裘家瑜 ◎参编

ZHEJIANG UNIVERSITY PRESS
浙江大学出版社
·杭州·

图书在版编目（CIP）数据

税务会计实务 / 陈影主编 . -- 杭州：浙江大学出
版社，2025.4. -- ISBN 978-7-308-26198-2

Ⅰ. F810.42

中国国家版本馆 CIP 数据核字第 20257RN338 号

税务会计实务
SHUIWU KUAIJI SHIWU

陈　影　主编

策划编辑	李　晨	
责任编辑	高士吟	
责任校对	沈巧华	
封面设计	春天书装	
出版发行	浙江大学出版社	
	（杭州市天目山路148号　邮政编码310007）	
	（网址：http://www.zjupress.com）	
排　　版	杭州晨特广告有限公司	
印　　刷	杭州宏雅印刷有限公司	
开　　本	787mm×1092mm　1/16	
印　　张	18.25	
字　　数	433千	
版 印 次	2025年4月第1版　2025年4月第1次印刷	
书　　号	ISBN 978-7-308-26198-2	
定　　价	58.80元	

前　言

党的二十大报告为新时代财税工作指明了方向,强调"高质量发展是全面建设社会主义现代化国家的首要任务",要求"健全现代预算制度,优化税制结构"[①]。在本教材的编写中,我们以党的二十大精神为纲领,从三方面推动理论与实践深度融合:一是政策导向,紧扣增值税改革、个人所得税专项附加扣除等最新税政,解析政策背后的内涵,帮助学生理解税收服务国家战略的深层逻辑;二是技术赋能,融入"金税四期"智能系统、电子发票区块链技术等数字化工具,强化科技在税务稽查、风险防控中的应用场景教学;三是育人革新,为贯彻落实国家职业教育改革实施方案,深化产教融合、校企合作,培养适应新时代需求的高素质技术技能型财税人才。

本教材以"岗课赛证"融通为核心理念,立足职业教育类型定位,结合财税领域数字化转型趋势,力求打造一本兼具理论深度与实践价值的特色化教材。

一、内容体系构建

课程以能力本位教育思想为理论基础,依据税务会计工作岗位的实际工作过程,确定典型任务,对标1+X证书内容及相关竞赛能力要求,明确知识技能要点。基于最新会计准则、税务政策,以学生需求为中心,依托工作过程系统化课程开发模式,设计8个实战项目,即税务会计工作认知、增值税会计实务、消费税会计实务、关税会计实务、企业所得税会计实务、个人所得税会计实务、财产和资源税类会计实务、特定行为目的税类会计实务,形成"项目—任务—能力点"三层架构。

教材集文本、微课视频、课程讲义、实例讨论、试题考评等于一体,资源丰富、更新及时、交互性强。通过云端联结浙江省精品在线课程——税务会计实务,构建"纸质教材、在线课程、拓展链接"三位一体的融媒体新形态教材。学生可登录浙江省高等学校在线开放课程平台(www.zjooc.cn),搜索"税务会计实务"课程,进入课程主页进行学习。

二、教材特色与创新

1.校企共育,产教协同

在教材编写过程中,深度引入行业、企业参与,将企业税务会计的操作流程系统融入课程标准,组建由企业专家共同构成的编写团队,并以企业案例丰富教材内容。坚持校企双元协同发展,创新采用"双项目、双线并行"案例,切实提升教材的适应性与实践性。

[①]习近平.高举中国特色社会主义伟大旗帜 为全面建设社会主义现代化国家而团结奋斗:在中国共产党第二十次全国代表大会上的报告[N].人民日报,2022-10-26(1).

2.思政融合,价值引领

本教材紧扣高等职业教育人才培养目标,以"立德树人"为根本任务,深度融合课程思政元素。通过真实企业案例、行业职业道德规范、税法政策解读等,潜移默化地引导学生树立依法纳税意识、强化社会责任担当。

3.专创融合,实践导向

教材突破传统税会分离模式,以企业全税种业务流程为主线,将创新创业思维融入税务筹划、优惠政策运用等环节。通过"虚拟仿真实训+企业真账实操"双轨模式,帮助学生构建从纳税申报到税务管理的完整能力链条。

4.职教出海,国际视野

在关税、企业所得税等章中增设"职教出海"数字资源,解析RCEP(区域全面经济伙伴关系协定)框架下的跨境税务规则,引入OECD(经济合作与发展组织)数字经济征税最新动态,培养学生应对全球化财税业务的职业素养。

5.数智赋能,技术驱动

创新设置"AI税务助手",详解智能报税系统、区块链电子发票、大数据风控平台的应用场景。特别针对重难点和实务操作环节,配套可视化操作指引与二维码拓展资源。

税务会计学习AI
工具及应用场景

三、适用对象与致谢

本教材既可作为高职院校大数据与会计等专业的核心课程教材,也可作为中小企业财税人员的岗位培训用书。

本教材的出版得益于浙江省高职院校"十四五"重点立项建设教材的支持,凝聚了财税专业教学团队十余年的教改成果,更离不开杭州耘穗财务咨询有限公司、杭州贝丰科技股份有限公司等合作企业提供的鲜活案例与技术指导。本教材由浙江同济科技职业学院陈影担任主编,浙江旅游职业学院魏璐、杭州贝丰科技股份有限公司蒋艳萍担任副主编,浙江同济科技职业学院解勤华、胡开艳、钱丹、裘家瑜参与了教材的编写。在编写过程中,陈影负责项目二、三、六的编写及全书的整体规划、审核,确保教材的系统性与准确性;魏璐负责项目四、五的编写;蒋艳萍结合企业实际需求,编写了教材实践案例,使教材内容更贴合实际工作需求。解勤华、胡开艳、钱丹、裘家瑜则承担了项目一、七、八的编写、试题校对等任务。编者们深入研究各自负责的内容,确保理论与实践相结合,为学生呈现丰富而实用的税务会计知识。在此向所有参与编写的校内外专家致以诚挚谢意!

教育改革永远在路上。尽管编写团队竭力确保内容的准确性与前瞻性,但囿于税收政策的动态调整特性,疏漏之处在所难免,恳请广大师生、业界同人批评指正。期待本教材能成为职业院校学子打开财税职业大门的金钥匙,为企业输送更多"懂政策、精实操、善沟通、守底线"的新时代税务会计人才。

陈 影

2025年2月

目　录

项目一　税务会计工作认知

任务一	税法基础知识	2
任务二	税务会计基础认知	10
任务三	税务管理	13
任务四	税款征收	17

项目二　增值税会计实务

任务一	增值税基础知识	27
任务二	增值税税款计算	40
任务三	增值税会计核算	57
任务四	增值税出口退税	72
任务五	增值税征收管理及税收优惠	81
任务六	增值税纳税申报	86

项目三　消费税会计实务

任务一	消费税基础知识	97
任务二	消费税税款计算	103
任务三	消费税会计核算	114
任务四	消费税出口退税	118
任务五	消费税征收管理及税收优惠	120
任务六	消费税纳税申报	122

项目四　关税会计实务

任务一　关税基础知识　　　130

任务二　关税税款计算　　　133

任务三　关税会计核算　　　138

任务四　关税征收管理及税收优惠　　　143

任务五　报关及关税缴纳　　　146

项目五　企业所得税会计实务

任务一　企业所得税基础知识　　　152

任务二　企业所得税税款计算　　　155

任务三　企业所得税会计核算　　　184

任务四　企业所得税征收管理及税收优惠　　　192

任务五　企业所得税纳税申报　　　197

项目六　个人所得税会计实务

任务一　个人所得税基础知识　　　207

任务二　个人所得税税款计算　　　210

任务三　个人所得税会计核算　　　226

任务四　个人所得税征收管理及税收优惠　　　228

任务五　个人所得税纳税申报　　　232

项目七　财产和资源税类会计实务

任务一　房产税　　　238

任务二　契　税　　　244

任务三　土地增值税　　　248

任务四　资源税　　　252

任务五　城镇土地使用税　　　259

项目八　特定行为目的税类会计实务

任务一　印花税　266

任务二　城市维护建设税、教育费附加及地方教育附加会计实务　271

任务三　车辆购置税　275

任务四　耕地占用税　279

◎ 职业能力目标

1.掌握税收、税法的概念、特征和关系。

2.掌握税法要素内涵，了解我国税收体系。

3.熟悉税务会计的概念、职能、方法、基本前提以及与财务会计的差异。

4.熟悉税务登记、账簿登记、纳税申报等相关内容。

5.能根据企业涉税的经济业务开具发票。

6.了解税款征收的方式、税款缴纳类型和税收法律责任。

◎ 典型工作任务

1.在了解我国现行税收体系的基础上，识别不同税种所属类型，判断不同环节应缴纳的税费。

2.设置初创企业涉税经济业务的会计科目及账簿。

3.数电发票的开具和使用。

◎ 素养提升

课程思政:理想信念 爱岗敬业　　　　专创融合:税法解码

💻 工作实例导入

北京鑫东科技有限公司为增值税一般纳税人,20×5年9月发生有关生产经营业务如下。

1.2日向上海宏达贸易公司(统一社会信用代码:7863829273448224)销售笔记本电脑10台,每台标价(不含税)4 500元。

2.4日向杭州耘升有限公司销售20台笔记本电脑,由于购买数量较大,给予购买方九折优惠,即每台标价(不含税)4 050元,并将折扣额与销售额开在一张专用发票上,开具增值税普通发票。

3.8日收到上海宏达贸易公司销售退货2台笔记本电脑,不含税销售单价4 500元,受票方未做增值税用途确认及入账确认,开具红字增值税专用发票。

笔记本电脑规格型号为 K19。

购买方基本信息如表 1-1 所示。

表 1-1　购买方基本信息①

名称	统一社会信用代码	购买方地址	电话	购买方开户银行	银行账号
上海宏达贸易公司	7863829273448224	上海市闵行区文达路6号	021-88722006	中国工商银行上海分行	1101003457009235321
杭州耘升有限公司	5367829273444568	杭州市滨江区南宁路3号	0571-34267845	杭州银行	4569003457009226543

任务要求：请开具数电发票。

任务一　税法基础知识

📱 任务引例

> A 企业为一般纳税人，20×5 年 5 月 15 日销售货物一批，开具增值税专用发票，注明销售额 100 万元，增值税 13 万元，货款未收到。
>
> 请判断 A 企业纳税义务的发生时间、纳税期限和缴库期限。
>
> 任务一　引例解析

ⓌＱ 知识储备与业务操作

1.微课：税法基础知识
2.税法基础知识讲义

一、税收与税法的内涵

(一)税收的概念

税收是政府为了满足社会公共需要，凭借政治权力，按照法律的规定，强制、无偿地取得财政收入的一种形式。理解税收的内涵需要从税收的分配关系本质、国家税权、税收目的、税收特点四个方面来把握。

1.税收是国家取得财政收入的一种重要工具，其本质是一种分配关系

国家要行使职能必须有一定的财政收入作为保障。国家取得财政收入的手段多种多样，如征税、发行货币、发行国债、收费、罚没等，其中税收是大部分国家取得财政收入的主要形式。在社会再生产过程中，分配是连接生产与消费的必要环节，在市场经济条件下，分配主要是对社会产品价值的分割。税收解决的是分配问题，是国家参与社会产品价值分配的

① 教材中出现的公司名称、统一社会信用代码、电话、银行账号、身份证号等信息均为虚构。

法定形式,处于社会再生产的分配环节,因而在本质上它体现的是一种分配关系。

2.国家征税的依据是政治权力,它有别于按生产要素进行的分配

国家通过征税,将一部分社会产品由纳税人所有转变为国家所有,因此征税的过程实际上是国家参与社会产品价值的分配过程。税收分配是以国家为主体进行的分配,而一般分配则是以各生产要素的所有者为主体进行的分配;税收分配是国家凭借政治权力,以法律形式进行的分配,而一般分配则是基于生产要素进行的分配。

3.国家征税的目的是满足社会公共需要

国家在履行其公共职能的过程中必然要有一定的公共支出。公共产品提供的特殊性决定了公共支出在一般情况下不可能由公民个人、企业自愿承担,而只能采用由国家强制征税的方式,由经济组织、单位和个人来负担。国家征税的目的是满足提供社会公共产品的需要,以及弥补市场失灵、促进公平分配等的需要。

4.税收具有无偿性、强制性和固定性

税收分配方式与其他方式相比,具有无偿性、强制性和固定性,我们习惯称其为税收的"三性"。"无偿性"是指国家征税后,税款即成为国家的财政收入,既不直接归还纳税人,也不向纳税人支付任何报酬;"强制性"是指国家以社会管理者的身份,用法律、法规等形式对征收捐税加以规定,并依照法律强制征收;"固定性"是指国家在征税之前,应以法律形式预先规定征税对象、征收标准、征税方式等,征纳双方必须遵守,法律法规不得随意变动。

思政园地:从税收的三性看公民责任与国家治理

税收的"三性"是一个完整的统一体,缺一不可,无偿性是税收分配的核心特征,强制性和固定性是对无偿性的保证和约束。税收的"三性"是税收本质的具体表现,是税收区别于其他财政收入形式的标志。 可以这样认为,一种财政收入如果同时具备税收"三性"的形式特征,即便不叫"税",实质上也是"税"。

(二)税法的概念

税法是指用以调整国家与纳税人之间在征纳税方面的权利及义务关系的法律规范的总称。 它构建了国家及纳税人依法征税、依法纳税的行为准则体系,其目的是保障国家利益和纳税人的合法权益,维护正常的税收秩序,保证国家的财政收入。税法体现为法律这一规范形式,是税收制度的核心内容。税法具有义务性法规和综合性法规的特点。

1.税法属于义务性法规

税法属于义务性法规,以规定纳税人的义务为主。但这并不是指税法没有规定纳税人的权利,而是指纳税人的权利是建立在其纳税义务的基础之上的,处于从属地位。税法属于义务性法规的这一特点是由税收的无偿性和强制性特点所决定的。

2.税法具有综合性法规的特点

税法是由一系列单行税收法律法规及行政规章制度组成的体系。其内容涉及课税的基本内容、征纳双方的权利和义务、税收管理规则、法律责任、解决税务争议的法律规范等。税

法具有综合性法规的特点是由税收制度所调整的税收分配关系和税收法律关系的复杂性所决定的。

税法的本质是正确处理国家与纳税人之间因税收而产生的税收法律关系和社会关系，税法既要保证国家税收收入，也要保护纳税人的权利，两者缺一不可。

(三)税收与税法的关系

税收与税法之间既存在区别又有联系。税收是经济学概念，其调整的对象是征税形成的分配关系；税法是法学概念，其调整的对象是税收法律关系主体的权利与义务关系。税收的无偿性、强制性、固定性决定了税收分配关系属于基本经济制度，应该以法律的形式来实现，因而税收是税法的主体内容，税法是税收的存在形式。

二、税法要素

1.微课：税制要素
2.税制要素讲义

税法要素是指各种单行税法具有的共同的基本要素的总称。由于税法是税收存在的重要形式，税法要素通常包括税种要素。一方面，税法要素既包括实体性的，也包括程序性的；另一方面，税法要素是所有完善的单行税法都共同具备的。仅为某一税法所单独具有而非普遍性的内容不构成税法要素，如扣缴义务人。税法要素一般包括总则、纳税人、征税对象、税率、纳税环节、纳税期限、纳税地点、税收优惠、罚则、附则等。税种要素则通常包含纳税义务人、征税对象、税目、税率、纳税环节、纳税期限、纳税地点、税收优惠等。

(一)总则

总则主要包括立法依据、立法目的、适用原则等。

(二)纳税人

纳税人也称纳税主体，是税法规定直接负有纳税义务的单位和个人，它是税款的法律承担者。纳税人可以是自然人，也可以是法人。

1.自然人

自然人是对能够独立享受法律规定的民事权利，并承担相应民事义务的普通人的总称。凡是在我国居住，可享受民事权利并承担民事义务的中国人、外国人或无国籍的人，以及虽不在我国居住，但受我国法律管辖的中国人或外国人，都属于负有纳税义务的自然人。

2.法人

法人是指依照法定程序成立，有一定的组织机构和法律地位，能以自己的名义独立支配属于自己的财产、收入，承担法律义务、行使法律规定权利的社会组织。如企业、事业单位、国家机关、社会团体、学校等都属于法人。法人若有税法规定的应税财产、收入和特定行为，就应对国家负有纳税义务。

与纳税人紧密联系的两个概念是代扣代缴义务人和代收代缴义务人。前者是指虽不承担纳税义务,但依照有关规定,在向纳税人支付收入、结算货款、收取费用时有义务代扣代缴其应纳税款的单位和个人,如出版社代扣代缴作者稿酬所得的个人所得税等。代收代缴义务人是指虽不承担纳税义务,但依照有关规定,在向纳税人收取商品或劳务收入时,有义务代收代缴其应纳税款的单位和个人。例如,委托加工的应税消费品,由受托方在向委托方交货时代收代缴委托方应该缴纳的消费税。

(三)征税对象

征税对象又称为课税对象、征税客体,是指税法规定的对什么征税,也是征纳税双方权利义务共同指向的客体或标的物,是区别一种税与另一种税的重要标志。例如,消费税的征税对象是所列举的应税消费品,房产税的征税对象是房屋等。征税对象是税法最基本的要素,因为它体现着征税的最基本界限,决定着某一种税的基本征税范围,同时,征税对象也决定了各个不同税种的名称。与征税对象相关的两个基本概念是税目和计税依据。

1.税目

税目是税法上规定的应征税的具体项目,是征税对象的具体化,反映各种税种具体的征税项目,它体现每个税种的征税广度。税目一般分为两种:①列举税目。列举税目就是将每一种商品或经营项目等,采用一一列举的方法分别规定税目,必要时还可以在税目之下划分若干子目;②概括税目。概括税目就是按照商品的大类或行业,采用概括方法设计税目。

2.计税依据

计税依据是征税对象的数量化,是应纳税额计算的基础。计税依据具体分为三种:①从价计征,即以计税金额为计税依据;②从量计征,即以征税对象的数量、重量、体积等为计税依据;③复合计税,即同时以征税对象的计税金额和实物单位量为计税依据。

(四)税率

税率是对征税对象的征收比例或征收程度。税率是计算税额的尺度,也是衡量税负轻重与否的重要标志。我国现行的税率主要有以下三种。

1.比例税率

比例税率是对同一征税对象,不分数额大小,规定相同的征收比例。如增值税、企业所得税等采用的是比例税率。比例税率在实际使用中又可分为三种具体形式。

(1)单一比例税率,是指对同一征税对象的所有纳税人都适用同一比例税率。

(2)差别比例税率,是指对同一征税对象的不同纳税人适用不同的比例征税。我国现行税法又分别按产品、行业和地区的不同将差别比例税率划分为以下三种类型:一是产品差别比例税率,即对不同产品分别适用不同的比例税率,同一产品采用同一比例税率,如消费税、关税等;二是行业差别比例税率,即对不同行业分别适用不同的比例税率,同一行业采用同一比例税率,如增值税等;三是地区差别比例税率,即对不同的地区分别适用不同的比例税率,同一地区采用同一比例税率,如城市维护建设税等。

(3)幅度比例税率,是指对同一征税对象,税法只规定最低税率和最高税率,各地区在该幅度内确定具体的适用税率,如契税。

2.累进税率

累进税率是指把计税依据按一定的标准划分为若干个等级,从低到高分别规定、逐级递增的税率。这种税率形式的特点是税率等级与计税依据的数额等级同方向变动,有利于按纳税人的不同负担能力设计税率,更加符合税收公平的原则。

累进税率按其累进依据和累进方式的不同,有以下三种形式。

(1)全额累进税率,是指将计税依据划分为若干个等级,从低到高每一个等级规定一个适用税率,当计税依据由低的一级升到高的一级时,全部计税依据均按高一级税率计算应纳税额。这种方式计算简便,但在两个等级的临界处,会出现应纳税额增加超过计税依据增加的不合理现象,有失公平,因此这种方法目前在世界各国已很少使用。

(2)超额累进税率,是指将计税依据划分为若干个等级,从低到高每一个等级规定一个适用税率,一定数额的计税依据可以同时适用几个等级的税率,每超过一级,超过部分按高一级的税率计税,各等级应纳税额之和为纳税人的应纳税总额。这种方式的累进程度比较缓和,目前已为多数国家所采用,如综合所得的个人所得税税率等。

(3)超率累进税率,是指以征税对象的某种比例为累进依据,按超额累进方式计算应纳税额的税率。其计税原理与超额累进税率相同,只是税率累进的依据不是征税对象的绝对数额,而是相对比率(增值率等),如我国现行的土地增值税税率等。

3.定额税率

定额税率即按征税对象确定的计算单位,直接规定一个固定的税额。目前采用定额税率的有城镇土地使用税和车船税等。

(五)纳税环节

纳税环节是指税法规定的征税对象在从生产到消费的流转过程中应当缴纳税款的环节。例如,流转税在生产和流通环节纳税、所得税在分配环节纳税等。纳税环节有广义和狭义之分。广义的纳税环节是指全部课税对象在再生产中的分布情况。例如,资源税分布在资源生产环节,商品和劳务税分布在生产或流通环节,所得税分布在分配环节等。狭义的纳税环节特指应税商品在流转过程中应纳税的环节。商品从生产到消费要经历诸多流转环节,各环节都会产生销售额,都可能成为纳税环节。但考虑到税收对经济的影响、财政收入的需要以及税收征管的能力等因素,国家常常对在商品流转过程中所征税种规定不同的征(纳)税环节。按照某税种征(纳)税环节的多少,可以将税种划分为一次课征制或多次课征制。

(六)纳税期限

纳税期限是指税法规定的关于税款缴纳时间即纳税时间方面的限定。税法关于纳税期限的规定,有以下三个相关概念。

1.纳税义务发生时间

纳税义务发生时间是指应税行为发生的时间。如增值税规定采取预收货款方式销售货物的,其纳税义务发生时间为货物发出的当天。

2.纳税期限

纳税人每次发生纳税义务后,每隔固定时间汇总一次纳税义务的时间。如增值税的具体纳税期限分别为1日、3日、5日、10日、15日、1个月或者1个季度。纳税人的具体纳税期限,由主管税务机关根据纳税人应纳税额的大小分别核定;不能按照固定期限纳税的,可以按次纳税。

3.缴库期限

缴库期限,即税法规定的纳税期满后,纳税人将应纳税款缴入国库的期限。例如,增值税纳税人以1个月或者1个季度为1个纳税期的,自期满之日起15日内申报纳税;以1日、3日、5日、10日或者15日为1个纳税期的,自期满之日起5日内预缴税款,于次月1日起15日内申报纳税并结清上月应纳税款。

(七)纳税地点

纳税地点主要是指根据各个税种纳税对象的纳税环节和有利于对税款的源泉控制而规定的纳税人的具体申报缴纳税款的地点,如纳税人的户籍所在地、居住地、生产经营所在地等。

(八)税收优惠

减税是对应纳税额少征一部分税款,而免税是对应纳税额全部免征税款。减税免税可以分为税基式减免、税率式减免和税额式减免三种形式。

1.税基式减免

税基式减免是指通过直接缩小计税依据的方式实现的减税免税。其涉及的概念包括起征点、免征额、项目扣除以及跨期结转等。

起征点是征税对象达到一定数额后开始征税的起点,对征税对象数额未达到起征点的不征税,达到起征点的按全部数额征税。免征额是在征税对象的全部数额中免予征税的数额,对免征额的部分不征税,仅对超过免征额的部分征税。项目扣除是指在征税对象中扣除一定项目的数额,以其余额作为依据计算税额。跨期结转是指将以前纳税年度的经营亏损从本纳税年度经营利润中扣除。

2.税率式减免

税率式减免是指通过直接降低税率的方式实现的减税免税。其具体内容包括重新确定税率、选用其他税率和零税率。

3.税额式减免

税额式减免是指通过直接减少应纳税额的方式实现的减税免税,包括全部免征、减半征收、核定减免率以及另定减征额等。

(九)罚则

罚则主要是指对纳税人违反税法的行为采取的处罚措施。违法行为是承担法律责任的前提,而法律制裁是追究法律责任的必然结果。

(十)附则

附则一般都规定了与该法紧密相关的内容,如税法的解释权、生效时间等。

三、我国税收体系

我国税收体系按照税法的职能作用不同,分为税收实体法和税收程序法。目前我国税收实体法有**18个税种**,分别是增值税、消费税、企业所得税、个人所得税、资源税、城市维护建设税、房产税、印花税、城镇土地使用税、土地增值税、车船税、船舶吨税、车辆购置税、烟叶税、耕地占用税、契税、环境保护税、关税。

思维导图:
我国现行税
收体系

(一)按征收权限分类

根据分税制财政管理体制,税收收入分为中央税、地方税和中央地方共享税。

1.中央税

中央税包括消费税(含进口环节海关代征部分)、车辆购置税、船舶吨税、关税、海关代征的进口环节增值税。

2.地方税

地方税包括城镇土地使用税、耕地占用税、土地增值税、房产税、车船税、契税、环境保护税和烟叶税。

3.中央地方共享税

中央地方共享税主要包括以下内容。

(1)增值税,不含进口环节由海关代征的部分,中央政府分享50%,地方政府分享50%。

(2)企业所得税,中国铁路总公司、各银行总行及海洋石油企业缴纳的部分归中央政府,其余部分由中央与地方政府按60%与40%的比例分享。

(3)个人所得税,中央与地方政府按60%与40%的比例分享。

(4)资源税,海洋石油企业缴纳的部分归中央政府,其余部分归地方政府。

(5)城市维护建设税,中国铁路总公司、各银行总行、各保险总公司集中缴纳的部分归中央政府,其余部分归地方政府。

(6)印花税,证券交易印花税归中央政府,其他印花税收入归地方政府。

(二)按征税对象分类

按征税对象的不同进行分类,是税收最基本和最主要的分类方法。

1.流转税

流转税是以商品或劳务的流转额为征税对象征收的一种税。这类税是以商品的货币交换为前提的,只要纳税人销售了货物或提供了劳务,取得了销售收入、营业收入或发生了支付金额,就应依法纳税。这类税涉及商品生产和流通的各个环节,主要有增值税、消费税、关税等。流转税是我国现行税制中最大的一类税收。

2.所得税

所得税是以所得额为征税对象征收的一种税。所得额是指全部收入减除为取得收入所耗费的各项成本费用后的余额。所得税主要有企业所得税、个人所得税等。

3.财产税

财产税是以纳税人所拥有或支配的财产为征税对象征收的一种税。财产税以财产为征税对象,应税财产额在一般情况下是相对稳定的,因此财产税收入比较稳定,主要有房产税、土地增值税、车船税、契税等。

4.特定行为目的税

特定行为目的税是为了调节某些行为或者为了达到特定目的而征收的一种税,主要有印花税、耕地占用税、车辆购置税、城市维护建设税、教育费附加和地方教育附加等。

5.资源税

资源税是对开发、利用和占有国有自然资源的单位和个人征收的一种税。其主要对因开发和利用自然资源而形成的级差收入发挥调节作用,主要有资源税、城镇土地使用税等。

(三)按税负是否转嫁分类

按照税负是否转嫁,税收分为直接税和间接税。

1.直接税

直接税是指税负不易转嫁,只能由纳税人直接负担的税种,其纳税人往往与负税人为同一人,如企业所得税、个人所得税、契税等。

2.间接税

间接税是指纳税人可通过一定的途径或方式将税负包含在销售价格或原材料购进价格中,然后全部或部分转嫁给他人,其纳税人与负税人不一定是同一个人。因此处于生产流通环节的税种一般属于间接税,如消费税、关税等。

(四)按计税价格是否包含税款分类

按照计税价格是否包含税款,税收可分为价内税和价外税。

1.价内税

价内税是指计税价格中包含税款的税种,如消费税。消费税的计税价格为不含增值税但包含消费税的销售价格。

2.价外税

价外税是指计税价格中不包含税款的税种,即以不含税价为计税价格,如增值税,其计税依据为不含增值税的销售价格。

(五)按计税依据分类

按计税依据不同,税收可以分为从量税、从价税和复合税三种。

1.从量税

从量税是以征税对象的重量、件数、面积、长度等数量为标准,采用固定单位税额征收的税种,如车船税等。

2.从价税

从价税是以征税对象的价值量为标准,按规定税率征收的税种,如增值税、企业所得税等。

3.复合税

复合税是同时以征税对象的自然实物量和价值量为标准征收的一种税,如白酒的消费税等。

任务二　税务会计基础认知

任务引例

小王是某公司的税务会计人员,主要负责公司涉税业务的核算和申报,他认为涉税业务的会计处理是其他会计人员的工作,他的想法正确吗?

任务二　引例解析

知识储备与业务操作

一、税务会计的内涵

税务会计是以现行税法为准绳,以货币为主要计量单位,运用会计的专门方法,对纳税单位税基的形成以及税款的计算、申报和缴纳所引起的资金运动,进行连续、系统的核算和监督的一门专业会计。我国税务会计专家盖地教授认为:"税务会计是以所涉税境的现行税收法规为准绳,运用会计学的理论、方法和程序,对企业涉税会计事项进行确认、计量、记录和申报(报告),以实现企业最大税收利益的一门专业会计。"

税务会计从财务会计中独立出来,已成为现代会计的一个新分支,是融税收法规和会计核算为一体的特殊专业会计。

二、税务会计的职能

税务会计的职能就是税务会计在经济管理活动中所具有的功能。税务会计主要有以下职能。

(一)核算职能

税务会计的首要职能是对企业生产经营活动中各种应纳税额进行确认、计算、会计核算和申报缴纳等工作,筹集和运用各种涉税资金,反映纳税主体纳税义务履行的动态,提供纳税主体管理决策所需要的各种纳税信息。

(二)监督职能

企业具有法定的纳税义务,只有按照税收法律法规的要求规范执行,才能最大限度地避免纳税风险;同时企业也享有税收法律法规所赋予纳税人的权利,企业应当充分享受这些权利。合格的税务会计人员能够帮助企业适应税收政策环境的变化,理解把握并贯彻执行。

(三)履行职能

税务会计通过执行税法规定的各项要求,包括但不限于及时缴纳税款、准确申报税务,并完整记录税务。此外,税务会计还需确保企业充分利用税收优惠政策,进行合理的税务筹划,以优化企业的税务负担。

三、税务会计的基本前提

(一)纳税主体

纳税主体是指税法规定的直接负有纳税义务的实体,包括单位和个人。在税务会计中,纳税主体必须能够独立承担相应的纳税义务。纳税主体与财务会计中的会计主体有一定的联系,但又有一定的区别。在一般情况下,会计主体同时也是纳税主体。例如,某工业企业既是会计主体,同时又是纳税主体。但在某些特殊或特定情况下,会计主体不一定同时就是纳税主体,纳税主体也不一定同时就是会计主体。例如,个体工商户独立进行会计核算,因此,个体工商户是会计主体,但个体工商户不是企业所得税的纳税主体,而是个人所得税和其他某些税种的纳税主体;其他个人(指个体工商户以外的个人,即自然人)不进行会计核算,因此其他个人不是会计主体,但却是个人所得税和其他某些税种的纳税主体。

(二)持续经营

持续经营是指企业的生产经营活动将按照既定的目标持续进行下去,在可以预见的未来,不会面临破产清算或者注销。持续经营是增值税留抵、企业所得税递延、亏损弥补、享受跨期税收优惠、税收返还或退还的前提条件。

(三)货币时间价值

货币时间价值是指货币随着时间的推移而增加的价值。随着时间的推移,投入周转使用的资金价值将会发生增值,这种增值的能力或数额,就是货币的时间价值。这一基本前提已成为税收立法、税收征管的基点。因此,税法对各个税种都明确规定了纳税义务发生时间、纳税期限、纳税申报期限、税款缴纳期限等。

(四)纳税期限

纳税期限是指纳税人按照税法规定缴纳税款的期限,有按年纳税、按期纳税和按次纳税。在持续经营假设下,纳税会计主体是一个长期经营单位,其经营活动是连续不断的。将纳税会计主体的经营期人为地划分为一段段首尾相接、等间距的较短期间,便是纳税会计分期。

(五)会计核算

税收制度的建立通常基于年度会计核算,而不是特定的业务。税务会计与财务会计密切相关,财务会计中的核算原则,大部分或基本上都适用于税务会计。年度会计核算是指财务会计依据会计准则的规定,遵循财务会计理论的要求,在会计年度内对企业的各项经济活动运用专门的会计方法,正确、及时地记录、整理和汇总,并定期进行结账和决算,编制公允的年度财务会计报告的全过程。

四、税务会计与财务会计的关联

(一)税务会计与财务会计的联系

税务会计是在财务会计的基础上发展起来的。财务会计根据《企业会计准则》或《小企业会计准则》进行经济业务的核算,税务会计则在此基础上进行税务调整,其根本数据来源于财务会计的核算。

1.会计假设相同

两者都遵循相同的会计基本假设,如会计主体假设、持续经营假设、会计分期假设和货币计量假设等。

2.核算原理与基本方法相同

两者的会计核算都经过设置账户、编制凭证、借贷记账、登记账簿、财产清查、成本核算以及编制报表等过程。

(二)税务会计与财务会计的区别

1.目标不同

财务会计的目标是编制财务报表,向企业的管理者、经营者、股东、债权人、债务人、投资者提供企业一定会计期间的财务状况、经营成果以及现金流量。税务会计的目标是通过编制纳税申报表为税务部门提供企业的纳税信息。

2.会计对象不同

财务会计的对象是核算和监督企业生产经营活动所引起的资金运动和变化;税务会计的对象是核算和监督企业的纳税活动所引起的资金运动和变化。

3.会计核算的法律依据不同

财务会计核算的法律依据是会计法、会计准则和会计制度等会计法律法规;税务会计的核算除依据会计法、会计准则和会计制度等会计法律法规外,更侧重于税收法律法规。目前我国的税收法律法规与会计法律法规存在着较多差异,主要表现在收入的确认、费用的确认、资产的取得和期末计价等方面。当会计法律法规与税收法律法规不一致时,税务会计应以税收法律法规为依据来调整财务会计的核算结果。

4.会计核算基础不同

财务会计主要遵循会计法、会计准则和会计制度等会计法律法规,强调提供会计信息的真实性和可靠性,因此其核算基础是权责发生制;税务会计则兼顾会计法律法规和税收法律法规,关注纳税主体的现金支付能力,因此其核算基础是权责发生制和收付实现制及两者的有机结合。

5.提供的信息不同

财务会计通过记录经济业务事项,主要编制资产负债表、利润表和现金流量表,反映企业的财务状况、经营成果和现金流量,为相关信息使用者提供财务会计方面的信息。税务会计通过对应纳税额的确认、计算、会计核算、纳税筹划和申报缴纳等工作,主要编制纳税申报表及应交税款明细表,列明应缴税款、预缴税款、未缴税款、减免税款和应退税款等内容,为相关信息使用者提供纳税活动方面的信息。

任务三　税务管理

📝 任务引例

20×5年10月,A公司销售一批服装给B公司,已开具带有"增值税专用发票"字样的数电发票,B公司已对取得的发票进行用途确认。20×5年12月,该批服装发生销货退回。

请阐述红字发票的开具流程。

任务三　引例解析

ⓌＷ 知识储备与业务操作

一、税务登记管理

税务登记是税务机关对纳税人的生产、经营活动进行登记并据此对纳税人实施税务管理的一种法定制度。税务登记又称纳税登记,是税务机关对纳税人实施税收管理的首要环节和基础工作,是征纳双方法律关系成立的依据和证明,也是纳税人必须依法履行的义务。

企业,企业在外地设立的分支机构和从事生产、经营的场所,个体工商户和从事生产、经营的事业单位,均应办理税务登记。此外,除国家机关,个人和无固定生产、经营场所的流动性农村小商贩外的其他纳税人,也应办理税务登记。根据税收法律、行政法规的规定负有扣缴税款义务的扣缴义务人(国家机关除外),均应当按照规定办理扣缴税款登记。

县以上(含本级,下同)税务局(分局)是税务登记的主管税务机关,负责税务登记的设立登记、变更登记、注销登记和税务登记证验证、换证以及非正常户处理、报验登记等有关事项。

《国务院办公厅关于加快推进"五证合一、一照一码"登记制度改革的通知》明确从2016年10月1日起,正式实施"五证合一、一照一码"登记模式,即全面实施工商营业执照、组织机构代码证、税务登记证、社会保险登记证和统计登记证"五证合一、一照一码",进一步为企业开办和成长提供便利化服务,降低创业准入的制度性成本,优化营商环境,激发企业活力。

二、账簿和凭证管理

(一)设置账簿范围

纳税人、扣缴义务人按照有关法律、行政法规和国务院财政、税务部门的规定设置账簿。从事生产、经营的纳税人应当自领取营业执照或者发生纳税义务之日起15日内,按照国家有关规定设置总账、明细账、日记账以及其他辅助性账簿;生产、经营规模小又确无建账能力的纳税人,可以聘请经批准从事会计代理记账业务的专业机构或者经税务机关认可的财会人员代为建账和办理账务;聘请上述机构或者人员有实际困难的,经县以上税务机关批准,可以按照税务机关的规定,建立收支凭证粘贴簿、进货销货登记簿;扣缴义务人应当自税收法律、行政法规规定的扣缴义务发生之日起10日内,按照所代扣、代收的税种,分别设置代扣代缴、代收代缴税款账簿。

(二)会计核算要求

根据《中华人民共和国税收征收管理法》(以下简称《税收征收管理法》)的有关规定,所有纳税人和扣缴义务人都必须根据合法、有效的凭证进行账务处理。

纳税人建立的会计电算化系统应当符合国家有关规定,并能正确、完整核算其收入或者所得。纳税人使用计算机记账的,应当在使用前将会计电算化系统的会计核算软件、使用说明书及有关资料报送主管税务机关备案。

纳税人、扣缴义务人会计制度健全,能够通过计算机正确、完整计算其收入和所得或者代扣代缴、代收代缴税款情况的,其计算机输出的完整的书面会计记录,可视同会计账簿。

纳税人、扣缴义务人会计制度不健全,不能通过计算机正确、完整计算其收入和所得或者代扣代缴、代收代缴税款情况的,应当建立总账及与纳税或者代扣代缴、代收代缴税款有关的其他账簿。

（三）保管规定

从事生产经营的纳税人、扣缴义务人必须按照国务院财政、税务主管部门规定的保管期限保管账簿、记账凭证、完税凭证及其他有关资料。账簿、记账凭证、报表、完税凭证及其他有关资料不得伪造、变造或者擅自损毁。

账簿、记账凭证、报表、完税凭证、发票、出口凭证以及其他有关涉税资料应当保存10年，但法律、行政法规另有规定的除外。

三、数电发票管理

（一）数电发票基础知识

数电发票，即全面数字化的电子发票，是纳税人依托可信身份体系和电子发票服务平台开具的全新发票，其与纸质发票具有同等法律效力。数电发票的主要特点包括去介质、去版式、标签化、要素化、授信制和赋码制，能够有效提升纳税人用票的便利度和获得感。

数电发票作为有效的收付款凭证，必须包含完整的发票内容和必要的要素。发票要素是发票记载的具体内容，是构成电子发票信息的基本数据项，是判定数电发票真实性的重要依据。

1.基本要素

发票号码、开票日期、购买方信息、销售方信息、项目名称、规格型号、单位（商品或服务的计量单位）、数量、单价、金额、税率（征收率）、税额、价税合计、开票人、备注，这些要素共同构成了数电发票的基本内容，确保了发票的完整性和准确性。

2.特定要素

数电发票的特定要素主要包括建筑服务、不动产销售、不动产经营租赁、货物运输服务、旅客运输服务等特定业务类型的相关信息。这些特定要素的填写要求如下。

（1）建筑服务。建筑服务发票的特定要素包括：建筑服务发生地、建筑项目名称、跨地（市）标志。

（2）不动产销售。不动产销售发票的特定要素包括：不动产地址（包含街、路、村、乡、镇、道等关键词之一）、跨地（市）标记、不动产单元编码/网签合同号（房地产开发商销售商品房时必填，二手房交易可选填，其他销售不动产可不填）。

（3）不动产经营租赁。不动产经营租赁发票的特定要素包括：不动产地址（包含街、路、村、乡、镇、道等关键词之一）、跨地（市）标记、租赁期起止、产权证书/不动产权证号、面积单位。

（4）货物运输服务。货物运输服务发票特定要素包括：运输工具种类、运输工具牌号、起运地、到达地、运输货物名称。

（5）旅客运输服务。旅客运输服务发票特定要素包括：出行人、出行日期、出行人证件类型、出行人证件号码、出发地、到达地、交通工具类型、交通工具等级。

3.附加要素

数电发票的附加要素是指在开具数电发票时,除了基本要素和特定要素之外,纳税人根据生产经营需要和行业特点自行增加的要素,这些要素主要体现在数电发票的备注栏内。

(二)数电发票授信额度

数电发票无须领票,实行的是授信额度,在总发票额度内,没有单张限额,也没有开具张数的限制。开具金额总额度也称发票授信额度,是指一个自然月内纳税人发票开具总金额的(不含增值税)上限额度。

调整授信额度有三种方式,包括定期调整、临时调整和人工调整。

(1)定期调整。定期调整是指电子发票服务平台每月自动对试点纳税人总授信额度进行调整。

(2)临时调整。临时调整是指税收风险程度较低的试点纳税人当月开具发票金额首次达到总授信额度一定比例时,电子发票服务平台当月自动为其临时增加一定的额度。

数电发票
开具步骤

(3)人工调整。人工调整是指试点纳税人因实际经营情况发生变化申请调整总授信额度,主管税务机关依法依规审核未发现异常的,应为纳税人调整总授信额度。

【做中学1-1】

20×5年9月,A公司(试点纳税人)为B公司(试点纳税人)提供修理劳务。A公司在20×5年9月18日已为B公司开具了带有"增值税专用发票"字样的数电发票。9月20日出于客观原因劳务终止,此前B公司未对该发票进行用途确认及发票入账,A公司需全额开具红字数电发票。

要求:请阐述红字发票的开具流程。

解析:A公司填开"红字发票信息确认单",无须B公司确认,A公司可全额开具数电发票。

四、纳税申报管理

纳税申报是纳税人按照税法规定的期限和内容,向税务机关提交有关纳税事项书面报告的法律行为。 纳税申报既是纳税人履行纳税义务、税务机关界定纳税人法律责任的主要依据,也是税务机关税收管理信息的主要来源和税务管理的重要制度。

(一)纳税申报的对象

纳税申报的对象为纳税人和扣缴义务人。纳税人在纳税期内没有应纳税款的,也应当按照规定办理纳税申报。纳税人享受减税、免税待遇的,在减税、免税期间应当按照规定办理纳税申报。

(二)纳税申报的内容

纳税申报的内容,主要在各税种的纳税申报表和代扣代缴、代收代缴税款报告表中体现,还可以在随纳税申报表附报的财务报表和有关纳税资料中体现。纳税人和扣缴义务人的纳税申报和代扣代缴、代收代缴税款报告的主要内容包括:税种、税目,应纳税项目或者应代扣代缴、代收代缴税款项目,计税依据,扣除项目及标准,适用税率或者单位税额,应退税项目及税额、应减免税项目及税额,应纳税额或者应代扣代缴、代收代缴税额,以及税款所属期限、延期缴纳税款、欠税、滞纳金等。

(三)纳税申报的期限

申报期限有两种:一种是法律、行政法规明确规定的;另一种是税务机关按照法律、行政法规的原则规定,结合纳税人生产经营的实际情况及其所应缴纳的税种等相关问题予以确定的。两种申报期限具有同等的法律效力。

(四)纳税申报的要求

纳税人办理纳税申报时,应当如实填写纳税申报表,并根据不同的情况相应报送下列有关证件、资料:

(1)财务会计报表及其说明材料。

(2)与纳税有关的合同、协议书及凭证。

(3)税控装置的电子报税资料。

(4)外出经营活动税收管理证明和异地完税凭证。

(5)境内或者境外公证机构出具的有关证明文件。

(6)税务机关规定应当报送的其他有关证件、资料。

纳税申报方式

(7)扣缴义务人办理代扣代缴、代收代缴税款报告时,应当如实填写代扣代缴税款报告表,并报送代扣代缴、代收代缴税款的合法凭证以及税务有关证件、资料。

任务四　税款征收

📺 任务引例

> 某公司的刘某、阮某虚开增值税专用发票,邓某、吴某通过取得虚开的增值税专用发票、低值高报等违法手段骗取出口退税,共2 955万元。
>
> 他们会承担什么责任?税务等部门将会对他们怎样处理?

任务四　引例解析

ⓦ 知识储备与业务操作

税款征收是税收征收管理工作的中心环节,是全部税收征管工作的目的和归宿,在整个税收工作中占据着极其重要的地位。

一、税款征收方式

税款征收方式是指税务机关根据各税种的不同特点、征纳双方的具体条件而确定的计算征收税款的方法和形式。税款征收方式主要有以下五种。

(一)查账征收

查账征收是指税务机关按照纳税人提供的账表所反映的经营情况,依照适用税率计算缴纳税款的方式。这种方式一般适用于财务会计制度较为健全,能够认真履行纳税义务的纳税单位。

(二)查定征收

查定征收是指税务机关根据纳税人的从业人员、生产设备、采用原材料等因素,对其生产的应税产品查实核定产量、销售额并据以征收税款的方式。这种方式一般适用于账册不够健全,但是能够控制原材料或进销货的纳税单位。

(三)查验征收

查验征收是指税务机关通过查验数量,对纳税人应税商品按市场一般销售单价计算其销售收入并据以征税的方式。这种方式一般适用于经营品种比较单一,经营地点、时间和商品来源不固定的纳税单位。

(四)定期定额征收

定期定额征收是指税务机关通过典型调查,逐户确定营业额和所得额并据以征税的方式。这种方式一般适用于无完整考核依据的小型纳税单位。

(五)委托代征税款

委托代征税款是指税务机关委托代征人以税务机关的名义征收税款,并将税款缴入国库的方式。这种方式一般适用于小额、零散税源的征收。

二、税款缴纳

(一)正常缴纳税款

税款缴纳程序因征收方式的不同而有所不同。一般来说是由纳税义务人、扣缴义务人直接向国库或者国库经收处缴纳税款,也可以由税务机关自收或者委托代征税款。如果是由税务机关自收或者委托代征税款,则应由税务机关填制汇总缴纳书,随同税款一同缴入国库经收处。国库经收处收纳的税款,随同缴款书划转入国库后,才完成了税款征收手续。

(二)延期缴纳税款

纳税人和扣缴义务人必须在税法规定的期限内缴纳、解缴税款。但考虑到纳税人在履行纳税义务的过程中,可能会遇到特殊困难的客观情况,为了保护纳税人的合法权益,《税收征收管理法》第三十一条规定:"纳税人因有特殊困难,不能按期缴纳税款的,经省、自治区、直辖市国家税务局、地方税务局批准,可以延期缴纳税款,但是最长不得超过三个月。"

特殊困难的主要内容包括:一是因不可抗力,纳税人发生较大损失,正常生产经营活动受到较大影响的;二是当期货币资金在扣除应付职工工资、社会保险费后,不足以缴纳税款的。

延期税款缴纳的注意点

(三)税收滞纳金征收制度

纳税人未按照规定期限缴纳税款的,扣缴义务人未按照规定期限解缴税款的,税务机关除责令限期缴纳外,从滞纳税款之日起,按日加收滞纳税款万分之五的滞纳金。

加收滞纳金的具体操作应按下列程序进行:

(1)先由税务机关发出催缴税款通知书,责令限期缴纳或解缴税款,告知纳税人如不按期履行纳税义务,将依法按日加收滞纳税款万分之五的滞纳金。

(2)从滞纳之日起加收滞纳金。

(3)拒绝缴纳滞纳金的,可以按不履行纳税义务实行强制执行措施,强行划拨或者强制征收。

三、税收法律责任

(一)违反税务管理基本规定行为的处罚

纳税人有下列行为之一的,由税务机关责令限期改正,可以处2 000元以下的罚款;情节严重的,处2 000元以上1万元以下的罚款:

(1)未按照规定的期限申报办理税务登记、变更或者注销登记的。

(2)未按照规定设置、保管账簿或者保管记账凭证和有关资料的。

(3)未按照规定将财务、会计制度或者财务、会计处理办法和会计核算软件报送税务机关备查的。

(4)未按照规定将其全部银行账号向税务机关报告的。

(5)未按照规定安装、使用税控装置,或者损毁、擅自改动税控装置的。

(6)纳税人未按照规定办理税务登记证件验证或者换证手续的。

(7)纳税人不办理税务登记的,由税务机关责令限期改正;逾期不改正的,由工商行政管理机关吊销其营业执照。

纳税人通过提供虚假的证明资料等手段,骗取税务登记证的,处2 000元以下的罚款;情节严重的,处2 000元以上1万元以下的罚款。纳税人涉嫌其他违法行为的,按有关法律、行政法规的规定处理。

扣缴义务人未按照规定办理扣缴税款登记的,税务机关应当自发现之日起3日内责令其限期改正,并可处以1 000元以下的罚款。

纳税人未按照规定使用税务登记证件,或者转借、涂改、损毁、买卖、伪造税务登记证件的,处2 000元以上1万元以下的罚款;情节严重的,处1万元以上5万元以下的罚款。

(二)扣缴义务人违反账簿、凭证管理的处罚

扣缴义务人未按照规定设置、保管代扣代缴、代收代缴税款账簿或者保管代扣代缴、代收代缴税款记账凭证及有关资料的,由税务机关责令限期改正,可以处2 000元以下的罚款;情节严重的,处2 000元以上5 000元以下的罚款。

(三)纳税人、扣缴义务人未按规定进行纳税申报的法律责任

纳税人未按照规定的期限办理纳税申报和报送纳税资料的,或者扣缴义务人未按照规定的期限向税务机关报送代扣代缴、代收代缴税款报告表和有关资料的,由税务机关责令限期改正,可以处2 000元以下的罚款;情节严重的,处2 000元以上1万元以下的罚款。

(四)对逃避缴纳税款的认定及其法律责任

纳税人伪造、变造、隐匿、擅自销毁账簿、记账凭证,或者在账簿上多列支出或者不列、少列收入,或者经税务机关通知申报而拒不申报或者进行虚假的纳税申报,不缴或者少缴应纳税款的,是逃避缴纳税款。对纳税人逃避缴纳税款的,由税务机关追缴其不缴或者少缴的税款、滞纳金,并处不缴或者少缴的税款50%以上5倍以下的罚款;构成犯罪的,依法追究刑事责任。扣缴义务人采取前述所列手段,不缴或者少缴已扣、已收税款,由税务机关追缴其不缴或者少缴的税款、滞纳金,并处不缴或者少缴的税款50%以上5倍以下的罚款;构成犯罪的,依法追究刑事责任。

职教出海:跨国公司转让定价风险防范

纳税人采取欺骗、隐瞒手段进行虚假纳税申报或者不申报,逃避缴纳税款数额较大并且占应纳税额10%以上的,处3年以下有期徒刑或者拘役,并处罚金;数额巨大并且占应纳税额30%以上的,处3年以上7年以下有期徒刑,并处罚金。

(五)进行虚假申报或不进行申报行为的法律责任

纳税人、扣缴义务人编造虚假计税依据的,由税务机关责令限期改正,并处5万元以下的罚款。纳税人不进行纳税申报,不缴或者少缴应纳税款的,由税务机关追缴其不缴或者少缴的税款、滞纳金,并处不缴或者少缴税款50%以上5倍以下的罚款。

(六)逃避追缴欠税的法律责任

纳税人欠缴应纳税款,采取转移或者隐匿财产的手段,妨碍税务机关追缴欠缴的税款的,由税务机关追缴欠缴的税款、滞纳金,并处欠缴税款50%以上5倍以下的罚款;构成犯罪的,依法追究刑事责任。

纳税人欠缴应纳税款,采取转移或者隐匿财产的手段,致使税务机关无法追缴欠缴的税款,数额在1万元以上不满10万元的,处3年以下有期徒刑或者拘役,并处或者单处欠缴税款1倍以上5倍以下罚金;数额在10万元以上的,处3年以上7年以下有期徒刑,并处欠缴税款1倍以上5倍以下罚金。

🖥 工作实例解析

北京鑫东科技有限公司根据经营业务开具了增值税专用发票、折扣发票、红字发票,具体票据内容请扫码查看。

发票

🖥 实战演练

杭州壹深科技有限公司为增值税一般纳税人,20×5年9月发生的开票业务如下。

业务1:9月10日,与湖北安然有限公司签订合同,以10台投影仪(市场不含税售价为60 000元)换购安然公司8台笔记本电脑(市场不含税售价为55 000元),差价由安然公司补齐,双方均开具增值税专用发票。

业务2:9月11日,销售给湖州开泰有限公司照相机10台,不含税单价3 500元;投影仪20台,不含税单价5 800元;双方当初签订合同约定了现金折扣方案为"2/10、1/20、n/30"。货已发出且开出增值税普通发票,货款尚未收到。

业务3:9月12日,销售投影仪20台给上海冉升有限公司,每台单价6 000元,公司开具增值税专用发票一张。

业务3:9月18日,销售给上海冉升有限公司的投影仪因质量问题,有2台被退回,杭州壹深科技有限公司开具红字发票。

笔记本电脑规格型号为K19。

购买方基本信息如表1-2所示。

表1-2　购买方基本信息

名称	统一社会信用代码	购买方地址	电话	购买方开户银行	银行账号
湖北安然有限公司	1109019231908932	武汉市江汉区宁汉街52号	027-88722779	中国工商银行武汉分行	2123003457009292302
湖州开泰有限公司	1276593760272918	湖州市滨河区胜利路23号	0572-34267845	浙商银行湖州分行	1101003457009292872
上海冉升有限公司	1101012348976598	上海市闵行区文达路16号	021-88722013	中国工商银行上海分行	1101003457009287928

任务要求:请根据上述资料开具增值税发票。

📋 项目小结

税务会计工作认知思维导图

📋 项目测试

项目一 测试题

增值税会计实务

◎ 职业能力目标

1.掌握增值税基本法律知识,判断增值税征税范围,准确选择适用税率或征收率。

2.掌握增值税纳税人一般计税、简易计税、扣缴计税的应用范围和计算方法。

3.能根据经济业务准确计算一般纳税人与小规模纳税人的增值税。

4.能设置增值税会计科目,能根据经济业务准确进行增值税一般纳税人与小规模纳税人的涉税会计业务处理。

5.能用"免、抵、退"方法计算增值税应免抵和应退的税款,熟悉出口货物增值税退(免)税的会计处理。

6.能够根据经济业务准确填制增值税及附加税费申报表,并进行增值税纳税申报。

◎ 典型工作任务

1.增值税纳税人划分方法及适用的计税办法确定。

2.根据具体经济业务选择适用税率及增值税优惠政策。

3.一般纳税人应纳税额的计算。

4.小规模纳税人应纳税额的计算。

5.增值税涉税业务的账务处理。

6.增值税出口退税额的计算及出口退税的办理。

7.增值税及附加税费报表填制及申报办理。

◎ 素养提升

课程思政:诚实守信 依法纳税　　　专创融合:大学生文创工作室的税务创业实践

🖥 工作实例导入

(一)纳税人基础信息

公司名称:杭州卓越有限责任公司

统一社会信用代码：821301217600112569

电话：0571—56688101；邮编：330000；法人代表：周卓舟

公司地址：浙江省杭州市萧山区耕文路610号

基本户开户银行：中国工商银行杭州萧山支行

基本存款账户：1102652015157078199

银行预留印鉴：财务专用章、法人章

经营范围：空调制造、空调安装和维修服务

（二）业务资料

杭州卓越有限责任公司为增值税一般纳税人，20×5年9月有关生产经营业务如下。

1. 2日向上海宏达贸易公司批发销售空调100台，每台标价（不含税）4 500元，由于购买数量较大，给予购买方七折优惠，并将折扣额与销售额开在一张专用发票上。同时约定付款条件为"5/10，2/20，n/30"。当月10日收到上海宏达贸易公司支付的全部货款，并开具增值税专用发票。

2. 3日进口原材料传感器2 000个，取得进口增值税专用缴款书注明价款800 000元，款项已付。

3. 4日向杭州耘升有限公司销售40台空调，开具增值税专用发票，注明金额176 500元，另收取了包装物押金2 000元，款项已收。

4. 6日向杭州经行贸易有限公司购进原材料电路板200个，取得增值税专用发票注明金额5 000元，款项未付。

5. 7日用银行存款支付销售运费取得增值税专用发票，不含税金额2 000元。

6. 8日收到广州文华科技有限公司销售退货2台空调，不含税销售单价4 015元，开具红字增值税专用发票。

7. 20×3年4月1日购入天津红染股份有限公司股票30万股，每股公允价值2元，另支付相关交易费用5 000元。20×5年8月31日该股票公允价值为每股2.3元，在20×5年9月10日时以715 000元出售该股票。

8. 11日以200台空调对杭州天虹有限责任公司进行投资，开具增值税专用发票，不含税销售单价4 300元。

9. 12日向浙江新锐科技有限公司购进原材料挡风板5 000个，不含税销售单价112元，享受折扣销售3%，已取得增值税专用发票，款项未付。

10. 13日向湖南阳光有限责任公司销售20台空调，每台4 150元，开具增值税普通发票，款项未收。

11. 15日零售10台空调，不含税销售单价4 600元，已收款项，未开具发票。

12. 16日收到杭州云朵电子商务有限公司开具的代销清单。销售40台空调，不含税销售单价4 015元，开具增值税专用发票，款项未收。

13. 17日用银行存款支付差旅费，取得住宿费增值税电子普通发票899.7元，注明个人信息的往返机票票价1 050元，机场建设费50元，取得客运服务费增值税电子普通发票含税金额200元。

14.18日用银行存款支付代销手续费取得增值税专用发票,不含税金额6 000元。

15.20日收到杭州耘穗科技有限公司支付的受托加工费,开具增值税专用发票,不含税金额为18 000元。

16.21日公司行政部门领用5台笔记本作为办公设备使用,每台笔记本的库存成本为3 500元,不含税销售单价为4 200元。

17.25日收到安徽广厦商贸有限公司支付的专利权转让费用,开具增值税专用发票,不含税金额为40 000元,专利权成本为30 000元。

18.26日收到杭州仁和物流有限公司支付的当月仓库租金,开具增值税专用发票,开具的不含税金额为10 000元/月。

19.30日因仓库管理不善造成盘亏压缩机10个,每个进货成本单价230元。

(三)任务要求

1.根据上述业务资料,计算每项业务涉及的增值税销项税额或进项税额并进行账务处理。

2.根据上述业务资料,填写销售情况汇总表(见表2-1)。

表2-1 销售情况汇总表 金额单位:元(列至角分)

项目	开具增值税专用发票		开具增值税普通发票		未开具发票		合计	
	销售额	销项税额	销售额	销项税额	销售额	销项税额	销售额	销项税额
13%税率的货物及加工修理修配劳务								
13%税率的服务、不动产和无形资产								
9%税率的服务、无形资产								
6%税率								
合计								

3.根据上述业务资料,填写增值税进项税额计算表(见表2-2)。

表2-2 增值税进项税额计算表 金额单位:元(列至角分)

项目	份数	金额	税额
已认证准予抵扣增值税专用发票海关进口增值税专用缴款书			
农产品收购发票或者销售发票			
本期用于抵扣的旅客运输服务扣税凭证			
进项税额合计			

4. 根据上述进项转出业务核算中的资料,填写增值税进项税额转出计算表(见表2-3)。

表2-3　增值税进项税额转出计算表 金额单位:元(列至角分)

序号	项目	税额
1	集体福利、个人消费	
2	非正常损失	
3	简易计税方法征税项目用	
4	免抵退税办法不得抵扣的进项税额	
5	红字专用发票信息表注明的进项税额	
	进项税额转出合计	

5. 根据上述资料,填写应纳税额计算表(见表2-4)。

表2-4　应纳税额计算表 金额单位:元(列至角分)

项目	栏次	一般项目金额	即征即退项目金额
销项税额	11		
进项税额	12		
上期留抵税额	13		
进项税额转出	14		
免、抵、退应退税额	15		
应抵扣税额合计	17		
实际抵扣税额	18		
应纳税额	19=11-18		
期末留抵税额	20=17-18		
应纳税额减征额	23		
应纳税额合计	24=19-23		

6. 根据上述资料,计算附加税费,填写附加税费计算表(见表2-5)。

表2-5　附加税费计算表 金额单位:元(列至角分)

税(费)种	计税(费)依据				税(费)率(%)	本期应纳税(费)额
	增值税税额	增值税限额减免金额	增值税免抵税额	留抵退税本期扣除额		
	1	2	3	4	5	6=(1+2-4+3)×5
城市维护建设税						
教育费附加						
地方教育附加						
合计						

7. 根据上述资料,计算增值税和附加税申报及缴纳。

任务一　增值税基础知识

任务引例

　　A企业为小规模纳税人,按季申报纳税,提供住宿服务,截至20×5年10月底,连续12个月不含税销售额600万元,包括20×4年11月转让不动产的不含税销售额180万元。税务机关在20×5年9月对该企业进行稽查,查补20×4年度销售额50万元。A企业是否必须转为一般纳税人?

任务一　引例解析

知识储备与业务操作

一、增值税的概念和改革历程

(一)增值税的概念和分类

　　增值税是以增值额为课税对象而征收的一种流转税,具体而言,增值税是对在我国境内销售货物、加工修理修配劳务、服务、无形资产、不动产以及进口货物的企业、单位和个人,就其取得货物、加工修理修配劳务、服务、无形资产或者不动产的增值额以及进口货物的金额为计税依据而课征的一种流转税。

　　按购进固定资产的进项税额是否可以抵扣及如何抵扣的不同,可将增值税分为消费型增值税、收入型增值税和生产型增值税三种类型。我国现行增值税属于消费型增值税。

　　三种类型增值税的特点和适用时间如表2-6所示。

表2-6　增值税类型、特点和适用时间

类型	特点	适用时间
消费型增值税	购进的固定资产所含的增值税额(进项税额)允许一次性从销项税额中全部抵扣,彻底消除重复征税,有利于设备更新和技术进步	我国于2009年1月1日起实行
收入型增值税	购进的固定资产在当期计提折旧的部分所含的增值税(进项税额)允许从销项税额中抵扣	
生产型增值税	购进的固定资产所含的增值税额(进项税额)不允许从销项税额中抵扣	我国于2008年12月31日之前实行

(二)增值税改革历程

如果将增值税40年改革历程制作成时间轴,几个重要的时间点勾勒出增值税改革的脉络,请扫码查看。

增值税改革历程

二、增值税纳税人

增值税纳税人是指税法规定负有缴纳增值税义务的单位和个人。在中华人民共和国境内销售货物或者加工修理修配劳务(简称劳务)、服务、无形资产、不动产以及进口货物的单位和个人,为增值税的纳税人。

单位是指企业、行政单位、事业单位、军事单位、社会团体及其他单位。个人是指个体工商户和其他个人。

单位以承包、承租、挂靠方式经营的,承包人、承租人、挂靠人(以下统称承包人)以发包人、出租人、被挂靠人(以下统称发包人)名义对外经营并由发包人承担相关法律责任的,以该发包人为纳税人。否则,以承包人为纳税人。

举例:宏达公司将一部分业务通过承包方式交给李明个人经营。如果李明个人在经营过程中是以宏达公司的名义对外进行业务活动,并且宏达公司对李明个人在经营过程中可能产生的问题承担责任,那么宏达公司就是增值税的纳税义务人,需要按规定申报和缴纳增值税。

在我国境外的单位或者个人在境内销售劳务,在境内未设有经营机构的,以其境内代理人为扣缴义务人;在境内没有代理人的,以购买方为扣缴义务人。在我国境外单位或者个人在境内发生销售服务、无形资产或者不动产,在境内未设有经营机构的,以购买方为增值税扣缴义务人。

按照经营规模的大小和会计核算健全与否等标准,增值税纳税人可分为小规模纳税人和一般纳税人。

(一)增值税小规模纳税人

小规模纳税人是指年应税销售额在规定标准以下,并且会计核算不健全,不能按规定报送有关税务资料的增值税纳税人。年应税销售额,是指纳税人在连续不超过12个月或4个季度的经营期内累计应征增值税销售额,包括纳税申报销售额、稽查查补销售额、纳税评估调整销售额。销售服务、无形资产或者不动产有扣除项目的纳税人,其应税行为年应税销售额按未扣除之前的销售额计算。纳税人偶然发生的销售无形资产、转让不动产的销售额,不计入应税行为年应税销售额。如果该销售额为含税的,应按照适用税率或征收率换算为不含税的销售额。

小规模纳税人的标准如下:

(1)小规模纳税人年应征增值税销售额的标准从2018年5月1日起不再按企业类型划分,统一调整为500万元及以下。

(2)年应税销售额超过规定标准的其他个人(指个体工商户以外的个人)按照小规模纳

税人纳税。

(3)年应税销售额超过规定标准但不经常发生应税行为的单位和个体工商户可选择按小规模纳税人纳税。

小规模纳税人不能抵扣增值税进项税额,按简易计税办法计算缴纳增值税。发生应税行为,购买方索取增值税专用发票的,可以自愿使用增值税发票管理系统自行开具。

年应税销售额未超过规定标准的纳税人,会计核算健全,能够提供准确税务资料的,可以向主管税务机关办理一般纳税人资格登记,成为一般纳税人。

(二)增值税一般纳税人

一般纳税人是指应税行为的年应征增值税销售额超过财政部和国家税务总局规定标准的纳税人。一般纳税人的特点是增值税进项税额可以抵扣销项税额。除国家税务总局另有规定外,一经登记为一般纳税人后,不得转为小规模纳税人。

1. 微课:增值税一般纳税人认定
2. 增值税一般纳税人认定讲义

下列纳税人不办理一般纳税人登记:

(1)按照政策规定,选择按照小规模纳税人纳税的(包括非企业性单位),不经常发生应税行为的单位和个体工商户。

(2)年应税销售额超过规定标准的其他个人。

【做中学2-1】

A公司于20×5年7月登记成立并立即从事生产经营活动,20×5年7月至11月应税销售额分别为150万元、120万元、190万元、190万元、250万元。

要求:判断A公司何时被确认为一般纳税人。

解析:该企业7月至10月销售额累计为650万元,超过小规模纳税人标准,则应将20×5年7月至10月作为一个年度,自20×5年10月的所属申报期结束后开始计算办理一般纳税人登记的时限。

三、增值税征税范围

增值税的征税范围包括:销售或者进口货物,提供加工、修理修配劳务,提供应税服务(交通运输服务、建筑服务、金融服务、电信服务、邮政服务、现代服务、生活服务),销售无形资产,销售不动产。

1 微课:增值税的征税范围及税率
2 增值税征税范围及税率讲义

(一)征税范围一般规定

1.销售或进口货物

货物是指有形动产,包括电力、热力、气体在内。销售货物是指有偿转让货物的所有权,能从购买方取得货币、货物或其他经济利益。货物生产销售、批发销售、零售、进口等环节均需要征收增值税。

2.加工、修理修配劳务

所谓加工,是指受托加工货物,即由委托方提供原料及主要材料,受托方按照委托方的要求制造货物并收取加工费的业务。所谓修理修配,是指受托方对损伤和丧失功能的货物进行修复,使其恢复原状和功能的业务。境内提供应税劳务,是指所提供的应税劳务发生在我国境内。

3.销售服务

销售服务,是指提供交通运输服务、邮政服务、电信服务、建筑服务、金融服务、现代服务、生活服务。

(1)交通运输服务。

①陆路运输服务。这是指通过陆路(地上或者地下)运送货物或者旅客的运输业务活动,包括铁路运输服务和其他陆路运输服务。其他陆路运输服务,包括公路运输、缆车运输、索道运输、地铁运输、城市轻轨运输等。出租车公司向使用本公司自有出租车的出租车司机收取的管理费用,按"陆路运输服务"缴纳增值税。

②水路运输服务。这是指通过江、河、湖、川等天然、人工水道或者海洋航道运送货物或者旅客的运输业务活动。水路运输的程租、期租业务,属于水路运输服务。程租业务,是指运输企业为租船人完成某一特定航次的运输任务并收取租赁费的业务。期租业务,是指运输企业将配备有操作人员的船舶承租给他人使用一定期限,承租期内听候承租方调遣,不论是否经营,均按天向承租方收取租赁费,发生的固定费用均由船东负担的业务。

③航空运输服务。这是指通过空中航线运送货物或者旅客的运输业务活动。其中,湿租业务,即航空运输企业将配备有机组人员的飞机承租给他人使用一定期限,承租期内听候承租方调遣,不论是否经营,均按一定标准向承租方收取租赁费,发生的固定费用均由承租方承担的业务,属于航空运输服务。航天运输服务,按照航空运输服务缴纳增值税。

④管道运输服务。这是指通过管道设施输送气体、液体、固体物质的运输业务活动。无运输工具承运业务,即经营者以承运人身份与托运人签订运输服务合同,收取运费并承担承运人责任,然后委托实际承运人完成运输服务的经营活动,按照交通运输服务缴纳增值税。

提示:程租业务、期租业务、湿租业务、航天运输服务、无运输工具承运业务按"交通运输服务"征税;光租业务、干租业务按"租赁服务"征税。

拓展:运输工具租赁效率

(2)邮政服务。

邮政服务,是指中国邮政集团公司及其所属邮政企业提供邮件寄递、邮政汇兑和机要通信等邮政基本服务的业务活动,包括邮政普遍服务、邮政特殊服务和其他邮政服务。

①邮政普遍服务,是指函件、包裹等邮件寄递,以及邮票发行、报刊发行和邮政汇兑等业务活动。

②邮政特殊服务,是指义务兵平常信函、机要通信、盲人读物和革命烈士遗物的寄递等业务活动。

③其他邮政服务,是指邮册等邮品销售、邮政代理等业务活动。

（3）电信服务。

电信服务，是指利用有线、无线的电磁系统或者光电系统等各种通信网络资源，提供语音通话服务，传送、发射、接收或者应用图像、短信等电子数据和信息的业务活动，包括基础电信服务和增值电信服务。

①**基础电信服务**，是指利用固网、移动网、卫星、互联网，提供语音通话服务的业务活动，以及出租或者出售带宽、波长等网络元素的业务活动。

②**增值电信服务**，是指利用固网、移动网、卫星、互联网、有线电视网络，提供短信和彩信服务、电子数据和信息的传输及应用服务、互联网接入服务等业务活动。卫星电视信号落地转接服务，按照增值电信服务缴纳增值税。

（4）**建筑服务**。

建筑服务，是指各类建筑物、构建物及其附属设施的建造、修缮、装饰、线路、管道、设备、设施等的安装以及其他工程作业的业务活动，包括工程服务、安装服务、修缮服务、装饰服务和其他建筑服务。

①**工程服务**，是指新建、改建各种建筑物、构筑物的工程作业，包括与建筑物相连的各种设备或者支柱、操作平台的安装或者装设工程作业，以及各种窑炉和金属结构工程作业。

②**安装服务**，是指各种设备、设施的装配、安置工程作业，包括与被安装设备相连的工作台、梯子、栏杆的装设工程作业，以及被安装设备的绝缘、防腐、保温、油漆等工程作业。固定电话、有线电视、宽带、水、电、燃气、暖气等经营者向用户收取的安装费、初装费、开户费、扩容费以及类似收费，按照安装服务缴纳增值税。

③**修缮服务**，是指对建筑物、构筑物进行修补、加固、养护、改善，使之恢复原来的使用价值或者延长其使用期限的工程作业。

提示：修缮针对建筑物等不动产，修理针对动产。

④**装饰服务**，是指对建筑物、构筑物进行修饰装修，使之美观或者具有特定用途的工程作业。

⑤**其他建筑服务**，是指上列工程作业之外的各种工程作业服务，如钻井（打井）、拆除建筑物或者构筑物、平整土地、园林绿化、疏浚（不包括航道疏浚）、建筑物平移、搭脚手架、爆破、矿山穿孔、表面附着物（包括岩层、土层、沙层等）剥离和清理等工程作业。

提示：纳税人将建筑施工设备出租给他人使用并配备操作人员的，按照"建筑服务"征税。

（5）金融服务。

金融服务，是指经营金融保险的业务活动，包括贷款服务、直接收费金融服务、保险服务和金融商品转让。

①**贷款服务**，是指将资金贷给他人使用而取得利息收入的业务活动。以货币资金投资收取的固定利润或者保底利润，按照贷款服务缴纳增值税。

提示：金融商品持有期间（含到期）取得的非保本的上述收益，不属于利息或利息性质的收入，不征收增值税。

②**直接收费金融服务**，是指为货币资金融通及其他金融业务提供相关服务并且收取费

用的业务活动。

③**保险服务**,是指投保人根据合同约定,向保险人支付保险费,保险人对于合同约定的可能发生的事故因其发生所造成的财产损失承担赔偿保险金责任,或者当被保险人死亡、伤残、疾病或者达到合同约定的年龄、期限等条件时承担给付保险金责任的商业保险行为。保险服务包括人身保险服务和财产保险服务。

④**金融商品转让**,是指转让外汇、有价证券、非货物期货和其他金融商品所有权的业务活动。其他金融商品转让包括基金、信托、理财产品等各类资产管理产品和各种金融衍生品的转让。

(6)**现代服务**。

现代服务,是指围绕制造业、文化产业、现代物流产业等提供技术性、知识性服务的业务活动,包括研发和技术服务、信息技术服务、文化创意服务、物流辅助服务、租赁服务、鉴证咨询服务、广播影视服务、商务辅助服务和其他现代服务。

①**研发和技术服务**,包括研发服务、合同能源管理服务、工程勘察勘探服务、专业技术服务。

②**信息技术服务**,是指利用计算机、通信网络等技术对信息进行生产、收集、处理、加工、存储、运输、检索和利用,并提供信息服务的业务活动,包括软件服务、电路设计及测试服务、信息系统服务、业务流程管理服务和信息系统增值服务。

③**文化创意服务**,包括设计服务、知识产权服务、广告服务和会议展览服务。

提示:宾馆、旅馆、旅社、度假村和其他经营性住宿场所提供会议场地及配套服务的活动,按照"会议展览服务"缴纳增值税。

④**物流辅助服务**,包括航空服务、港口码头服务、货运客运场站服务、打捞救助服务、装卸搬运服务、仓储服务和收派服务。

⑤**租赁服务**,包括融资租赁服务和经营租赁服务。

⑥**鉴证咨询服务**,包括认证服务、鉴证服务和咨询服务。翻译服务和市场调查服务按照咨询服务缴纳增值税。

⑦**广播影视服务**,包括广播影视节目(作品)的制作服务、发行服务和播映(含放映,下同)服务。

⑧**商务辅助服务**,包括企业管理服务、经纪代理服务、人力资源服务、安全保护服务等。

⑨**其他现代服务**,是指除研发和技术服务、信息技术服务、文化创意服务、物流辅助服务、租赁服务、鉴证咨询服务、广播影视服务和商务辅助服务以外的现代服务。

(7)**生活服务**。

生活服务,是指为满足城乡居民日常生活需求提供的各类服务活动,包括文化体育服务、教育医疗服务、旅游娱乐服务、餐饮住宿服务、居民日常服务和其他生活服务。

①**文化体育服务**,包括文化服务和体育服务。文化服务,是指为满足社会公众文化生活需求提供的各种服务。体育服务,是指组织举办体育比赛、体育表演、体育活动,以及提供体育训练、体育指导、体育管理的业务活动。

提示:纳税人在游览场所经营索道、摆渡车、电瓶车、游船等取得的收入,按照"文化体育服务"缴纳增值税。

②**教育医疗服务**,包括教育服务和医疗服务。教育服务,是指提供学历教育服务、非学历教育服务、教育辅助服务的业务活动。医疗服务,是指提供医学检查、诊断、治疗、康复、预防、保健、接生、计划生育、防疫服务等方面的服务,以及与这些服务有关的提供药品、医用材料器具、救护车、病房住宿和伙食的业务。

③**旅游娱乐服务**,包括旅游服务和娱乐服务。旅游服务,是指根据旅游者的要求,组织安排交通、游览、住宿、餐饮、购物、文娱、商务等服务的业务活动。娱乐服务,是指为娱乐活动同时提供场所和服务的业务。

④**餐饮住宿服务**,包括餐饮服务和住宿服务。餐饮服务,是指通过同时提供饮食和饮食场所的方式为消费者提供饮食消费服务的业务活动。住宿服务,是指提供住宿场所及配套服务等的活动,包括宾馆、旅馆、旅社、度假村和其他经营性住宿场所提供的住宿服务。

提示:提供餐饮服务的纳税人销售的外卖食品,按照"餐饮服务"缴纳增值税。

⑤**居民日常服务**,是指主要为满足居民个人及其家庭日常生活需求提供的服务,包括市容市政管理、家政、婚庆、养老、殡葬、照料和护理、救助救济、美容美发、按摩、桑拿、氧吧、足疗、沐浴、洗染、摄影扩印等服务。

⑥**其他生活服务**,是指除文化体育服务、教育医疗服务、旅游娱乐服务、餐饮住宿服务和居民日常服务之外的生活服务。

4.销售无形资产

销售无形资产,是指转让无形资产所有权或者使用权的业务活动。无形资产,是指不具实物形态,但能带来经济利益的资产,包括技术、商标、著作权、商誉、自然资源使用权和其他权益性无形资产。其中,技术包括专利技术和非专利技术。

5.销售不动产

销售不动产,是指转让不动产所有权的业务活动。不动产,是指不能移动或者移动后会引起性质、形状改变的财产,包括建筑物、构筑物等。建筑物,包括住宅、商业营业用房、办公楼等可供居住、工作或者进行其他活动的建造物。构筑物,包括道路、桥梁、隧道、水坝等建造物。

转让建筑物有限产权或者永久使用权的,转让在建的建筑物或者构筑物所有权的,以及在转让建筑物或者构筑物时一并转让其所占土地的使用权的,按照销售不动产缴纳增值税。

提示:非经营活动不需要缴纳增值税,具体包括以下内容。①行政单位收取的同时满足一定条件的政府性基金或者行政事业性收费。②单位或者个体工商户聘用的员工为本单位或者雇主提供取得工资的服务。③单位或者个体工商户为聘用的员工提供的服务。④财政部和国家税务总局规定的其他情形。

(二)征税范围特殊规定

1.增值税征税范围的特殊项目

(1)罚没收入。执法部门和单位查处的商品、财物,作为罚没收入如数上缴财政,不予征收税款。如纳入销售渠道再销售的,需要照章征收增值税。

(2)纳税人取得的财政补贴收入,与其销售货物、劳务、服务、无形资产、不动产的收入或者数量直接挂钩的,应按规定计算缴纳增值税。纳税人取得的其他情形的财政补贴收入,不属于增值税应税收入,不征收增值税。

(3)融资性售后回租业务中,承租方出售资产的行为不属于增值税的征税范围,不征收增值税。

(4)药品生产企业销售自产创新药的销售额,为向购买方收取的全部价款和价外费用,其提供给患者后续免费使用的相同创新药,不属于增值税视同销售范围。

(5)根据国家指令无偿提供的铁路运输服务、航空运输服务,属于用于公益事业的服务,不征收增值税。

(6)存款利息不征收增值税。

(7)被保险人获得的保险赔付不征收增值税。

(8)房地产主管部门或者其指定机构、公积金管理中心、开发企业以及物业管理单位代收的住宅专项维修资金,不征收增值税。

(9)纳税人在资产重组过程中,通过合并、分立、出售、置换等方式,将全部或者部分实物资产以及与其相关联的债权、负债和劳动力一并转让给其他单位和个人,不属于增值税的征税范围。

(10)预付卡,包括单用途卡和多用途卡。对于售卡方接受持卡人充值取得的预收资金,不缴纳增值税,应开具增值税普通发票,不得开具增值税专用发票;因发行或者销售预付卡取得的手续费、结算费、服务费、管理费等收入,应缴纳增值税;在持卡人购买货物或服务时,销售方应缴纳增值税。对于购卡方,购买、充值预付款时,不得作为成本、费用列支,只有预付卡所有权发生转移时,才可以列为相关的成本、费用。

【做中学2-2】

A公司为食品生产企业,一般纳税人,当月向B、C等公司销售储值卡100张,取得货币资金10万元,当月消费者使用储值卡购买了A公司的商品,确认含税收入7.91万元。

要求:计算A公司该笔业务所涉及的增值税销项税额。

解析:A公司销售储值卡取得的预收资金,不缴纳增值税。持卡人购买货物时,A公司应缴纳增值税。

销项税额=7.91÷(1+13%)×13%=0.91(万元)

2.增值税征税范围的特殊行为

(1)视同销售行为。

单位或者个体工商户的下列行为,视同发生应税销售行为。

①将货物交付其他单位或者个人代销。

②销售代销货物。

③设有两个以上机构并实行统一核算的纳税人,将货物从一个机构移送至其他机构用于销售,但相关机构设在同一县(市)的除外。"用于销售"是指受货机构发生两项情形之一的

经营行为:一是向购货方开具发票;二是向购货方收取货款。

④将自产、委托加工的货物用于集体福利或者个人消费。

⑤将自产、委托加工或者购进的货物作为投资,提供给其他单位或者个体工商户。

⑥将自产、委托加工或者购进的货物分配给股东或者投资者。

⑦将自产、委托加工或者购进的货物无偿赠送给其他单位或者个人。

⑧单位或者个体工商户向其他单位或者个人无偿销售应税服务、无偿转让无形资产或者不动产,但用于公益事业或者以社会公众为对象的除外。

⑨财政部和国家税务总局规定的其他情形。

上述情况应该确定为视同发生应税销售行为,均要征收增值税。视同销售具有三个特征:

第一,所有权发生了变化,如视同销售的第②、⑥、⑦、⑧、⑨点。

第二,将自产或委托加工的货物从生产领域转移到增值税范围以外的领域,或者是转移到消费领域,也将这种行为作为视同销售,如视同销售中第④、⑤点。

第三,所有权虽然没有发生变化但是基于堵塞管理漏洞的需要也要将其作为视同销售来征收增值税,如视同销售中第①、③点。

(2)混合销售行为。

一项销售行为如果既涉及货物又涉及服务,则称为混合销售。从事货物的生产、批发或者零售的单位和个体工商户的混合销售,按照销售货物缴纳增值税;其他单位和个体工商户的混合销售,按照销售服务缴纳增值税。

上述从事货物的生产、批发或者零售的单位和个体工商户,包括以从事货物的生产、批发或者零售为主,并兼营销售服务的单位和个体工商户在内。

混合销售行为成立的行为标准有两点:一是其销售行为必须是一项;二是该项行为必须既涉及货物销售又涉及服务的应税行为。在确定混合销售是否成立时,其行为标准中的上述两点必须是同时存在的,如果一项销售行为只涉及销售服务,不涉及货物,这种行为就不是混合销售行为;反之,如果涉及的销售服务和涉及的货物行为,不是同时存在于一项销售行为之中,这种行为也不是混合销售行为。如某汽车美容店提供汽车打蜡服务,伴随车蜡的销售,属于混合销售。打蜡服务适用生活服务6%的税率,车蜡销售适用13%的税率,其提供打蜡服务的同时销售车蜡的行为,属于增值税混合销售,应按生活服务6%的税率核算。

提示:纳税人销售活动板房、机器设备、钢结构件等自产货物的同时提供建筑、安装服务,不属于混合销售,应分别核算货物和建筑服务的销售额,分别适用不同的税率或征收率。

【做中学2-3】

甲公司为一般纳税人,主业为太阳能销售。20×5年5月销售了一批太阳能板并负责安装,签订了销售合同,合同约定总价款为10万元(含税),其中太阳能板的销售价格为9万元,安装服务的费用为1万元。

要求:计算上述业务所涉及的增值税销项税额。

解析:$10 \div (1+13\%) \times 13\% = 1.15$(万元)

（3）兼营行为。

兼营是指纳税人的经营范围既包括销售货物和加工修理修配劳务，又包括销售服务、无形资产或者不动产，且之间并没有从属关系。兼营的纳税原则为：分别核算、分别征税。如果销售货物提供服务未分别核算，要从高适用税率。如某物业公司提供物业管理服务的同时也向业主提供其他服务，如向业主提供车位租赁、日常生活物品销售、入户维修服务等业务。上述销售行为属于兼营行为，该物业公司应分别核算销售应税服务、货物、劳务的销售额。其中提供车位租赁的，按照出租不动产征税；销售生活用品的，按照销售货物征税；提供维修服务的，按照加工修理修配劳务征税。

混合销售和兼营的区别：

（1）混合销售的本质是一项纳税行为；而兼营行为的本质是多项应税行为。

（2）混合销售税务处理原则是按企业的主营项目的性质划分增值税税目；而兼营应当分别核算适用不同税率或者征收率应税行为的销售额，从而计算相应的增值税应缴税额。

【做中学2-4】

A酒店为增值税一般纳税人，20×5年2月酒店客房部收入20万元，温泉部销售泳衣等商品收入累计8万元；出租会场收入30万元。

要求：计算上述业务所涉及的增值税销项税额。

解析：A酒店的这三项业务属于兼营，应按不同的增值税税率核算增值税销项税额。

客房部收入所涉增值税销项税额=20÷(1+6%)×6%≈1.13(万元)

温泉部收入所涉增值税销项税额=8÷(1+13%)×13%≈0.92(万元)

出租会场所涉增值税销项税额=30÷(1+9%)×9%≈2.48(万元)

所涉增值税销项税额合计金额=1.13+0.92+2.48=4.53(万元)

四、增值税计税方法

增值税计税方法包括一般计税方法、简易计税方法和扣缴计税方法，如表2-7所示。

1.微课：增值税计税方法
2.增值税计税方法讲义

表2-7　增值税计税方法

类型	适用范围	应纳税额
一般计税方法	一般纳税人	当期应纳增值税=当期销项税额−当期进项税额
简易计税方法	①小规模纳税人 ②一般纳税人特定销售项目	当期应纳增值税=当期销售额×征收率
扣缴计税方法	境外单位或个人在境内提供应税劳务，在境内未设有经营机构	应扣缴增值税=接受方支付的价款÷(1+税率)×税率

一般纳税人销售或提供或者发生财政部和国家税务总局规定的特定的货物、应税劳务、应税行为，一经选择适用简易计税方法计税，36个月内不得变更。

五、增值税税率与征收率

(一)增值税税率及适用范围

增值税的税率分别为13%、9%、6%和零税率。

1.13%的税率及适用范围

纳税人销售货物、劳务、有形动产租赁服务或者进口货物,除按规定适用9%税率的货物以外,适用13%的基本税率。

2.9%的税率及适用范围

(1)交通运输服务、邮政服务、基础电信服务、建筑服务、不动产租赁服务。

(2)销售不动产,转让土地使用权。

思政园地:增值税税率选择与国家认同感

(3)销售或者进口下列货物,税率为9%:

①粮食等农产品、食用植物油、食用盐。农产品是指种植业、养殖业、林业、牧业、水产业生产的各种植物、动物的初级产品。食用植物油包括花椒油、橄榄油、核桃油、杏仁油、葡萄籽油和牡丹籽油等。

提示:按照相关规定生产的巴氏杀菌乳、灭菌乳、鲜奶等,属于初级农业产品,按9%的税率征收增值税;但生产的调制乳、淀粉、氢化植物油等,不属于初级农业产品,应按13%的税率征收增值税。

②自来水、暖气、冷气、热水、煤气、石油液化气、天然气、二甲醚、沼气、居民用煤炭制品。

③图书、报纸、杂志、音像制品、电子出版物。

④饲料、化肥、农药、农机、农膜。农机是指用于农业生产的各种机器和机械化与半机械化农具,以及小农具,包括农用水泵、农用柴油机、三轮农用运输车等,农机零部件不属于本货物的征收范围。

⑤国务院规定的其他货物。

3.6%的税率及适用范围

纳税人销售增值电信服务、金融服务、现代服务(不动产租赁除外)、生活服务以及销售无形资产(转让土地使用权除外),税率为6%。

4.零税率及适用范围

纳税人出口货物,税率为零,国务院另有规定的除外。境内单位和个人跨境销售国务院规定范围内的服务、无形资产,税率为零,具体包括以下内容。

(1)符合条件的国际运输服务。国际运输服务是指:①在境内载运旅客或者货物出境。②在境外载运旅客或者货物入境。③在境外载运旅客或者货物。

(2)航天运输服务。

思维导图:增值税征税范围及适用税率

(3)向境外单位提供的完全在境外消费的下列服务:①研发服务;②合同

能源管理服务;③设计服务;④广播影视节目、作品的制作和发行服务;⑤软件服务;⑥电路设计及测试服务;⑦信息系统服务;⑧业务流程管理服务;⑨离岸服务外包业务;⑩转让技术。

(4)财政部和国家税务总局规定的其他服务。

(二)增值税征收率

增值税征收率是指特定纳税人发生应税销售行为在某一生产流通环节应纳税额与销售额的比率。增值税征收率适用于两种情况:一是小规模纳税人;二是一般纳税人发生应税销售行为按规定可以选择简易计税方法计税的。

1.小规模纳税人简易计税

为支持小微企业和个体工商户发展,2027年12月31日前,对月销售额10万元以下(含本数)的增值税小规模纳税人,免征增值税;小规模纳税人适用3%征收率的应税销售收入,减按1%征收率征收增值税;适用3%预征率的预缴增值税项目,减按1%预征率预缴增值税。

2.一般纳税人简易计税

一般纳税人发生财政部和国家税务总局规定的特定应税销售行为,不得抵扣进项税额。主要包括以下情况。

(1)销售特殊货物。

县级及县级以下小型水力发电单位生产的自产电力;自产建筑用和生产建筑材料所用的砂、土、石料;以自己采掘的砂、土、石料或其他矿物连续生产的砖、瓦、石灰,不含黏土实心砖、瓦;自己用微生物、微生物代谢产物、动物毒素、人或动物的血液或组织制成的生物制品;自产的自来水;自来水公司销售自来水;自产的商品混凝土,仅限于以水泥为原料生产的水泥混凝土;单采血浆站销售非临床用人体血液;寄售商店代销寄售物品,包括居民个人寄售的物品在内;典当业销售死当物品;药品经营企业销售生物制品;生产销售和批发、零售抗癌药品、罕见病药品;从事再生资源回收的一般纳税人销售其收购的再生资源。

(2)提供特殊服务。

公共交通运输服务,包括轮客渡、公交客运、地铁、城市轻轨、出租车、长途客运、班车;经认定的动漫企业为开发动漫产品提供的有关动漫服务;电影放映服务、仓储服务、装卸搬运服务、收派服务和文化体育服务;以营业税改增值税(以下简称"营改增")试点前取得的有形动产为标的物提供的经营租赁服务;在"营改增"试点前签订的尚未执行完毕的有形动产租赁合同;以清包工方式提供的建筑服务;为甲供工程提供的建筑服务;提供非学历教育服务;收取试点前开工的一级公路、二级公路、桥、闸通行费;提供的人力资源外包服务;非企业性单位提供的研发和技术服务、信息技术服务、鉴证咨询服务,以及销售技术、著作权等无形资产;提供教育辅助服务。

3.征收率的一般规定

纳税人发生按简易计税方法计税的情形,除按规定适用5%征收率的以外,其应税销售行为均适用3%的征收率。下列情况适用5%的征收率：

（1）小规模纳税人销售自建或者取得的不动产；

（2）一般纳税人选择简易计税方法计税的不动产销售；

（3）房地产开发企业中的小规模纳税人，销售自行开发的房地产项目；

（4）其他个人销售其取得（不含自建）的不动产（不含其购买的住房）；

（5）一般纳税人选择简易计税方法计税的不动产经营租赁；

（6）小规模纳税人经营租赁其不动产（不含个人出租住房）；

（7）其他个人经营租赁其取得的不动产（不含住房）；

（8）个人出租住房，应按照5%的征收率减按1.5%计算应纳税额；

（9）一般纳税人和小规模纳税人提供劳务派遣服务选择差额纳税的；

（10）一般纳税人提供人力资源外包服务，选择适用简易计税方法的；

（11）一般纳税人2016年4月30日前签订的不动产融资租赁合同，或以2016年4月30日前取得的不动产提供的融资租赁服务，选择适用简易计税方法的；

（12）纳税人转让2016年4月30日前取得的土地使用权，选择适用简易计税方法的等。

4.征收率的特殊规定

根据增值税法相关规定，适用3%的征收率的某些一般纳税人和小规模纳税人可以减按2%计征增值税。

（1）一般纳税人销售自己使用过的不得抵扣且未抵扣进项税额的固定资产。纳税人也可以选择放弃减税，按照简易办法依照3%征收率缴纳增值税，并可以开具增值税专用发票。"自己使用过的固定资产"是指纳税人根据财务会计制度已经计提折旧的固定资产。

【做中学2-5】

A生产企业20×4年5月被认定为一般纳税人，20×5年6月出售五年前购入使用过的生产应税产品的设备一套，售价103 000元。

要求：（1）如果享受3%减按2%政策，请计算应缴增值税。

（2）如果放弃享受3%减按2%政策，请计算应缴增值税。

解析：

（1）如果享受3%减按2%政策：

当月出售设备按简易办法应缴增值税=103 000÷（1+3%）×2%=2 000（元）

（2）如果放弃享受3%减按2%政策：

当月出售设备按简易办法应缴增值税=103 000÷（1+3%）×3%=3 000（元）

作业题：增值税基础知识

（2）小规模纳税人销售自己使用过的固定资产。

（3）纳税人销售旧货。 旧货是指进入二次流通的具有部分使用价值的货物，但不包括自己使用过的物品及二手车经销业务。

任务二　增值税税款计算

任务引例

A运输公司为增值税一般纳税人。20×5年8月发生如下经营业务。

(1)运送旅客,按售票统计取得价税合计金额193.6万元。

(2)运送货物,开具增值税专用发票并注明运输收入金额260万元、装卸收入金额18万元。

(3)提供仓储服务,开具增值税专用发票注明仓储收入金额70万元、装卸收入金额6万元。

(4)修理、修配各类车辆,开具普通发票并注明价税合计金额33.28万元。

请计算每项业务的销项税额。

任务二　引例解析

知识储备与业务操作

一、一般计税方法应纳税额计算

增值税一般纳税人在一般计税方式下实行进项抵扣法,一般纳税人凭增值税专用发票及其合法扣税凭证注明的税款进行抵扣。其应交增值税的计算公式为:

当期应交增值税=当期销项税额−当期进项税额

(一)销项税额的计算

销项税额是纳税人发生应税行为时,按照销售额和国家规定的增值税税率计算并向购买方收取的增值税税额,其计算公式为:

销项税额=销售额×适用税率

1.一般销售方式下销售额的确定

销售额是指纳税人发生应税行为取得的全部价款和价外费用,但是不包括收取的销项税额,体现了增值税的价外税性质。因此,销售额的确定主要是确定价款和价外费用。

1.微课:一般销售方式下销项税额计算及账务处理

2.一般销售方式下销项税额计算及账务处理讲义

价外费用是指价外收取的各种性质的费用,包括价外向购买方收取的手续费、补贴、基金、集资费、返还利润、奖励费、违约金、滞纳金、延期付款利息、赔偿金、代收款项、代垫款项、包装费、包装物租金、储备费、优质费、运输装卸费以及其他各种性质的价外收费。

下列项目不包括在价外费用中。

（1）受托加工应征消费税的消费品所代收代缴的消费税。

（2）同时符合以下条件的代垫运输费用：①承运部门的运输费用发票开具给购买方的；②纳税人将该项发票转交给购买方的。

（3）同时符合以下条件代为收取的政府性基金或者行政事业性收费：①由国务院或者财政部批准设立的政府性基金，由国务院或者省级人民政府及其财政、价格主管部门批准设立的行政事业性收费；②收取时开具省级以上财政部门印制的财政票据；③所收款项全额上缴财政。

（4）销售货物的同时代办保险等而向购买方收取的保险费，以及向购买方收取的代购买方缴纳的车辆购置税、车辆牌照费。

纳税人以人民币以外的货币结算销售额的，应当折合成人民币计算，折合率可以选择销售额发生的当天或者当月1日的人民币汇率中间价。纳税人应当在事先确定采用何种折合率，确定后12个月内不得变更。

2.特殊销售方式下销售额的确定

（1）折扣方式销售。

①**折扣销售**，也称为商业折扣，是指销货方在发生应税销售行为时，因购货方购货数量较大等原因而给予购货方的价格优惠。例如，购买10件商品，销售价格折扣10%；购买20件商品，折扣20%等。纳税人如将价款和折扣额在同一张发票上的"金额"栏分别注明的，可按折扣后的销售额征收增值税。未在同一张发票"金额"栏注明折扣额，而仅在发票的"备注"栏注明折扣额的，折扣额不得从销售额中减除；未在同一张发票上分别注明的，以价款为销售额，不得扣减折扣额。

1.微课：特殊销售方式下销项税额计算及账务处理
2.特殊销售方式下销项税额计算及账务处理讲义

②**销售折扣**，也称为现金折扣，是指销货方在发生应税销售行为后，为了鼓励购货方及早支付货款而协议许诺给予购货方的一种折扣优待。例如，10天内付款，货款折扣2%；20天内付款，折扣1%；30天内全价付款。销售折扣发生在应税销售行为之后，是一种融资性质的理财费用，因此销售折扣不得从销售额中减除。企业在确定销售额时应把折扣销售与销售折扣严格区分开。

③**销售折让**，是指企业因售出商品的质量不合格等原因而在售价上给予的减让。对增值税而言，销售折让其实是指纳税人发生应税销售行为后因为劳动成果质量不合格等原因在售价上给予的减让。销售折让与销售折扣相比较，虽然都是在应税销售行为销售后发生的，但因为销售折让是由于应税销售行为的品种和质量引起的销售额减少，因此销售折让应该以折让后的货款为销售额。纳税人发生应税销售行为因销售折让、中止或者退回的，应扣减当期的销项税额或销售额。

（2）以旧换新方式销售。

以旧换新是指纳税人在销售自己的货物时，有偿收回旧货物的行为。根据增值税法律法规的规定，采取以旧换新方式销售货物的，应按新货物的同期销售价格确定销售额，不得扣减旧货物的收购价格。但是，对金银首饰以旧换新业务，可以按销售方实际收取的不含增值税的全部价款征收增值税。

【做中学2-6】

A百货商场为增值税一般纳税人。20×5年6月A百货商场以旧换新首饰的含税销售额为5.85万元。在以旧换新业务中,旧首饰作价的含税金额为3.51万元,百货商场实际收取的含税金额为2.34万元。

要求:计算百货商场在此业务中应确认的销项税额。

解析:销项税额=2.34÷(1+13%)×13%=0.27(万元)

(3)还本销售方式销售。

还本销售是指纳税人在销售货物后,到一定期限由销售方一次或分次退还给购货方全部或部分价款。这种方式实际上是一种筹资行为,是以货物换取资金的使用价值,到期还本不付息的方法。采取还本销售方式销售货物,其销售额就是货物的销售价格,不得从销售额中减除还本支出。

【做中学2-7】

A家具生产厂与B商场签订家具购销合同,双方约定商场购入家具500套,每套不含税价10 000元,商场在购货时一次付清全部货款,工厂在货物销售后的6个月全部返还货款。

要求:请计算上述业务中应确认的销项税额。

解析:

销项税额=10 000×13%×500=650 000(元)

(4)以物易物方式销售。

以物易物是指购销双方不是以货币结算,而是以同等价款的应税销售行为相互结算,实现应税销售行为购销的一种方式。以物易物双方都应作购销处理,以各自发出的应税销售行为核算销售额并计算销项税额,以各自收到的货物、劳务、服务、无形资产、不动产按规定核算购进金额并计算进项税额。应注意,在以物易物活动中,应分别开具合法的票据,如果能够取得增值税专用发票的,可以抵扣其进项税额,如果未取得增值税专用发票的,不得抵扣其进项税额。

(5)包装物押金。

包装物是指纳税人包装本单位货物的各种物品。纳税人销售货物时另收取包装物押金,目的是促使购货方及早退回包装物以便周转使用。

纳税人为销售货物而出租出借包装物收取的押金,单独记账核算的,时间在1年以内,又未过期的,不并入销售额征税,但对因逾期未收回包装物不再退还的押金,应按所包装货物的适用税率计算销项税额。"逾期"是指按合同约定实际逾期或以1年为期限,对收取1年以上的押金,无论是否退还均应将该押金换算为不含税价并入销售额征税。

但是,对销售除啤酒、黄酒外的其他酒类产品而收取的包装物押金,无论是否返还以及会计上如何核算,均应并入当期销售额征税。对销售啤酒、黄酒所收取的押金,按上述一般押金的规定处理。

提示:包装物押金不应混同于包装物租金,纳税人在销售货物同时收取包装物租金的,在包装物租金收取时就应该考虑销项税额的征纳问题。

【做中学2-8】

A酒厂为增值税一般纳税人,20×5年5月销售白酒和啤酒给副食品B公司。销售散装白酒20吨,并向购买方开具了增值税专用发票,注明价款为100 000元。随同白酒销售收取包装物押金3 390元,开具收款收据并单独入账核算。销售啤酒15吨,开具普通发票,收取价税合计款10.17万元,另收取包装物押金2万元。假设副食品B公司按合同约定,于20×5年12月将白酒、啤酒包装物全部退还给酒厂,并收回全部押金。

要求:计算该厂上述业务应确认的增值税销项税额。

解析:包装物押金销项税额=3 390÷(1+13%)×13%=450(元)

销售白酒销项税额=100 000×13%=13 000(元)

销售啤酒销项税额=10.17×10 000÷(1+13%)×13%=11 700(元)

该厂上述业务合计应确认增值税销项税额=11 700+13 000+450=25 150(元)

(6)贷款服务。

贷款服务是以提供贷款服务取得的全部利息及利息性质的收入为销售额。银行提供贷款服务按期计收利息的,结息日当日计收的全部利息收入,均应计入结息日所属期的销售额,按照现行规定计算缴纳增值税。

(7)直接收费金融服务。

直接收费金融服务以提供直接收费金融服务收取的手续费、佣金、酬金、管理费、服务费、经手费、开户费、过户费、结算费、转托管费等各类费用为销售额,计算增值税销项税额。

3.视同销售方式下销售额的确定

纳税人发生应税销售行为的情形,价格明显偏低并无正当理由的,或者视同发生应税销售行为而无销售额的,由主管税务机关按照下列顺序核定销售额。

(1)按照纳税人最近时期发生同类应税销售行为的平均价格确定。

(2)按照其他纳税人最近时期发生同类应税销售行为的平均价格确定。

(3)按照组成计税价格确定。组成计税价格的公式为:

组成计税价格=成本×(1+成本利润率)

1. 微课:增值税视同销售及账务处理
2. 增值税视同销售及账务处理讲义

【做中学2-9】

某设备生产企业为增值税一般纳税人,20×5年9月将生产出的新型设备投资于A公司,该设备无同类产品市场价,生产成本为1 000万元,设备的成本利润率为10%。

要求:计算该笔业务的销项税额。

解析:将自产货物用于投资入股的,属于视同销售行为。

当月销项税额=1 000×(1+10%)×13%=143(万元)

4.差额销售方式下销售额的确定

作业题:增值税视同销售

(1)金融商品转让。

转让金融商品出现的正负差,按盈亏相抵后的余额作为销售额。若相抵后出现负差,可

结转下一纳税期与下期转让金融商品销售额相抵,但年末时仍出现负差的,不得转入下一个会计年度。金融商品的买入价,可以选择按照加权平均法或者移动加权平均法进行核算,选择后36个月内不得变更。**金融商品转让不得开具增值税专用发票。**

金融商品转让销售额=卖出价-买入价

【做中学2-10】

A企业为一般纳税人,经营金融业务,20×5年第二季度转让基金卖出价为300 000元(含增值税),该基金是20×3年6月购入的,买入价为230 000元。该公司20×5年第二季度之前转让金融商品亏损20 000元,其中当年度第一季亏损10 000元。

要求:计算转让基金的销售额和销项税额。

解析:销售额=300 000-230 000-10 000=6 000(元)

销项税额=6 000÷(1+6%)×6%=339.62(元)

(2)经纪代理服务。

经纪代理服务以取得的全部价款和价外费用,扣除向委托方收取并代为支付的政府性基金或者行政事业性收费后的余额为销售额。向委托方收取的政府性基金或者行政事业性收费,不得开具增值税专用发票。

(3)融资租赁和融资性售后回租业务。

经批准从事融资租赁业务的试点纳税人,提供融资租赁服务,以取得的全部价款和价外费用,扣除支付的借款利息、发行债券利息和车辆购置税后的余额作为销售额。经批准从事融资租赁业务的试点纳税人,提供融资性售后回租服务,以取得的全部价款和价外费用,扣除对外支付的借款利息、发行债券利息后的余额作为销售额。

(4)航空运输服务。

航空运输服务的销售额不包括代收的机场建设费和代售其他航空运输企业客票而代收转付的价款。

(5)客运站服务。

以其取得的全部价款和价外费用,扣除支付给承运方运费后的余额为销售额。

(6)旅游服务。

纳税人可以选择以取得的全部价款和价外费用,扣除向旅游服务购买方收取并支付给其他单位或者个人的住宿费、餐饮费、交通费、签证费、门票费和支付给其他接团旅游企业的旅游费用后的余额为销售额。向旅游服务购买方收取并支付的上述费用,不得开具增值税专用发票,可以开具普通发票。

【做中学2-11】

A企业是从事旅游服务的一般纳税人(适用税率为6%),20×5年5月共取得旅游收入159万元并开具了普通发票。该笔旅游收入包含了向其他单位支付的住宿费21万元、餐饮费10万元、交通费12万元、门票费10万元。

要求:计算销项税额。

解析:不含税销售额=(159-21-10-12-10)÷1.06=106÷1.06=100(万元)

销项税额=100×0.06=6(万元)

（7）房地产开发企业中的一般纳税人销售其开发的房地产项目。

房地产开发企业中的一般纳税人销售其开发的房地产项目以取得的全部价款和价外费用，扣除受让土地时向政府部门支付的土地价款后的余额为销售额，选择简易计税方法的房地产老项目除外。

作业题：增值税销项税额计算

（8）银行业金融机构、金融资产管理公司中的一般纳税人处置抵债不动产。

银行业金融机构、金融资产管理公司中的一般纳税人处置抵债不动产可以选择以取得的全部价款和价外费用扣除取得该抵债不动产时的作价为销售额，适用9%的税率计算缴纳增值税。

纳税人按照上述2～8项的规定从全部价款和价外费用中扣除的价款，应当取得符合法律、行政法规和国家税务总局规定的有效凭证；否则，不得扣除。

（二）进项税额的计算

进项税额是指纳税人购进货物、劳务、服务、无形资产、不动产所支付或者负担的增值税税额。进项税额是与销项税额相对应的一个概念。在开具增值税专用发票的情况下，它们之间的对应关系是，销售方收取的销项税额，就是购买方支付的进项税额。但并不是所有的进项税额都可以从销项税额中抵扣。

1.准予抵扣的进项税额

（1）凭票抵扣。

纳税人购进货物、加工修理修配劳务、服务、无形资产或者不动产时取得下列法定凭证，其进项税额允许抵扣：①从销售方或提供方取得的增值税专用发票（含税控机动车销售统一发票）上注明的增值税税额；②从海关取得的海关进口增值税专用缴款书上注明的增值税税额；③自境外单位或者个人购进劳务、服务、无形资产或者境内的不动产，从税务机关或者扣缴义务人处取得的代扣代缴税款的完税凭证上注明的增值税税额。

1.微课：进项税额计算及账务处理
2.进项税额计算及账务处理讲义

（2）农产品进项税额抵扣。

①购进农产品直接销售或生产9%税率的货物后销售或用于服务。

a.取得一般纳税人开具的增值税专用发票或海关进口增值税专用缴款书的，以增值税专用发票或海关进口增值税专用缴款书上注明的增值税额为进项税额。

b.按照简易计税方法依照3%征收率计算缴纳增值税的小规模纳税人取得增值税专用发票的，以增值税专用发票上注明的金额和9%的扣除率计算进项税额。

c.取得（开具）农产品销售发票或收购发票的，以农产品销售发票或收购发票上注明的农产品买价和9%的扣除率计算进项税额。

农产品销售发票是指农业生产者销售自产农产品适用免征增值税政策而开具的普通发票。农业生产者既包括企业，也包括农业合作社和个人（个体工商户和自然人）。农产品收购发票是指收购单位向农业生产者个

1.农产品进项税额抵扣总结
2.农产品核定抵扣计算

人收购自产免税农业产品时,由付款方向收款方开具的发票。收购发票特点是发票左上角会打上"收购"两个字。

进项税额=买价×扣除率

【做中学2-12】

A生产企业为增值税一般纳税人,生产销售货物适用税率9%。20×5年10月从农业生产者购进免税农产品,开具农产品收购发票,注明金额为50万元;从小规模纳税人购入农产品,取得增值税专用发票,注明金额10万元、税额0.03万元。假设农产品未纳入核定扣除范围,取得增值税扣税凭证当月计算抵扣进项税。

要求:计算A企业当月可抵扣的进项税额。

解析:A企业当月可抵扣进项税额=50×9%+10×9%=5.4(万元)

提示:纳税人从批发、零售环节购进适用免征增值税政策的蔬菜、部分鲜活肉蛋而取得的普通发票,不得作为计算抵扣进项税额的凭证。

②购进农产品深加工后销售。

纳税人购进用于生产销售或委托加工13%税率货物的农产品,允许加计扣除,按照10%的扣除率计算进项税额。在购进农产品当期,所有纳税人按照购进农产品抵扣进项税额的一般规定,凭票据实抵扣或者凭票计算抵扣。将购进农产品用于生产销售或委托加工13%税率货物的纳税人,在生产领用农产品当期,根据领用的农产品加计1%抵扣进项税额。

纳税人购进农产品既用于生产销售或委托受托加工13%税率货物又用于生产销售其他货物服务的,应当分别核算用于生产销售或委托受托加工13%税率货物和其他货物服务的农产品进项税额。未分别核算的,统一以增值税专用发票或海关进口增值税专用缴款书上注明的增值税额为进项税额,或以农产品收购发票或销售发票上注明的农产品买价和9%的扣除率计算进项税额。

上述购进农产品抵扣进项税额的办法,不适用于《农产品增值税进项税额核定扣除试点实施办法》中购进的农产品。

(3)国内旅客运输服务进项税额抵扣。

"国内旅客运输服务",限于与本单位签订了劳动合同的员工,以及本单位作为用工单位接受的劳务派遣员工发生的国内旅客运输服务。

①纳税人购进国内旅客运输服务,以取得的增值税电子普通发票上注明的税额为进项税额的,增值税电子普通发票上注明的购买方"名称""纳税人识别号"等信息,应当与实际抵扣税款的纳税人一致,否则不予抵扣。

②取得注明旅客身份信息的航空运输电子客票行程单的,按照下列公式计算进项税额:

航空旅客运输进项税额=(票价+燃油附加费)÷(1+9%)×9%

【做中学2-13】

企业取得的注明员工身份的航空运输电子客票行程单,票价1 000元,燃油附加费50元。

要求:计算增值税进项税额。

解析:增值税进项税额=1050÷(1+9%)×9%=86.7(元)

③取得注明旅客身份信息的铁路车票的,按照下列公式计算进项税额:

铁路旅客运输进项税额=票面金额÷(1+9%)×9%

④取得注明旅客身份信息的公路、水路等其他客票的,按照下列公式计算进项税额:

公路、水路等其他旅客运输进项税额=票面金额÷(1+3%)×3%

提示:跨境旅客运输服务不得抵扣进项税额,没有注明旅客身份信息的出租车发票不能抵扣进项税额,航空运输可抵扣的进项税额仅限于票价和燃油附加费对应的部分,不包括机场建设费。

(4)收费公路通行费进项税额抵扣。

纳税人支付的道路通行费,按照收费公路通行费增值税电子普通发票上注明的增值税税额抵扣进项税额。

纳税人支付的桥、闸通行费,暂凭取得的通行费发票上注明的收费金额按照下列公式计算可抵扣的进项税额:

桥、闸通行费可抵扣进项税额=桥、闸通行费发票上注明的金额÷(1+5%)×5%

【做中学2-14】

A公司为增值税一般纳税人,20×5年10月发生桥、闸通行费2万元,取得了通行费发票。

要求:计算A公司针对上述业务当月可抵扣的进项税额。

解析:可抵扣的进项税额=20 000÷(1+5%)×5%=952.38(元)

(5)固定资产、不动产等改变用途进项税额抵扣。

按照规定不得抵扣且未抵扣进项税额的固定资产、无形资产、不动产,发生用途改变,用于允许抵扣进项税额的应税项目,可在用途改变的次月按照下列公式计算可以抵扣的进项税额:

可以抵扣的进项税额=固定资产、无形资产、不动产净值÷(1+适用税率)×适用税率

【做中学2-15】

A企业是一般纳税人,20×5年5月购买了一栋房屋用于员工食堂,取得增值税专用发票注明含税价款400万元,折旧年限20年无残值,6月进行勾选认证、申报抵扣并做了进项税转出处理。20×5年12月因公司经营需要将该房屋改作为生产车间。

要求:计算可抵扣的进项税额。

解析:折旧额=400÷(12×20)×7=11.67(万元)

房屋净值=400-11.67=388.33(万元)

可抵扣的进项税额=388.33÷(1+9%)×9%=32.06(万元)

提示:纳税人租入固定资产、不动产,既用于一般计税方法计税项目,又用于简易计税方法计税项目、免征增值税项目、集体福利或者个人消费的,其进项税额准予从销项税额中全额抵扣。

(6)先进制造业企业进项税额加计抵减。

自2023年1月1日至2027年12月31日,先进制造业企业按照当期可抵扣进项税额的5%计提当期加计抵减额。先进制造业企业应单独核算加计抵减额的计提、抵减、调减、结余等变动情况。具体计算公式如下:

当期计提加计抵减额=当期可抵扣进项税额×5%

当期可抵减加计抵减额=上期末加计抵减额余额+当期计提加计抵减额−当期调减加计抵减额

下列情形不得加计抵减：

①按照现行规定不得从销项税额中抵扣的进项税额，不得计提加计抵减额；已计提加计抵减额的进项税额，按规定做进项税额转出的，应在进项税额转出当期，相应调减加计抵减额。

②先进制造业企业出口货物劳务、发生跨境应税行为不适用加计抵减政策，其对应的进项税额不得计提加计抵减额。

先进制造业企业按照现行规定计算一般计税方法下的应纳税额后，区分以下情形加计抵减：

①抵减前的应纳税额等于零的，当期可抵减加计抵减额全部结转下期抵减。

【做中学2-16】

A企业20×5年1月实现销项税额88万元，进项税额110万元（均符合加计抵减条件，加计抵减比例为5%）。

要求：计算当期可抵减加计抵减额。

解析：当月抵减前应纳增值税额=88−110=−22（万元）

当期可抵减加计抵减额=上期末加计抵减额余额+当期计提加计抵减额−当期调减加计抵减额=0+5.5−0=5.5（万元）。

②抵减前的应纳税额大于零，且大于当期可抵减加计抵减额的，当期可抵减加计抵减额全额从抵减前的应纳税额中抵减。

【做中学2-17】

A企业20×5年2月实现销项税额165万元，进项税额110万元，进项税额转出66万元（对应的进项税前期已经加计抵减），加计抵减期初余额4.4万元。

要求：计算增值税应纳税额。

解析：当月抵减前应纳增值税额=165−（110−66）=121（万元）

当期可抵减加计抵减额=4.4+110×5%−66×5%=6.6（万元）

加计抵减以后的应纳税额=121−6.6=114.4（万元）

③抵减前的应纳税额大于零，且小于或等于当期可抵减加计抵减额的，以当期可抵减加计抵减额抵减应纳税额至零；未抵减完的当期可抵减加计抵减额，结转下期继续抵减。

【做中学2-18】

A企业20×5年3月实现销项税额115.5万元，进项税额88万元，期初留抵税额22万元，加计抵减期初余额5.5万元。

要求：计算增值税加计抵减额期末余额。

解析：当月抵减前应纳增值税额=115.5−88−22=5.5（万元）

当期可抵减加计抵减额=5.5+4.4−0=9.9（万元）

抵减以后的应纳税额=5.5−5.5=0（元）

加计抵减额期末余额=9.9-5.5=4.4(万元),结转下期抵减。

2.不得抵扣的进项税额

(1)用于简易计税方法计税项目、免征增值税项目、集体福利或者个人消费的购进货物、劳务、服务、无形资产和不动产。

其中涉及的固定资产、无形资产、不动产,仅指专用于上述项目的固定资产、无形资产(不包括其他权益性无形资产)、不动产。但是发生兼用于上述不允许抵扣项目情况的,该进项税额准予全部抵扣。纳税人的交际应酬消费属于个人消费,即交际应酬消费不属于生产经营中的生产投入和支出。

(2)非正常损失的购进货物,以及相关劳务和交通运输服务。

(3)非正常损失的在产品、产成品所耗用的购进货物(不包括固定资产)、劳务和交通运输服务。

(4)非正常损失的不动产,以及该不动产所耗用的购进货物、设计服务和建筑服务。

(5)非正常损失的不动产在建工程所耗用的购进货物、设计服务和建筑服务。纳税人新建、改建、扩建、修缮、装饰不动产,均属于不动产在建工程。

非正常损失,是指因管理不善造成货物被盗、丢失、霉烂变质,以及因违反法律法规造成货物或者不动产被依法没收、销毁、拆除的情形。

(6)购进的贷款服务、餐饮服务、居民日常服务和娱乐服务。

(7)纳税人接受贷款服务向贷款方支付的与该笔贷款直接相关的投融资顾问费、手续费、咨询费等费用,其进项税额不得从销项税额中抵扣。

(8)有下列情形之一的,应当按照销售额和增值税税率计算应纳税额,不得抵扣进项税额,也不得使用增值税专用发票:①一般纳税人会计核算不健全,或者不能够提供准确税务资料的;②应当办理一般纳税人资格登记而未办理的。

(9)财政部和国家税务总局规定的其他情形。

【做中学2-19】

A食品有限公司为增值税一般纳税人,20×5年12月在存货盘点时发现,上月购进的一批原材料短缺10%,该批原材料购进时取得的增值税专用发票注明不含税金额20万元,支付运费时取得运输企业开具的增值税专用发票注明不含税金额1万元,均已抵扣进项税额。经查,原材料短缺的10%中,9%因管理不善丢失,1%是储存过程中发生的合理损耗。

要求:计算进项税额转出额。

解析:购进的原材料在储存过程中发生的合理损耗,其进项税额可以从销项税额中抵扣。购进原材料发生非正常损失,其进项税额不得从销项税额中抵扣,做进项税额转出时,连同购进货物产生的运费也应一并做进项税额转出。

进项税转出额=(200 000×13%+10 000×9%)×9%÷10 000=2 400(元)

3.扣减进项税额

当期购进的货物、劳务、服务、无形资产、不动产如果事先并未确定将用于不得抵扣进项税额项目,其进项税额会在当期销项税额中予以抵扣。但已抵扣进项税额的购进货物、劳

务、服务、无形资产、不动产如果事后改变用途,用于不得抵扣进项税额项目,应当将该项购进货物、劳务、服务、无形资产、不动产的进项税额从当期的进项税额中扣减;无法确定该项进项税额的,应按规定方法计算应扣减的进项税额。

(1)适用一般计税方法的纳税人,兼营简易计税方法计税项目、免征增值税项目而无法划分不得抵扣的进项税额,按照下列公式计算不得抵扣的进项税额:

不得抵扣的进项税额=当期无法划分的全部进项税额×(当期简易计税方法计税项目销售额+免征增值税项目销售额)÷当期全部销售额

【做中学2-20】

A公司为一般纳税人,同时生产应税化工品和免税农药,20×5年7月外购一座仓库,用于存放应税化工品和免税农药,取得增值税专用发票注明税额30万元。当月又购买了一批甲原材料用于应税化工品的生产,取得增值税专用发票注明税额10万元。A公司购买了乙原材料用于应税化工品和免税农药的生产,取得增值税专用发票注明税额15万元。当月取得应税化工品不含税的销售额80万元、免税农药销售额20万元。

要求:计算A公司当月可抵扣的进项税额。

解析:不得抵扣的进项税额=当期无法划分的全部进项税额×(当期简易计税项目销售额+免税项目销售额)÷当期全部销售额=15×20÷(20+80)=3(万元)

当月可抵扣的进项税额=30+10+(15-3)=52(万元)

(2)一般纳税人已抵扣进项税额的不动产,发生非正常损失,或者改变用途,专用于简易计税方法、免征增值税项目、集体福利或者个人消费的,按照下列公式计算不得抵扣的进项税额:

不得抵扣的进项税额=已抵扣的进项税额×不动产净值率

不动产净值率=(不动产净值÷不动产原值)×100%

【做中学2-21】

20×4年6月,A企业将20×2年12月购买的一批办公区专用已抵扣过进项税额的空调改变用途,专用于职工食堂和职工宿舍,该批空调原值10万元,假设净值为7.5万元。

要求:计算当期应当从进项税额中抵减的金额。

解析:不动产净值率=(不动产净值÷不动产原值)×100%=(7.5÷10)×100%=75%

不得抵扣的进项税额=已抵扣进项税额×不动产净值率=10×13%×75%=0.975(万元)

当期应从进项税额中抵减的金额是0.975万元,当期做进项税额转出。

(3)对商业企业向供货方收取的与商品销售量、销售额挂钩(如以一定比例、金额、数量计算)的各种返还收入,均应按照平销返利行为的有关规定冲减当期增值税进项税金。商业企业向供货方收取的各种返还收入,一律不得开具增值税专用发票。

应冲减进项税金的计算公式为:

当期应冲减=当期取得的返还资金÷(1+所购货物适用增值税税率)×所购货物适用的增值税税率

【做中学2-22】

某家具销售公司(购买方)与家具生产厂家(销货方)签订成套沙发的采购合同,约定采购单价为1万元/套,销售公司平价销售——对外零售价也是1万元/套。合同中注明当销售公司的对外销售量累计达到10套时,厂家补贴5 000元。假设销售公司当月销售了200套沙发。

要求:计算返还资金及应冲减的进项税额。

解析:当期取得的返还资金=200÷10×5 000=100 000(元)

当期应冲减进项税额=100 000÷(1+13%)×13%=11 504.42(元)

作业题:增值税
进项税额计算

(三)应纳税额的计算

《中华人民共和国增值税暂行条例》对增值税销项税额计算时间做出了严格的规定,以保证准时、准确记录和核算当期销项税额。当期进项税额是指纳税人通过增值税发票综合服务平台对增值税专用发票、海关进口增值税专用缴款书、机动车销售统一发票、收费公路通行费增值税电子普通发票等扣税凭证信息进行用途确认。

应纳税额=当期销项税额-当期进项税额

上式计算结果如为正数,则为当期应纳增值税;计算结果如为负数,则形成留抵税额,待下期抵扣,下期应纳税额的计算公式变为:

应纳税额=当期销项税额-当期进项税额-上期留抵税额

纳税人适用一般计税方法计税的,因销售折让、中止或者退回而退还给购买方的增值税额,应当从当期的销项税额中扣减;因销售折让、中止或者退回而收回的增值税额,应当从当期的进项税额中扣减。

二、简易计税方法应纳税额计算

(一)应纳税额的计算

纳税人发生应税销售行为适用简易计税方法的,应该按照销售额和征收率计算应纳增值税税额,并且不得抵扣进项税额。其应纳税额的计算公式为:

应纳税额=销售额(不含增值税)×征收率

不含税销售额=含税销售额÷(1+征收率)

小规模纳税人一律采用简易计税方法计税,但是一般纳税人发生税法规定的应税销售行为可以选择适用简易计税方法。

纳税人适用简易计税方法计税的,因销售折让、中止或者退回而退还给购买方的销售额,应当从当期销售额中扣减。扣减当期销售额后仍有余额造成多缴的税款,可以从以后的应纳税额中扣减。

【做中学2-23】

某餐馆为增值税小规模纳税人,20×5年6月取得含增值税的餐饮收入总额为10.1万元。

要求:计算该餐馆6月应缴纳的增值税税额。

解析:(1)6月取得的不含税销售额=10.1÷(1+1%)=10(万元)

(2)6月应缴纳增值税税额=10×1%=0.1(万元)

(二)按销售差额简易计税情形

1.物业管理服务

物业管理服务的纳税人,向服务接受方收取的自来水水费,以扣除其对外支付的自来水水费后的余额为销售额,按照简易计税方法依照3%的征收率计算缴纳增值税。

2.劳务派遣服务

(1)小规模纳税人提供劳务派遣服务,可以以取得的全部价款和价外费用为销售额,按照简易计税方法依照3%的征收率计算缴纳增值税;也可以选择差额纳税,以取得的全部价款和价外费用,扣除代用工单位支付给劳务派遣员工的工资、福利和为其办理社会保险及住房公积金后的余额为销售额,按照简易计税方法依照5%的征收率计算缴纳增值税。

(2)一般纳税人提供劳务派遣服务,可以选择差额纳税,以取得的全部价款和价外费用,扣除代用工单位支付劳务派遣员工的工资、福利和为其办理社会保险及住房公积金后的余额为销售额,按照简易计税方法依照5%的征收率计算缴纳增值税。

【做中学2-24】

A是一家劳务派遣公司,一般纳税人,本月劳务派遣收入200万元,支付给劳务派遣员工工资和各项费用共计180万元。

要求:(1)如果选择一般计税,请计算应纳税额。

(2)如果选择简易计税,请计算应纳税额。

解析:(1)一般计税下应纳税额=200÷1.06×6%=11.32(万元)

(2)简易计税下应纳税额=(200-180)÷1.05%×5%=0.95(万元)

三、进口环节增值税计算

进口的货物、物品及跨境电子商务零售进口的商品在进口环节均需要缴纳增值税;进口劳务、服务等,支付方代扣代缴增值税。

进口货物的收货人(承受人)或办理报关手续的单位和个人,为进口货物增值税的纳税义务人。跨境电子商务零售进口商品按照货物征收关税和进口环节增值税、消费税,购买跨境电子商务零售进口商品的个人作为纳税义务人。电子商务企业、电子商务交易平台企业或物流企业可作为代收代缴义务人。

进口货物的增值税由海关代征,计算公式如下:

非应税消费品的进口应纳增值税=(关税完税价格+关税)×税率

应税消费品的进口应纳增值税=(关税完税价格+关税+消费税)×税率

进口劳务、服务等的增值税由支付方代扣代缴,计算公式如下:

应扣缴税额=接受方支付的价款÷(1+税率)×税率

职教出海:跨境电商出海增值税税率解析

进口货物不区分一般纳税人和小规模纳税人,一律适用增值税税率。跨境电子商务零售进口商品的单次交易限值为人民币5 000元,个人年度交易限值为人民币26 000元以内的,关税税率暂设为0%,增值税暂按法定应纳税额的70%征收。

【做中学2-25】

A企业为小规模纳税人，20×5年4月，委托B汽车贸易公司从国外进口一辆小汽车，关税完税价格折合人民币55万元。小汽车进口关税税率为20%，消费税税率为5%。

要求：请计算该企业进口小汽车应纳增值税税额。

解析：进口环节无论是一般纳税人还是小规模纳税人，除另有规定外，均应该按照税率缴纳增值税。

A企业进口小汽车应纳增值税=550 000×(1+20%)÷(1−5%)×13%=90 315.79(元)

四、特殊销售行为增值税计算

(一)不动产转让、租赁的增值税计算

纳税人转让其取得的不动产，包括以直接购买、接受赠与、接受投资入股、自建以及抵债等各种形式取得的不动产，按照下列规定进行增值税处理，但是房地产开发企业销售自行开发的房地产项目不适用该规定。

1.一般纳税人转让其取得的不动产

(1)一般纳税人转让其2016年4月30日前取得非自建的不动产。

①选择适用简易计税方法计税，以取得的全部价款和价外费用扣除不动产购置原价或者取得不动产时的作价后的余额为销售额，按照5%的征收率计算应纳税额。纳税人应按照上述计税方法向不动产所在地主管税务机关预缴税款，向机构所在地主管税务机关申报纳税。

预缴税额=(取得的全部价款和价外费用−不动产购置原价或者取得不动产时的作价)÷(1+5%)×5%

应纳税款等于预缴税款时，一般不需补缴税款，只需填申报表。

②选择适用一般计税方法计税的，以取得的全部价款和价外费用为销售额计算应纳税额。纳税人应以取得的全部价款和价外费用扣除不动产购置原价或者取得不动产时的作价后的余额，按照5%的预征率向不动产所在地主管税务机关预缴税款，向机构所在地主管税务机关申报纳税。

预缴税额=(取得的全部价款和价外费用−不动产购置原价或者取得不动产时的作价)÷(1+5%)×5%

应纳税额=取得的全部价款和价外费用÷(1+9%)×9%−进项税额

【做中学2-26】

A公司为增值税一般纳税人，主营手机等电子产品销售业务，2025年3月将2015年购买的房产以5 000万元销售给乙公司，当时房产购买价值为3 000万元。

要求：(1)如果适用简易计税，请问A公司该如何缴纳增值税？

(2)如果适用一般计税方法，请问A公司该如何缴纳增值税？

解析：(1)如果适用简易计税，A公司应缴纳的增值税=(5 000−3 000)÷(1+5%)×5%=

95.24(万元)

(2)如果适用一般计税,A公司应缴纳的增值税如下。

预交环节预缴增值税=(5 000-3 000)÷(1+5%)×5%=95.24(万元)

申报环节应缴增值税=5 000÷(1+9%)×9%-95.24=317.6(万元)

(2)一般纳税人转让其2016年4月30日前自建的不动产。

①选择适用简易计税方法计税,以取得的全部价款和价外费用为销售额,按照5%的征收率计算应纳税额。纳税人应按照上述计税方法向不动产所在地主管税务机关预缴税款,向机构所在地主管税务机关申报纳税。

预缴税额=全部价款和价外费用÷(1+5%)×5%

应纳税额=预缴税额

【做中学2-27】

A公司为增值税一般纳税人,非房地产企业,适用简易计税,现将2015年自建房产以5 000万元销售给乙公司。

要求:计算A公司应缴纳的增值税。

解析:应缴增值税=5 000÷(1+5%)×5%=238.1(万元)

②选择适用一般计税方法计税,以取得的全部价款和价外费用为销售额计算应纳税额。纳税人应以取得的全部价款和价外费用,按照5%的预征率向不动产所在地主管税务机关预缴税款,向机构所在地主管税务机关申报纳税。

预缴税额=全部价款和价外费用÷(1+5%)×5%

应纳税额=取得的全部价款和价外费用÷(1+9%)×9%

【做中学2-28】

A公司为增值税一般纳税人,非房地产企业,适用一般计税,现将2010年自建房产以5 000万元销售给B公司,进项税额留抵为150万元。

要求:计算A公司应缴纳的增值税。

解析:预交环节应预交增值税=5 000÷(1+5%)×5%=238.1(万元)

申报环节应缴增值税=5 000÷(1+9%)×9%-238.1-150=24.74(万元)

(3)一般纳税人转让其2016年5月1日后取得自建及非自建的不动产,仅适用上述一般计税方法。

2.小规模纳税人转让其取得的不动产

(1)小规模纳税人转让其取得非自建的不动产,以取得的全部价款和价外费用扣除不动产购置原价或者取得不动产时的作价后的余额为销售额,按照5%的征收率计算应纳税额。

(2)小规模纳税人转让其自建的不动产,以取得的全部价款和价外费用为销售额,按照5%的征收率计算应纳税额。

【做中学2-29】

A公司为小规模纳税人,非房地产企业,适用简易计税,现将2011年购买的房产以5 000万元销售给乙公司,房产购买价格为3 000万元。

要求:计算A公司应缴纳多少增值税。

解析:应缴增值税=(5 000-3 000)÷(1+5%)×5%=95.24(万元)

3.一般纳税人出租不动产

(1)一般纳税人出租其2016年4月30日前取得的不动产。

①选择简易计税方式,按照5%的征收率计算应纳税额。不动产所在地与机构所在地不在同一县(市、区)的,纳税人应按照上述计税方法向不动产所在地主管税务机关预缴税款,向机构所在地主管税务机关申报纳税。

预缴税额=含税销售额÷(1+5%)×5%

如果应纳税款=预缴税款,一般不需补缴税款,只需填申报表。

②选择一般计税方式,不动产所在地与机构所在地不在同一县(市、区)的,纳税人应按照3%的预征率向不动产所在地主管税务机关预缴税款,向机构所在地主管税务机关申报纳税。

预缴税额=含税销售额÷(1+9%)×3%

应纳税额=含税销售额÷(1+9%)×9%

(2)一般纳税人转让其2016年5月1日后取得自建及非自建的不动产,仅适用上述一般计税方法。

4.小规模纳税人出租不动产

小规模纳税人出租不动产,按照以下规定缴纳增值税。

(1)不动产所在地与机构所在地在同一县(市、区)的,向机构所在地主管税务机关申报纳税。

个体工商户出租住房:应纳税款=含税销售额÷(1+5%)×1.5%;

其他出租不动产情况:应纳税款=含税销售额÷(1+5%)×5%。

(2)不动产所在地与机构所在地不在同一县(市、区)的。

第一步,先向不动产所在地主管税务机关预缴税款。

个体工商户出租住房:预缴税款=含税销售额÷(1+5%)×1.5%;

其他出租不动产情况:预缴税款=含税销售额÷(1+5%)×5%。

第二步,再向机构所在地主管税务机关申报纳税。

如果预缴税款=应纳税款,一般不需补缴税款,只需填申报表。

提示:不动产所在地与机构所在地在同一县(市、区)的,纳税人向机构所在地主管税务机关申报纳税,不需要预缴税款。

(二)纳税人跨县(市、区)提供建筑服务增值税计算

纳税人跨县(市、区)提供建筑服务,应按照规定的纳税义务发生时间和计税方法,向建筑服务发生地主管税务机关预缴税款,向机构所在地主管税务机关申报纳税。纳税人在同一地级行政区范围内跨县(市、区)提供建筑服务,不适用该办法。

1.一般纳税人跨县(市、区)提供建筑服务,适用一般计税方法计税。

以取得的全部价款和价外费用扣除支付的分包款后的余额,按照2%的预征率计算应预缴税款。

应预缴税款=(全部价款和价外费用-支付的分包款)÷(1+9%)×2%

机构所在地申报税款=含税销售额÷(1+9%)×9%-预缴税款

2.一般纳税人跨县(市、区)提供建筑服务,选择适用简易计税方法计税

以取得的全部价款和价外费用扣除支付的分包款后的余额,按照3%的征收率计算应预缴的税款。

小规模纳税人提供建筑服务,均适用简易计税方法;一般纳税人以清包工、甲供工程及为建筑工程老项目提供的建筑服务,可以选择适用简易计税方法。清包工,是指施工方不采购建筑工程所需的材料或只采购辅助材料,并收取人工费、管理费或者其他费用的建筑服务;甲供工程,是指全部或部分设备、材料、动力由工程发包方自行采购的建筑工程;建筑工程老项目,是指合同开工日期在2016年4月30日前的建筑工程项目。

应预缴税款=(全部价款和价外费用-支付的分包款)÷(1+3%)×3%

【做中学2-30】

A建筑有限公司位于浙江省杭州市,为增值税一般纳税人,在安徽省芜湖市承揽一建筑工程,属于甲供材工程,20×5年8月从建设方取得该项建筑工程的预收款100万元,在取得该预收款后,A建筑有限公司当月支付给分包方20万元的分包款,分包方开具了符合规定的增值税专用发票。在9月申报期内,A建筑有限公司向建筑服务发生地芜湖市的主管税务机关申报预缴增值税;在10月申报期内,A建筑有限公司就8月取得的预收款向机构所在地杭州市主管税务机关申报缴纳增值税。

要求:(1)如果选择简易计税方法,请计算A建筑有限公司在芜湖预缴的增值税和在杭州申报的增值税。

(2)如果选择一般计税方法,9月可抵扣的进项税额为1.78万元,请计算A建筑有限公司在芜湖预缴的增值税和在杭州申报的增值税。

解析:(1)选择简易计税方法。

芜湖预缴:(100-20)÷(1+3%)×3%=2.33(万元)

杭州申报:(100-20)÷(1+3%)×3%-2.33=0(元)

(2)选择一般计税方法。

芜湖预缴:(100-20)÷(1+9%)×2%=1.47(万元)

杭州申报:(100-20)÷(1+9%)×9%-1.78-1.47=3.36(万元)

3.小规模纳税人跨县(市、区)提供建筑服务

自2023年1月1日至2027年12月31日,小规模纳税人凡在预缴地实现的月销售额未超过10万元的,当期无须预缴税款。在预缴地实现的月销售额超过10万元的,适用3%预征率的预缴增值税项目,减按1%预征率,以取得的全部价款和价外费用扣除支付的分包款后的余额预缴增值税。

纳税人取得的全部价款和价外费用扣除支付的分包款后的余额为负数的,可在结转下次预缴税款时继续扣除。纳税人应按照工程项目分别计算应预缴税款,分别预缴。

任务三　增值税会计核算

📝 任务引例

A企业处置20×8年5月购买的机器设备,按照当时的税收政策购进固定资产的进项税额不允许抵扣,七年后处置该设备,取得处置收入10 300元。纳税人采用简易计税办法核算。

请计算应交增值税,并进行账务处理。

任务三 引例解析

ⓦ 知识储备与业务操作

一、增值税会计科目设置

(一)一般纳税人会计科目设置

增值税一般纳税人应当在"应交税费"科目下设置"应交增值税""未交增值税""预交增值税""待抵扣进项税额""待认证进项税额""待转销项税额""增值税留抵税额""简易计税""转让金融商品应交增值税""代扣代缴增值税"等明细科目。

增值税一般纳税人应在"应交增值税"明细账内设置"进项税额""销项税额抵减""已交税金""转出未交增值税""转出多交增值税""减免税款""出口抵减内销产品应纳税额""销项税额""出口退税""进项税额转出"等专栏。

"进项税额"专栏,记录一般纳税人购进货物、加工修理修配劳务、服务、无形资产或不动产而支付或负担的、准予从当期销项税额中抵扣的增值税额;"销项税额抵减"专栏,记录一般纳税人按照现行增值税制度规定因扣减销售额而减少的销项税额;"已交税金"专栏,记录一般纳税人当月已缴纳的应交增值税额;"转出未交增值税"和"转出多交增值税"专栏,分别记录一般纳税人月度终了转出当月应交未交或多交的增值税额;"减免税款"专栏,记录一般纳税人按现行增值税制度规定准予减免的增值税额;"出口抵减内销产品应纳税额"专栏,记录实行"免、抵、退"办法的一般纳税人按规定计算的出口货物的进项税抵减内销产品的应纳税额;"销项税额"专栏,记录一般纳税人销售货物、加工修理修配劳务、服务、无形资产或不动产应收取的增值税额;"出口退税"专栏,记录一般纳税人出口货物、加工修理修配劳务、服务、无形资产按规定退回的增值税额;"进项税额转出"专栏,记录一般纳税人购进货物、加工修理修配劳务、服务、无形资产或不动产等发生非正常损失以及其他原因而不应从销项税额中抵扣、按规定转出的进项税额。

"未交增值税"明细科目,核算一般纳税人月度终了从"应交增值税"或"预交增值税"明细科目转入当月应交未交、多交或预缴的增值税额,以及当月缴纳以前期间未交的增值税额。

"预交增值税"明细科目,核算一般纳税人转让不动产、提供不动产经营租赁服务、提供建筑服务、采用预收款方式销售自行开发的房地产项目等,以及其他按现行增值税制度规定应预缴的增值税额。

"待抵扣进项税额"明细科目,核算一般纳税人已取得增值税扣税凭证并经税务机关认证,按照现行增值税制度规定准予以后期间从销项税额中抵扣的进项税额。比如核算辅导期纳税人,本月认证相符以后期间比对通过后才可以抵扣的进项税额。

"待认证进项税额"明细科目,核算一般纳税人由于未经税务机关认证而不得从当期销项税额中抵扣的进项税额。该科目包括:一般纳税人已取得增值税扣税凭证、按照现行增值税制度规定准予从销项税额中抵扣,但尚未经税务机关认证的进项税额;一般纳税人已申请稽核但尚未取得稽核相符结果的海关缴款书进项税额。

"待转销项税额"明细科目,核算一般纳税人销售货物、加工修理修配劳务、服务、无形资产或不动产,已确认相关收入(或利得)但尚未发生增值税纳税义务而需于以后期间确认为销项税额的增值税额。

"增值税留抵税额"明细科目,核算兼有销售服务、无形资产或者不动产的原增值税一般纳税人,截止到纳入营改增试点之日前的增值税期末留抵税额按照现行增值税制度规定不得从销售服务、无形资产或不动产的销项税额中抵扣的增值税留抵税额。

"简易计税"明细科目,核算一般纳税人采用简易计税方法发生的增值税计提、扣减、预缴、缴纳等业务。

"转让金融商品应交增值税"明细科目,核算增值税纳税人转让金融商品发生的增值税额。

"代扣代缴增值税"明细科目,核算纳税人购进在境内未设经营机构的境外单位或个人在境内的应税行为代扣代缴的增值税。

(二)小规模纳税人会计科目设置

小规模纳税人只需在"应交税费"科目下设置"应交增值税""转让金融商品应交增值税""代扣代缴增值税"明细科目,不需要设置专栏。

二、一般纳税人会计核算

(一)销售业务的账务处理

1.一般销售及特殊销售业务的账务处理

企业销售货物、加工修理修配劳务、服务、无形资产或不动产,应当按应收或已收的金额,借记"应收账款""应收票据""银行存款"等科目,按取得的收入金额,贷记"主营业务收入""其他业务收入""固定资产清理""工程结算"等科目,按现行增值税制度规定计算的销项税额,或采用简易计税方法计算的应纳增值税额,贷记"应交税费——应交增值税(销项税额)"或"应交税费——简易计税"科目。发生销售退回的,应根据按规定开具的红字增值税专用发票做相反的会计分录。

(1)直接收款销售。

采取直接收款方式销售货物,不论货物是否发出,其纳税义务时间均为收到销售款或者取得索取销售款凭据的当天,先开具发票的,为开具发票的当天。

【做中学2-31】

某商场为增值税一般纳税人,本月向个人消费者销售空调30台,收取货款105 300元,另收取安装费6 000元,全部开具普通发票。

要求:计算该商场销售空调业务应纳增值税销项税额并进行账务处理。

解析:销项税额=(105 300+6 000)÷(1+13%)×13%=12 804.42(元)

借:银行存款　　　　　　　　　　　　　　　　　　　　　111 300

　　贷:主营业务收入　　　　　　　　　　　　　　　　　　98 495.58

　　　　应交税费——应交增值税(销项税额)　　　　　　　12 804.42

(2)折扣方式销售。

折扣方式销售包括商业折扣、现金折扣和销售折让,具体如表2-8所示。

表2-8　折扣方式及账务处理

折扣方式	账务处理
商业折扣	销售额和折扣额在同一张发票的"金额栏"注明折扣额的,可按折扣后的金额计算销项税额并进行账务处理
现金折扣	折扣额计入财务费用
销售折让	以当期销售额中扣除折让额后的余额为基础计算销项税额并进行账务处理

【做中学2-32】

A商场为增值税一般纳税人,20×5年5月1日批发销售给B企业空调100台,每台标价(不含税)1 800元,由于购买数量较大,给予购买方七折优惠,并将折扣额与销售额开在一张专用发票上。同时约定付款条件为"5/10,2/20,n/30"。当月6日收到A企业支付的全部货款。

要求:计算A商场上述销售业务应申报的增值税销项税额并进行账务处理。

解析:销售额=100×1 800×70%=126 000(元)

销项税额=126 000×13%=16 380(元)

财务费用=126 000×5%=6 300(元)

借:银行存款　　　　　　　　　　　　　　　　　　　　　136 080

　　财务费用　　　　　　　　　　　　　　　　　　　　　　6 300

　　贷:主营业务收入　　　　　　　　　　　　　　　　　　126 000

　　应交税费——应交增值税(销项税额) 　　　　16 380

【做中学2-33】

A企业销售给B企业100万元的商品,因为B企业发现此商品的质量不符合规定,所以B企业要求A企业给予五折优惠。

要求:计算销项税额并进行账务处理。

解析:销项税额=1 000 000×50%×13%=65 000(元)

借:银行存款 　　　　565 000
　　贷:主营业务收入 　　　　500 000
　　　　应交税费——应交增值税(销项税额) 　　　　65 000

(3)以旧换新方式销售。

除金银首饰外的货物,应按新货物的同期销售价格确定销售额,计入"主营业务收入"中,旧货物的收购价,计入"库存商品"中。

【做中学2-34】

某百货大楼销售A牌电视机3 390元/台(含增值税),若顾客交还同品牌旧电视机作价1 000元/台,需补差价2 390元就可换回全新电视机。当月采用此种方式销售A牌电视机100台,增值税税率为13%。

要求:计算上述业务所涉及的销项税额并进行账务处理。

解析:新货不含税销售额=3 390÷(1+13%)×100=300 000(元)

销项税额=300 000×13%=39 000(元)

借:银行存款 　　　　239 000
　　库存商品——旧电视机 　　　　100 000
　　贷:主营业务收入——A牌电视机 　　　　300 000
　　　　应交税费——应交增值税(销项税额) 　　　　39 000

(4)以物易物方式销售。

以物易物购销双方均应做正常的购销业务处理,以各自收到或发出的货物核算销售额并计算应纳或应扣的增值税税额。

【做中学2-35】

某汽车生产企业为增值税一般纳税人,20×5年5月发生业务如下。

(1)将生产的800辆汽车分两批出售,其中300辆增值税专用发票注明金额4 500万元,税额为585万元,500辆增值税专用发票注明金额6 500万元,税额为845万元。

(2)将生产的100辆小汽车用于换取价值1 200万元的生产资料,汽车生产企业以成本12万元/辆开具增值税专用发票,发票金额为1 200万元,税额为156万元。对方补价197.75万元。

要求:计算本月上述业务应确认的销项税额并进行账务处理。

解析:平均售价=(4 500+6 500)÷800=13.75(万元)

销项税额=100×13.75×13%=178.75(万元)

汽车生产企业的账务处理过程如下。

借：原材料	12 000 000	
应交税费——应交增值税(进项税额)	1 560 000	
银行存款	1 977 500	
贷：主营业务收入		13 750 000
应交税费——应交增值税(销项税额)		1 787 500
借：主营业务成本	12 000 000	
贷：库存商品		12 000 000

(5)待转销项税额核算。

按照国家统一的会计制度确认收入或利得的时点早于按照增值税制度确认增值税纳税义务发生时点的,应将相关销项税额计入"应交税费——待转销项税额"科目,待实际发生纳税义务时再转入"应交税费——应交增值税(销项税额)"或"应交税费——简易计税"科目。

【做中学2-36】

甲企业将闲置库房对外出租,租赁期为3年,自20×5年7月1日开始,每月租金2万元,含增值税,采用后付租金方式,于每年6月30日和12月31日支付。假设甲企业为增值税一般纳税人,对出租业务采用一般计税方法,税率为9%。

1. 微课：增值税所涉其他会计科目核算
2. 增值税所涉其他会计科目核算讲义

要求:请进行账务处理。

解析:会计上按照权责发生制,将每月的租金作为"其他业务收入"入账。但是税法规定,销售服务、无形资产、不动产的增值税纳税义务发生时间通常为纳税人发生应税行为并收讫销售款项或者取得索取销售款项凭据的当天;先开具发票的,为开具发票的当天。所以此案例中,增值税纳税义务发生时间为付款日6月30日和12月31日。

其他业务收入=20 000÷(1+9%)=18 348.62(元)

(1)20×5年7月至20×5年12月,每月的账务处理过程如下。

借：应收账款	20 000	
贷：其他业务收入		18 348.62
应交税费——待转销项税额		1 651.38

(2)12月31日收到款项时,增值税纳税义务发生,账务处理过程如下。

1651.38×6=9 908.28(元)

借：应交税费——待转销项税额	9 908.28	
贷：应交税费——应交增值税(销项税额)		9 908.28

提示:按照增值税制度确认增值税纳税义务发生时点早于按照国家统一的会计制度确认收入或利得的时点的,应将应纳增值税额,借记"应收账款"科目,贷记"应交税费——应交增值税(销项税额)"或"应交税费——简易计税"科目;按照国家统一的会计制度确认收入或利得时,应按扣除增值税销项税额后的金额确认收入。

2.视同销售业务的账务处理

企业发生税法上视同销售的行为,应当按照企业会计准则制度相关规定进行相应的会计处理,并按照现行增值税制度规定计算的销项税额,或采用简易计税方法计算的应纳增值税额,借记"应付职工薪酬""利润分配"等科目,贷记"应交税费——应交增值税(销项税额)"或"应交税费——简易计税"科目。

(1)委托代销商品及代销货物。

委托代销商品,即企业委托其他单位代为销售商品。委托代销商品收取手续费,主要有视同买断和收取手续费两种方式。委托其他纳税人代销货物,为收到代销单位的代销清单或者收到全部或者部分货款的当天;未收到代销清单及货款的,为发出代销货物满180天的当天。作为受托方销售代销货物按照正常情况确认增值税纳税义务的发生时间。

【做中学2-37】

20×5年6月3日尚悦商贸公司委托银润超市销售扩音器1 000个,货物已发出,每件成本价70元,合同约定银润超市按每个100元对外销售,尚悦公司按不含增值税销售价格的10%向银润超市支付手续费,当月该批扩音器全部售完,6月25日银润超市向尚悦公司开具了销货清单,6月30日结清货款。双方均为增值税一般纳税人,适用13%的税率。

要求:分别站在双方的角度进行账务处理。

解析:(1)尚悦公司进行账务处理。

6月3日,尚悦公司将货物委托给银润超市销售时的账务处理。

借:委托代销商品		70 000
贷:库存商品		70 000

6月25日,收到代销清单时的账务处理。

借:应收账款		113 000
贷:主营业务收入		100 000
应交税费——应交增值税(销项税额)		13 000
借:主营业务成本		70 000
贷:委托代销商品		70 000

6月25日,支付给银润超市手续费时的账务处理。

借:销售费用——代销手续费		10 000
应交税费——应交增值税(进项税额)		600
贷:应收账款		10 600

6月30日,实际收到货款时的账务处理。

借:银行存款		102 400
贷:应收账款		102 400

(2)银润超市进行账务处理。

6月3日收到扩音器时的账务处理。

借:受托代销商品		100 000
贷:受托代销商品		100 000

6月卖出全部扩音器,总的分录如下。

借:银行存款		113 000

```
贷:受托代销商品                                                    100 000
      应交税费——应交增值税(销项税额)                              13 000
```

6月25日收到尚悦公司开具的增值税专用发票时的账务处理。

```
借:受托代销商品款                                                  100 000
    应交税费——应交增值税(进项税额)                                13 000
  贷:应付账款                                                      113 000
```

6月30日支付货款并计算手续费时的账务处理。

```
借:应付账款                                                        113 000
  贷:银行存款                                                      102 400
      其他业务收入——代销手续费                                     10 000
      应交税费——应交增值税(销项税额)                                 600
```

(2)将自产、委托加工的货物用于集体福利。

将自产、委托加工的货物用于集体福利属于视同销售,账务处理中,记入收入类科目;税法上,应按自产、委托加工货物的成本与税务机关核定的货物计税依据计算缴纳增值税,纳税义务发生时间为货物移送的当天。

【做中学2-38】

A食品厂将自产的粽子发放给每位员工,成本价为5万元,市场价为8万元。

要求:计算销项税额并进行相应的账务处理。

解析:

```
借:应付职工薪酬                                                    90 400
  贷:主营业务收入                                                   80 000
      应交税费——应交增值税(销项税额)                              10 400
```

同时结转成本:

```
借:主营业务成本                                                    50 000
  贷:库存商品                                                      50 000
```

(3)将自产、委托加工或者购进的货物作为投资。

将自产、委托加工或者购进的货物作为投资,属于增值税视同销售。账务处理中,记入收入类科目;税务中,纳税义务发生时间为货物移送的当天。

【做中学2-39】

A公司是一家汽车生产企业,20×5年6月1日,该公司将自己生产的X型小轿车2辆提供给B公司作为投资,同类型小轿车的当月平均销售价格为25万元(不含增值税),单位生产成本为20万元,该小汽车适用的消费税税率为3%。

要求:计算销项税额并进行相应的账务处理。

解析:视同销售的收入=25×2=50(万元)

视同销售的成本=20×2=40(万元)

增值税销项税额=50×13%=6.5(万元)

应纳消费税税额=50×3%=1.5(万元)

应计入投资成本的金额=50+6.5+1.5=58(万元)

借:长期股权投资——B公司   580 000

  贷:主营业务收入——X型小轿车   500 000

    应交税费——应交增值税(销项税额)   65 000

       ——应交消费税   15 000

借:主营业务成本   400 000

  贷:库存商品——X型小轿车   400 000

(4)将自产、委托加工或者购进的货物无偿赠送。

无偿捐赠其他单位或个人的,税法上作为视同销售收入处理,账务处理中,将移送的货物,记入"库存商品"科目。

【做中学2-40】

A公司将一批自产商品赠送给B公司,这批商品的市场价是250 000元,成本价是200 000元。

要求:请进行相应的账务处理。

解析:

借:营业外支出   232 500

  贷:库存商品   200 000

    应交税费——应交增值税(销项税额)   32 500

(5)无偿提供服务。

无偿提供服务属于视同销售行为,需要按规定缴纳增值税。

【做中学2-41】

某宾馆在自己的宾馆中招待客户住宿、就餐,其中餐饮成本800元、住宿成本800元,不含税市场销售价格分别为1 000元。

要求:请进行相应的账务处理。

解析:

借:管理费用   1 720

  贷:主营业务成本——客房   800

    其他业务成本——餐厅   800

    应交税费——应交增值税(销项税额)   120

3.差额征税账务处理

企业发生相关成本费用允许扣减销售额的账务处理,按现行增值税制度规定企业发生相关成本费用允许扣减销售额的,发生成本费用时,按应付或实际支付的金额,借记"主营业务成本""存货""工程施工"等科目,贷记"应付账款""应付票据""银行存款"等科目。待取得合规增值税扣税凭证且纳税义务发生时,按照允许抵扣的税额,借记"应交税费——应交增值税(销项税额抵减)"或"应交税费——简易计税"科目,贷记"主营业务成本""存货""工程施工"等科目。

【做中学 2-42】

A 公司是一家提供劳务派遣服务的企业,是一般纳税人,20×5 年 10 月公司从客户 B 公司取得派遣费用 21 000 元,其中被派遣人员的工资及社保等费用合计为 18 240 元。A 公司选择差额征收,简易计税。

要求:计算应纳增值税额并进行相应的账务处理。

解析:A 公司需要缴纳的增值税=(21 000−18 240)÷1.05×0.05=131.43(元)

账务处理如下。

(1)确认派遣服务收入时的账务处理过程。

借:银行存款	21 000
贷:主营业务收入——派遣服务收入	20 000
应交税费——简易计税	1 000

(2)确认可扣减的成本费用及应交增值税差额抵减时的账务处理过程。

借:主营业务成本——派遣服务成本	17 371.43
应交税费——简易计税	868.57
贷:应付职工薪酬	18 240
借:应付职工薪酬	18 240
贷:银行存款	18 240

(3)实际缴纳增值税时的账务处理过程。

实际缴纳增值税=1 000−868.57=131.43(元)

借:应交税费——简易计税	131.43
贷:银行存款	131.43

【做中学 2-43】

甲企业是一家从事旅游服务的一般纳税人,在 20×5 年 10 月取得旅游收入 106 万元,其中包含向其他单位支付的住宿费、餐饮费、交通费、门票费等合计 63.6 万元。

要求:计算应纳增值税额并进行相应的账务处理。

解析:应缴纳增值税=(106−63.6)÷(1+6%)×6%=2.4(万元)

账务处理如下。

(1)确认旅游服务收入时的账务处理过程。

借:应收账款	1 060 000
贷:主营业务收入	1 000 000
应交税费——应交增值税(销项税额)	60 000

(2)向其他单位支付费用时的账务处理过程。

借:主营业务成本	636 000
贷:银行存款	636 000

(3)支付的门票、住宿费等费用中可以从销项税额中扣减的金额=636 000÷(1+6%)×6%=36 000(元)

借:应交税费——应交增值税(销项税额抵减)	36 000

   贷:主营业务成本   36 000

（4）实际缴纳增值税时的账务处理过程。

实际缴纳金额=60 000-36 000=240 00（元）

借:应交税费——应交增值税   24 000

   贷:银行存款   24000

4.预缴增值税会计核算

一般纳税人转让不动产、出租不在同一县（市、区）的不动产、跨县（市、区）提供建筑服务、采用预收款方式销售自行开发的房地产项目等,应预缴增值税。

（1）企业预缴增值税时的账务处理过程。

借:应交税费——预交增值税

   贷:银行存款

（2）月末,企业应将"预交增值税"明细科目余额转入"未交增值税"明细科目。

借:应交税费——未交增值税

   贷:应交税费——预交增值税

【做中学2-44】

山东北方建筑公司20×5年6月去安徽承接了某项工程,签订合同之后,收到建设方支付的备料款109万元,无分包情况,该项目采用一般计税方法。

要求:计算预缴增值税并进行账务处理。

解析:根据税法相关规定,一般纳税人跨县（市、区）提供建筑服务,适用一般计税方法计税的,以取得的全部价款和价外费用扣除支付的分包款后的余额,按照2%的预征率向建设地预缴税款。

应预缴的增值税=109÷（1+9%）×2%=2（万元）

账务处理过程如下。

（1）预缴增值税时的账务处理过程。

借:应交税费——预交增值税   20 000

   贷:银行存款   20 000

（2）6月30日结转预交增值税,账务处理过程如下。

借:应交税费——未交增值税   20 000

   贷:应交税费——预交增值税   20 000

【做中学2-45】

A公司有一项建设服务老项目,项目所在地与公司所在地在同一市区,含税工程款100万元,分包工程20万元,购进材料取得专用发票,进项税额6万元,该项目采用简易计税。

要求:请进行相应的账务处理。

解析:增值税税额=（100-20）÷（1+3%）×3%×10 000=23 300.97（元）

账务处理过程如下。

借:应交税费——简易计税   23 300.97

   贷:银行存款   23 300.97

5.销售使用过的固定资产账务处理

一般纳税人销售自己使用过的固定资产符合下列情形可以选择按照简易办法,依3%征收率减按2%缴纳增值税。具体情形包括:①销售2008年12月31日前购进或者自制的固定资产,以及2013年8月1日前购进或自制的不允许抵扣进项且未抵扣过的应征消费税的汽车、游艇、摩托车;②纳税人购进或者自制固定资产时为小规模纳税人,认定为一般纳税人后销售该固定资产;③营改增的纳税人,销售自己使用过的、纳入本地区营改增试点之日前取得的固定资产;④销售按照规定不得抵扣且未抵扣进项税额的固定资产,以及按简易计税办法征收增值税的应税行为,不包括按规定可以取得进项抵扣凭证但未取得的情况。

(二)取得资产或接受劳务等业务的账务处理

1.可抵扣进项税额的核算

一般纳税人购进货物、加工修理修配劳务、服务、无形资产或不动产,按应计入相关成本费用或资产的金额,借记"在途物资"或"原材料""库存商品""生产成本""无形资产""固定资产""管理费用"等科目,按当月已认证的可抵扣增值税额,借记"应交税费——应交增值税(进项税额)"科目,按当月未认证的可抵扣增值税额,借记"应交税费——待认证进项税额"科目,按应付或实际支付的金额,贷记"应付账款""应付票据""银行存款"等科目。发生退货的,如原增值税专用发票已做认证,应根据税务机关开具的红字增值税专用发票做相反的会计分录;如原增值税专用发票未做认证,可做相反的会计分录。

(1)凭票抵扣账务处理。

购买货物、服务等取得增值税专用发票尚未认证时,记入"应交税费——待认证进项税",待发票认证成功后,记入"应交税费——应交增值税(进项税额)"。

【做中学2-46】

钱江公司本月购入的一批原材料,取得增值税专用发票,金额为100万元,税额为13万元。

要求:(1)如果发票已经认证,如何进行账务处理?

(2)如果发票尚未认证,如何进行账务处理?

解析:

(1)发票已认证的账务处理过程如下。

借:在途物资	1 000 000	
应交税费——应交增值税(进项税额)	130 000	
贷:银行存款		1 130 000

(2)发票尚未认证的账务处理过程如下。

借:在途物资	1 000 000	
应交税费——待认证进项税额	130 000	
贷:银行存款		1 130 000

发票认证时的账务处理过程如下。

借:应交税费——应交增值税(进项税额)　　　　　　　　130 000
　　贷:应交税费——待认证进项税　　　　　　　　　　　　130 000

(2)购入农产品进项税额核算。

取得可抵扣的免税农产品发票,按发票金额的9%计算可抵扣的进项税额。若此农产品用于生产加工13%税率的货物,可以在生产领用时加计1%进项抵扣。

【做中学2-47】

某超市从农业合作社一般纳税人手上购进了2万元的梨,取得了一张农产品销售发票。

要求:请进行相应的账务处理。

解析:

借:库存商品　　　　　　　　　　　　　　　　　　　　18 200
　　应交税费——应交增值税(进项税额)　　　　　　　　1 800
　　贷:银行存款　　　　　　　　　　　　　　　　　　　20 000

【做中学2-48】

某罐头厂为一般纳税人,20×5年5月4日收购农民种植的苹果2 000千克,支付20 000元。罐头厂开具收购发票,5月25日车间将收购的苹果全部用于生产罐头。

要求:请进行相应的账务处理。

解析:(1)5月4日收购苹果时的账务处理过程。

苹果的成本=20 000-20 000×9%=18 200(元)

增值税进项税额=20 000×9%=1 800(元)

借:原材料　　　　　　　　　　　　　　　　　　　　　18 200
　　应交税费——应交增值税(进项税额)　　　　　　　　1 800
　　贷:银行存款　　　　　　　　　　　　　　　　　　　20 000

(2)5月25日车间用于生产罐头时的账务处理过程。

进项税额加计扣除金额=20 000×1%=2 000(元)

生产成本金额=20 000-20 000×9%-20 000×1%=18 000(元)

借:生产成本　　　　　　　　　　　　　　　　　　　　18 000
　　应交税费——应交增值税(进项税额)　　　　　　　　2 000
　　贷:原材料　　　　　　　　　　　　　　　　　　　　18 200

2.不可抵扣进项税额的核算

一般纳税人购进货物、加工修理修配劳务、服务、无形资产或不动产,适用简易计税方法计税项目、免征增值税项目、集体福利或个人消费等,其进项税额按照现行增值税制度规定不得从销项税额中抵扣。取得增值税专用发票时,应借记相关成本费用或资产科目,借记"应交税费——待认证进项税额"科目,贷记"银行存款""应付账款"等科目,经税务机关认证后,应借记相关成本费用或资产科目,贷记"应交税费——应交增值税(进项税额转出)"科目。

【做中学2-49】

A建筑企业为增值税一般纳税人,20×5年6月购买材料,取得增值税专用发票注明金额100 000元,进项税额13 000元,该批材料用于适用简易计税方法的老建筑项目。

要求:请进行相应的账务处理。

解析:购进的货物用于简易计税,则进项税额不得抵扣,账务处理如下。

(1)取得发票时的账务处理过程。

借:工程物资	100 000
应交税费——待认证进项税额	13 000
贷:银行存款	113 000

(2)发票经过认证后的账务处理过程。

借:应交税费——应交增值税(进项税额)	13 000
贷:应交税费——待认证进项税额	13 000

(3)进项税额转出时的账务处理过程。

借:工程物资	13 000
贷:应交税费——应交增值税(进项税额转出)	13 000

实际上购买的材料113 000元最终都记入了"工程物资"科目,实际操作中,可就取消认证发票确认进项税额和做进项转出这一步,简单记账为:

借:工程物资	113 000
贷:银行存款	113 000

【做中学2-50】

某企业为增值税一般纳税人,20×5年6月因管理不善使一批材料霉烂变质,该批材料购买时,取得增值税专用发票注明金额100 000元,进项税额13 000元,该笔进项税额已抵扣。

要求:假设无相关责任人赔偿,请进行相关账务处理。

解析:非正常损失的购进货物,其取得的进项税额不得抵扣,故该笔进项税额应做进项税额转出处理。

账务处理过程如下。

借:待处理财产损溢——待处理流动资产损溢	113 000
贷:原材料	100 000
应交税费——应交增值税(进项税额转出)	13 000
借:管理费用	113 000
贷:待处理财产损溢——待处理流动资产损溢	113 000

3.境外服务代扣代缴增值税

境外企业向境内企业销售技术、服务,境外企业应当缴纳增值税,并实行代扣代缴的办法。

【做中学2-51】

境内甲企业为增值税一般纳税人,与境外乙企业签订特许权使用费合同,双方约定合同价款为100万元人民币。约定所有税费由境外公司承担,增值税税率为6%。

要求:计算代扣代缴增值税并进行相应账务处理。

解析:代扣代缴增值税=100÷(1+6%)×6%×10 000=56 600(元)

(1)计提代扣代缴税款时的账务处理。

借:管理费用 943 400

　　应交税费——应交增值税(进项税额) 56 600

　　贷:银行存款 943 400

　　　　应交税费——代扣代缴增值税 56 600

(2)支付代扣代缴税款时的账务处理。

借:应交税费——代扣代缴增值税 56 600

　　贷:银行存款 56 600

(三)增值税期末结转

为了清晰反映增值税一般纳税人期末应纳增值税税款,企业在"应交税费"科目下设置"未交增值税"明细科目,核算企业月份终了从"应交税费——应交增值税"科目转入的当月未交或多交的增值税;同时,在"应交税费——应交增值税"科目下设置"转出未交增值税"和"转出多交增值税"专栏。月份终了,企业结转当月应交未交的增值税或当月多交的增值税,账务处理过程如下。

借:应交税费——应交增值税(转出未交增值税)

　　贷:应交税费——未交增值税

借:应交税费——未交增值税

　　贷:应交税费——应交增值税(转出多交增值税)

【做中学2-52】

20×5年10月31日,甲公司结转10月应交的增值税税款3 000元。

要求:请进行相应的账务处理。

解析:(1)月末结转时的账务处理。

借:应交税费——应交增值税(转出未交增值税) 3 000

　　贷:应交税费——未交增值税 3 000

(2)20×5年11月15日实际缴纳时的账务处理。

借:应交税费——未交增值税 3 000

　　贷:银行存款 3 000

三、小规模纳税人会计核算

(一)小规模纳税人销售的核算

小规模纳税人发生应税行为实行简易计税方法,按征收率3%(不动产按5%)计算税额。以不含税销售额乘以征收率,计算其应交增值税额。小规模纳税人按实现的应税收入和征收率计算应纳税额,并记入"应交税费——应交增值税"科目。实现销售时,按价税合计数,借记"银行存款""应收账款"等账户,按不含税销售额,贷记"主营业务收入""其他业务收入"等科目,按规定收取的增值税,贷记"应交税费——应交增值税"科目。

【做中学2-53】

A商贸公司被认定为小规模纳税人,20×5年11月销售货物一批,价款为70 700元(含税),开具普通发票,货款已收。

要求:对A商贸公司进行账务处理。

应交的增值税=70 700÷(1+1%)×1%=700(元)

解析:(1)确认收入时的账务处理。

借:银行存款　　　　　　　　　　　　　　　　　　　　　　　70 700
　　贷:主营业务收入　　　　　　　　　　　　　　　　　　　　70 000
　　　　应交税费——应交增值税　　　　　　　　　　　　　　　　700
(2)缴纳本月应交增值税时的账务处理。

借:应交税费——应交增值税　　　　　　　　　　　　　　　　　700
　　贷:银行存款　　　　　　　　　　　　　　　　　　　　　　　700

(二)小规模纳税人购进的核算

1.小规模纳税人购进的账务处理

用简易办法计算应纳增值税的小规模纳税人购进货物、接受劳务、服务、无形资产或者不动产时,不论是否取得增值税专用发票,其支付给销售方的增值税额都不得抵扣,而应记入"在途物资""原材料""库存商品""固定资产""管理费用""主营业务成本""制造费用"等账户,贷记"银行存款""应付账款"等科目。

【做中学2-54】

A企业为小规模纳税人,购进商品一批,价款100 000元,增值税税额为13 000元,支付运费1 000元,装卸费500元,上述款项均用银行存款支付。

要求:针对上述业务进行账务处理。

解析:购进商品总成本=100 000+13 000+1 000+500=114 500(元)

借:库存商品　　　　　　　　　　　　　　　　　　　　　　114 500
　　贷:银行存款　　　　　　　　　　　　　　　　　　　　　114 500

2.小规模纳税人增值税减免核算

对于小规模纳税人取得的增值税应税销售收入,会计核算时需要先计提应交的增值税,待期末(一般为月末)结账符合减免税规定的,再冲减应交的增值税额并计入相关损益科目。

【做中学2-55】

A企业为小规模纳税人,20×5年2月销售商品若干,共开具金额10.1万元的普通发票。月底经核算,符合小规模纳税人减免政策。

要求:针对上述业务进行账务处理。

解析:主营业务收入=10.1÷(1+1%)×1%×10 000=1 000(元)

作业题:增值
税账务处理

(1)销售实现时,确认收入及应交的增值税。

借:银行存款   101 000

 贷:主营业务收入   100 000

  应交税费——应交增值税   1 000

(2)月底结账时的账务处理。

借:应交税费——应交增值税   1 000

 贷:营业外收入   1 000

任务四　增值税出口退税

任务引例

某自营出口的生产企业为增值税一般纳税人,出口货物的征税税率为13%,退税税率为10%,20×5年10月发生的相关经营业务为:购进原材料一批,取得的增值税专用发票注明价款200万元,准予抵扣的进项税额26万元通过认证。本月内销货物不含税销售额100万元,收款113万元存入银行,本月出口货物的销售额折合人民币150万元。上月末留抵税额0万元。请计算该企业当期的退税额。

任务四　引例解析

知识储备与业务操作

我国对出口货物、劳务和跨境应税行为实行退(免)增值税是指在国际贸易业务中,对我国报关出口的货物、劳务和跨境应税行为退还或免征其在国内各生产和流转环节按税法规定缴纳的增值税,即对应征收增值税的出口货物、劳务和跨境应税行为实行零税率,国务院另有规定的除外。

一、出口货物、劳务和跨境应税行为退(免)增值税基本政策

(一)出口免税并退税

出口免税是指对货物、劳务和跨境应税行为在出口销售环节免征增值税,这是把货物、劳务和跨境应税行为出口环节与出口前的销售环节都同样视为一个征税环节;出口退税是指对货物、劳务和跨境应税行为在出口前实际承担的税收负担,按规定的退税率计算后予以退还。

(二)出口免税不退税

出口不退税是指适用政策的出口货物、劳务和跨境应税行为因在前一道生产、销售环节或进口环节是免税的,因此出口时该货物、劳务和跨境应税行为的价格中本身就不含税,也无须退税。

(三)出口不免税也不退税

出口不免税是指对国家限制或禁止出口的某些货物、劳务和跨境应税行为的出口环节视同内销环节,照常征税;出口不退税是指对这些货物、劳务和跨境应税行为出口不退还出口前其所负担的税款。

二、适用增值税退(免)政策的范围

(一)出口免税并退税政策适用范围

1.出口免税并退税的货物

对出口的凡属于已征或应征增值税的货物,除国家明文规定不予退(免)税的货物,以及出口企业从小规模纳税人处购进,持有普通发票的部分货物外,其他出口货物都属于出口退(免)税的范围。一般而言,应同时具备以下四个条件:①属于增值税范围的货物;②报关离境的货物;③财务上做销售处理的货物;④出口收汇并已核销的货物。

生产企业承接国外修理修配业务以及利用国际金融组织或外国政府贷款采用国际招标方式、国内企业中标或外国企业中标后分包给国内企业销售的货物,可以比照出口货物,实行免、抵、退税管理办法。

2.出口免税并退税的劳务

出口企业对外提供加工修理修配劳务,是指对进境复出口货物或从事国际运输的运输工具进行的加工修理修配。

3.出口免税并退税的服务、无形资产

中华人民共和国境内的单位和个人销售的下列服务和无形资产,适用增值税零税率。

(1)国际运输服务:在境内载运旅客或者货物出境;在境外载运旅客或者货物入境;在境外载运旅客或者货物。

(2)航天运输服务。

(3)向境外单位提供的完全在境外消费的下列服务:研发服务、合同能源管理服务、设计服务、广播影视节目(作品)的制作和发行服务、软件服务、电路设计及测试服务、信息系统服务、业务流程管理服务、离岸服务外包业务、转让技术。

(4)财政部和国家税务总局规定的其他服务。

提示:向境外单位提供的完全在境外消费的服务是指:服务的实际接受方在境外,且与境内的货物和不动产无关;无形资产完全在境外使用,且与境内的货物和不动产无关;财政

部和国家税务总局规定的其他情形。

(二)出口免税不退税政策适用范围

1.出口免税不退税的货物

出口免税不退税的货物有：出口企业或其他单位出口符合规定的免征增值税的货物；出口企业或其他单位视同出口符合规定的免征增值税的货物、劳务；出口企业或其他单位未按规定申报或未补齐增值税退（免）税凭证、免征增值税的出口货物。

2.出口免税不退税的服务、无形资产

境内的单位和个人销售的下列服务和无形资产免征增值税，但财政部和国家税务总局规定适用增值税零税率的除外。

(1)在境外提供下列应税服务：工程项目在境外的建筑服务；工程项目在境外的工程监理服务；工程、矿产资源在境外的工程勘察勘探服务；会议展览地点在境外的会议展览服务；存储地点在境外的仓储服务；标的物在境外使用的有形动产租赁服务；在境外提供的广播影视节目（作品）的播映服务；在境外提供的文化体育服务、教育医疗服务、旅游服务。

(2)为出口货物提供的邮政服务、收派服务、保险服务（包括出口货物保险和出口信用保险）。

(3)向境外单位提供的完全在境外消费的下列服务和无形资产：电信服务；知识产权服务；物流辅助服务（仓储服务、收派服务除外）；鉴证咨询服务；专业技术服务；商务辅助服务；广告投放地在境外的广告服务；无形资产。

(4)以无运输工具承运方式提供的国际运输服务。

(5)为境外单位之间的货币资金融通及其他金融业务提供的直接收费金融服务，且该服务与境内的货物、无形资产和不动产无关。

(6)财政部和国家税务总局规定的其他服务。

(7)自2022年1月1日至2025年12月31日，对境内单位和个人发生以出口货物为保险标的的产品责任保险和产品质量保证保险免征增值税。

(三)出口不免税也不退税政策适用范围

出口不免税也不退税的政策只适用于下列出口货物：

(1)出口企业出口或视同出口财政部和国家税务总局根据国务院规定明确取消出口退（免）税的货物；

(2)出口企业或其他单位销售给特殊区域的生活消费用品和交通运输工具；

(3)出口企业或其他单位因骗取出口退税被税务机关勒令停止办理增值税退（免）税期间出口的货物；

(4)出口企业或其他单位提供虚假备案单证的货物；

(5)出口企业或其他单位增值税退（免）税凭证有伪造或内容不实的货物；

(6)出口企业或其他单位未在国家税务总局规定期限内申报免税核销以及经主管税务

机关审核不予免税核销的出口卷烟;

（7）出口企业或其他单位具有其他特殊情形的出口货物、劳务。

三、增值税出口退税率

除财政部和国家税务总局根据国务院决定而明确的增值税出口退税率外,出口货物、服务和无形资产的退税率为其适用税率。**目前我国退税率分为五档,即13%、10%、9%、6%和零税率。**

退税率的特殊规定:①外贸企业购进按简易办法征税的出口货物、从小规模纳税人购进的出口货物,其退税率分别为简易办法实际执行的征收率、小规模纳税人征收率。若出口货物取得增值税专用发票的,退税率按照增值税专用发票上的税率和出口货物退税率孰低的原则确定。②出口企业委托加工修理修配货物,其加工修理修配费用的退税率,为出口货物的退税率。③中标机电产品、出口企业向海关报关进入特殊区域销售给特殊区域内生产企业生产耗用的列名原材料、输入特殊区域的水电气,其退税率为适用税率。

提示:适用不同退税率的货物、劳务及跨境应税行为,应分开报关、核算并申报退（免）税,未分开报关、核算或划分不清的,从低适用退税率。

四、增值税退（免）税计算

（一）"免、抵、退"税计算方法

1.微课:"免、抵、退"税计算及账务处理
2."免、抵、退"税计算及账务处理讲义

"免、抵、退"税办法,适用于采用一般计税方法的生产企业出口自产货物与视同自产货物、对外提供加工修理修配劳务,以及列名的生产企业出口非自产货物。跨境应税行为适用零税率的服务和无形资产。

"免"税,是指对生产企业出口的自产货物和视同自产货物,免征本企业生产销售环节增值税;"抵"税,是指生产企业出口自产货物和视同自产货物所耗用的原材料、零部件、燃料、动力等所含应予退还的进项税额,抵顶内销货物的应纳税额;"退"税,是指生产企业出口的自产货物和视同自产货物在当月内应抵顶的进项税额大于应纳税额时,对未抵顶完的税额部分予以退税。

1.生产企业"免、抵、退"税的计算步骤

第一步,计算当期应纳税额。

（1）当期应纳税额=当期内销货物的销项税额-（当期进项税额-当期不得免征和抵扣税额）-上期留抵税额。

（2）当期不得免征和抵扣税额=当期出口货物离岸价×外汇人民币折合价×（出口货物征税率-出口货物退税率）-当期不得免征和抵扣税额抵减额。

（3）当期不得免征和抵扣税额抵减额=当期免税购进原材料价格×（出口货物征税率-出口货物退税率）。

出口货物离岸价（FOB）以出口发票计算的离岸价为准。实际离岸价应以出口发票上的离岸价为准,但如果出口发票不能反映实际离岸价的,主管税务机关有权予以核定。

第二步,当期免、抵、退税额的计算。

(1)当期"免、抵、退"税额=当期出口货物离岸价×外汇人民币折合率×出口货物退税率-当期"免、抵、退"税额抵减额。

(2)当期"免、抵、退"税额抵减额=当期免税购进原材料价格×出口货物退税率。

第三步,当期应退税额和免抵税额的计算。

(1)若当期应纳税额<0:

①当期期末留抵税额≤当期"免、抵、退"税额,则当期应退税额=当期期末留抵税额;当期免抵税额=当期"免、抵、退"税额-当期应退税额。

②当期期末留抵税额>当期"免、抵、退"税额,则当期应退税额=当期"免、抵、退"税额;当期免抵税额=0。

(2)若当期应纳税额≥0:

当期应退税额=0;当期期末留抵税额为当期增值税纳税申报表中"期末留抵税额"。

如果当期免税购进原材料价格包括当期国内购进的无进项税额且不计提进项税额的免税原材料的价格和当期进料加工保税进口料件的价格,其中当期进料加工保税进口料件的价格为进料加工出口货物耗用的保税进口料件金额,其计算公式为:

进料加工出口货物耗用的保税进口料件金额=进料加工出口货物人民币离岸价×进料加工计划保税进口料件金额分配率

计划分配率=计划进口总值÷计划出口总值×100%

计算不得免征和抵扣税额时,应按当期全部出口货物的销售额扣除当期全部进料加工出口货物耗用的保税进口料件金额后的余额乘以征退税率之差计算。

2.应税服务、无形资产出口"免、抵、退"税的计算办法

免、抵、退税办法是指零税率应税服务、无形资产提供者提供零税率应税服务和无形资产,免征增值税,相应的进项税额抵减应纳增值税税额(不包括适用增值税即征即退、先征后退政策的应纳增值税税额),未抵减完的部分予以退还。具体计算步骤如下:

第一步,计算零税率应税服务(含无形资产)当期免、抵、退税额。

当期零税率应税服务免、抵、退税额=当期零税率应税服务免、抵、退税计税价格×外汇人民币牌价×零税率应税服务退税率

零税率应税服务免、抵、退税计税价格为提供零税率应税服务取得的全部价款,扣除支付给非试点纳税人价款后的余额。

第二步,计算当期应退税额和当期免、抵税额。

(1)当期期末留抵税额≤当期免、抵、退税额时,

当期应退税额=当期期末留抵税额,

当期免、抵税额=当期免、抵、退税额-当期应退税额。

(2)当期期末留抵税额>当期免、抵、退税额时,

当期应退税额=当期免、抵、退税额当期应退税额,

当期免、抵税额=0。

"当期期末留抵税额"为当期《增值税及附加税费申报表》中的"期末留抵税额"。零税率应税服务提供者如同时有货物出口的,可结合现行出口货物免、抵、退税公式一并计算。

(二)外贸企业"免、退"税计算方法

1.外贸企业出口委托加工修理修配货物以外的货物

增值税应退税额=增值税退(免)税计税依据×出口货物退税率

【做中学2-56】

A进出口公司20×5年6月出口德国布匹2 000米,进货增值税专用发票列明单价20元/平方米,计税金额为40 000元,增值税出口退税率为13%。

要求:计算当期应退增值税税额。

解析:应退增值税税额=2 000×20×13%=5 200(元)

1.微课:"免、退"税计算及账务处理

2."免、退"税计算及账务处理讲义

2.外贸企业出口委托加工修理修配货物

出口委托加工修理修配货物的增值税应退税额=委托加工修理修配货物的增值税退(免)税计税依据×出口货物退税率

【做中学2-57】

B进出口公司20×5年6月购进涤纶布委托加工成服装出口,取得涤纶布增值税发票一张,注明计税金额10 000元;取得服装加工费计税金额2 000元,受托方将原材料成本并入加工修理修配费用并开具了增值税专用发票。假设增值税出口退税率为13%。

要求:计算当期应退增值税税额。

解析:应退增值税税额=(10 000+2 000)×13%=1 560(元)

3.融资租赁出口货物退税的计算

融资租赁出租方将融资租赁出口货物租赁给境外承租方、将融资租赁海洋工程结构物租赁给海上石油天然气开采企业,向融资租赁出租方退还其购进租赁货物所含增值税。其计算公式为:

增值税应退税额=购进融资租赁货物的增值税专用发票上注明的金额或海关专用缴款书上注明的完税价格×融资租赁货物适用的增值税退税率

【做中学2-58】

20×5年8月某融资租赁公司根据合同规定将一设备以融资租赁方式出租给境外甲公司使用,融资租赁公司购进该设备时不含税金额为100万元,假设增值税出口退税率为13%。

要求:计算当期应退的增值税税额。

解析:当期应退的增值税税额=100×13%=13(万元)。

五、增值税退(免)税会计核算

(一)"免、抵、退"办法出口退税的会计核算

实行"免、抵、退"办法的一般纳税人出口货物,在货物出口销售后结转产品销售成本时,按规定计算的退税额低于购进时取得的增值税专用发票上的增值税税额的差额,借记"主营业务成本"科目,贷记"应交税费——应交增值税(进项税额转出)"科目;按规定计算的当期出口货物的进项税抵减内销产品的应纳税额,借记"应交税费——应交增值税(出口抵减内销产品应纳税额)"科目,贷记"应交税费——应交增值税(出口退税)"科目。在规定期限内,内销产品的应纳税额不足以抵减出口货物的进项税额,不足部分按有关税法规定给予退税的,应在实际收到退税款时,借记"银行存款"科目,贷记"应交税费——应交增值税(出口退税)"科目。

【做中学2-59】

A公司是一家具有进出口经营权的生产企业,为增值税一般纳税人,对自产货物进行出口销售及国内销售。A公司于20×5年8月购进所需原材料,取得的增值税专用发票上注明价款200 000元,增值税税额26 000元,款项以银行存款支付。A公司本年9月内销产品销售额为150 000元(不含增值税),款项已存入银行,内销产品成本为100 000元;本年9月出口货物离岸价折合人民币2 200 000元,出口产品成本为900 000元。上期留抵税款6 000元,增值税税率为13%,退税率为12%。A公司取得的增值税专用发票于本年5月符合抵扣规定。

要求:请根据上述业务进行账务处理。

解析:

(1)购进原材料时的账务处理过程如下。

借:原材料		200 000
应交税费——应交增值税(进项税额)		26 000
贷:银行存款		226 000

(2)产品外销出口时的账务处理过程如下。

借:应收账款		2 200 000
贷:主营业务收入		2 200 000
借:主营业务成本		900 000
贷:库存商品		900 000

(3)产品内销时的账务处理过程如下。

借:银行存款		169 500
贷:主营业务收入		150 000
应交税费——应交增值税(销项税额)		19 500
借:主营业务成本		100 000
贷:库存商品		100 000

(4)计算月末当期免抵退税不得免征和抵扣税额,做进项税额转出时的账务处理过程如下。

当期不得免征和抵扣税额=当期出口货物离岸价×外汇人民币折合价×(出口货物征税率-出口货物退税率)-当期不得免征和抵扣税额抵减额=2 200 000×(13%-12%)-0=22 000(元)

借:主营业务成本   22 000

    贷:应交税费——应交增值税(进项税额转出)   22 000

(5)计算应纳税额。

当期应纳税额=当期内销货物的销项税额-(当期进项税额-当期不得免征和抵扣税额)=19 500-(26 000-22 000)=15 500(元)

由于当期应纳税额=15 500元>0,说明当期期末退税前的留抵税额为0,当期应退税额为0,无须做会计分录。

(6)计算免抵退税额和免抵税额。

当期"免、抵、退"税额=当期出口货物离岸价×外汇人民币折合率×出口货物退税率-当期"免、抵、退"税额抵减额=2 200 000×12%-0=264 000(元)

当期期末退税前的留抵税额=0

当期应退税额=0

当期免抵税额=当期免抵退税额-当期应退税额=264 000(元)

当期期末退税后的留抵税额(结转下期继续留抵税额)=0

计提免抵税额时的账务处理过程如下。

借:应交税费——应交增值税(出口抵减内销产品应纳税额)   264 000

    贷:应交税费——应交增值税(出口退税)   264 000

(二)"免、退"办法出口退税的会计核算

实行"免、退"办法的一般纳税人出口业务按规定退税的,按规定计算的应收出口退税额,借记"其他应收款"科目,贷记"应交税费——应交增值税(出口退税)"科目;收到出口退税时,借记"银行存款"科目,贷记"其他应收款"科目;退税额低于购进时取得的增值税专用发票上的增值税税额的差额,借记"主营业务成本"科目,贷记"应交税费——应交增值税(进项税额转出)"科目。

【做中学2-60】

A外贸进出口公司于20×5年8月购买了一批电器,专用发票上注明价款800万元,税款104万元,合计904万元,当月全部出口,出口离岸价折合人民币1 000万元,运往出口岸发生的运输费,不含税金额为5万元,所有货款、运费均以银行存款付讫,退税率为10%,在规定时间内办妥退税事宜。

要求:请进行相关账务处理。

解析:(1)购进电器时的账务处理过程如下。

借:在途物资   8 000 000

    应交税费——应交增值税(进项税额)   1 040 000

贷：银行存款	9 040 000

（2）验收入库时的账务处理过程如下。

借：库存商品	8 000 000
贷：在途物资	8 000 000

（3）出口这批电器时，免征增值税，销项税额为0，账务处理过程如下。

借：应收账款	10 000 000
贷：主营业务收入	10 000 000

（4）支付运费时的账务处理过程如下。

借：销售费用	50 000
应交税费——应交增值税（进项税额）	4 500
贷：银行存款	54 500

（5）结转销售成本的账务处理过程如下。

借：主营业务成本	8 000 000
贷：库存商品	8 000 000

（6）计算不予退税的税额。

全部进项税额=1 040 000+4 500=1 044 500（元）

应退增值税=80 000 000×10%×10 000=800 000（元）

两者差额为244 500元，转入营业成本。账务处理过程如下。

借：主营业务成本	244 500
贷：应交税费——应交增值税（进项税额转出）	244 500

（7）计提应退增值税的账务处理过程如下。

借：其他应收款	800 000
贷：应交税费——应交增值税（出口退税）	800 000

（8）收到退税款时，账务处理过程如下。

借：银行存款	800 000
贷：其他应收款	800 000

六、增值税退（免）税管理

（一）出口退（免）税备案单证管理

纳税人应在申报出口退（免）税后15日内，将下列备案单证妥善留存，并按照申报退（免）税的时间顺序，制作出口退（免）税备案单证目录，注明单证存放方式，以备税务机关核查，具体包括：出口企业的购销合同、出口货物的运输单据、出口企业委托其他单位报关的单据。

纳税人无法取得上述单证的，可用具有相似内容或作用的其他资料进行单证备案。除另有规定外，备案单证由出口企业存放和保管，不得擅自损毁，保存期限为5年。纳税人发生零税率跨境应税行为不实行备案单证管理。

　　纳税人可以自行选择纸质化、影像化或者数字化方式,留存保管上述备案单证。选择纸质化方式的,还需在出口退(免)税备案单证目录中注明备案单证的存放地点。

(二)出口退(免)税报送资料

　　生产企业办理增值税免抵退税申报时,报送简并优化后的《免抵退税申报汇总表》(附件1)和《生产企业出口货物劳务免抵退税申报明细表》。

　　生产企业办理年度进料加工业务核销时,报送简并优化后的《生产企业进料加工业务免抵退税核销表》。企业获取的主管税务机关反馈数据与实际业务不一致的,报送简并优化后的《已核销手册(账册)海关数据调整表》。主管税务机关确认核销后,生产企业应根据《生产企业进料加工业务免抵退税核销表》确认的应调整不得免征和抵扣税额在首次纳税申报时申报调整。

　　外贸企业办理出口退(免)税申报时,报送简并优化后的《外贸企业出口退税进货明细申报表》和《外贸企业出口退税出口明细申报表》。

(三)出口退(免)税申报期限

　　出口企业一般在次年自然月4月的征期内申报完上年度出口退税业务。未及时申报的,在收齐有关单证并收汇或者符合视同收汇情况后,可以继续办理以前年度出口退税申报,但需要同时申报《出口货物收汇情况表》。

任务五　增值税征收管理及税收优惠

📋 任务引例

　　A企业销售给B企业一批货物,并签订购销合同,20×5年10月8日,货物发出,合同约定20×5年12月5日收取货款,但实际上A企业于20×6年1月4日才收到货款,请确定A企业上述业务纳税义务的发生时间。

任务五 引例解析

ⓦ 知识储备与业务操作

1.微课:增值税征收管理
2.增值税征收管理讲义

一、增值税纳税义务发生时间

纳税义务发生时间是纳税人发生应税销售行为并应当承担纳税义务的起始时间。

(一)纳税义务发生时间一般规定

(1)纳税义务发生时间是纳税人收讫销售款项或者取得索取销售款项凭据的当天。如果先开具发票,那么纳税义务发生时间为开具发票的当天。

取得索取销售款项凭据的当天,如果存在书面合同,则是指合同中确定的付款日期。如果未签订书面合同或者书面合同中未确定付款日期,那么纳税义务发生时间为应税销售行为完成的当天,或者是不动产权属变更的当天。

(2)进口货物的纳税义务发生时间为报关进口的当天。

(3)增值税扣缴义务发生时间为纳税人增值税纳税义务发生的当天。

(二)纳税义务发生时间具体规定

(1)直接收款方式:销售货物时,无论货物是否发出,纳税义务发生时间为收到销售款或取得索取销售款凭据的当天。如果已将货物移送给对方并暂估销售收入入账,但未收到销售款或取得索取销售款凭据也未开具销售发票,纳税义务发生时间为取得销售款或凭据的当天;若先开具发票,则为开具发票的当天。

(2)托收承付和委托银行收款方式:销售货物时,纳税义务发生时间为发出货物并办妥托收手续的当天。

(3)赊销和分期收款方式:销售货物时,纳税义务发生时间为书面合同约定的收款日期的当天。若无书面合同或合同未约定收款日期,则为货物发出的当天。

举例:甲企业销售给乙企业一台设备,共5 000万元,合同约定,乙企业每年末支付给甲企业1 000万元,则纳税义务发生时间为每年末。

(4)预收货款方式:销售货物时,纳税义务发生时间为货物发出的当天。对于生产工期超过12个月的大型机械设备、船舶、飞机等,为收到预收款或合同约定的收款日期的当天。

举例:A企业生产的网红产品非常紧俏,20×5年4月12日企业预先支付给A企业10万元,但A企业20×5年6月15日才发货,则A企业的纳税义务发生时间为20×5年6月15日。

(5)委托代销货物:纳税义务发生时间为收到代销单位的代销清单或收到全部或部分货款的当天。若未收到代销清单及货款,则为发出代销货物满180天的当天。

(6)销售劳务:提供劳务时,纳税义务发生时间为提供劳务同时收讫销售款或取得索取销售款凭据的当天。

(7)视同销售货物行为:除代销和销售代销货物外,纳税义务发生时间为货物移送的当天。

(8)租赁服务预收款方式:提供租赁服务时,纳税义务发生时间为收到预收款的当天。

举例:一次性预收一年租金的,应在收到租金当天确认纳税义务并按全额确认收入。

(9)金融商品转让:从事金融商品转让时,纳税义务发生时间为金融商品所有权转移的当天。

(10)视同销售服务、无形资产或不动产:发生视同销售服务、无形资产或不动产情形时,纳税义务发生时间为服务、无形资产转让完成的当天或不动产权属变更的当天。

二、增值税纳税期限

增值税的纳税期限可以是1日、3日、5日、10日、15日、1个月或者1个季度。纳税人的具体纳税期限由主管税务机关根据纳税人应纳税额的大小来核定。对于不能按照固定期限纳税的情况,纳税人可以按次纳税。

以1个季度为纳税期限的规定特别适用于小规模纳税人、银行、财务公司、信托投资公司、信用社,以及财政部和国家税务总局规定的其他纳税人。按固定期限纳税的小规模纳税人可以选择以1个月或1个季度为纳税期限,一经选择,在1个会计年度内不得变更。

纳税人如果以1个月或者1个季度为一个纳税期,需要在期满之日起15日内申报纳税。如果纳税人以1日、3日、5日、10日或者15日为一个纳税期,需要在期满之日起5日内预缴税款,并在次月1日起15日内申报纳税并结清上个月的应纳税款。扣缴义务人解缴税款的期限,按照上述两项规定执行。纳税人进口货物时,应自海关填发进口增值税专用缴款书之日起15日内缴纳税款。

三、增值税纳税地点

(一)固定业户

固定业户应当向其机构所在地主管税务机关申报纳税,即纳税人的注册登记地。如果总机构和分支机构不在同一县(市),应分别向各自所在地的主管税务机关申报纳税。经财政部和国家税务总局或其授权的财政和税务机关批准,可以由总机构汇总向总机构所在地的主管税务机关申报纳税。

(二)固定业户外出经营

固定业户外出经营到外县(市)销售货物或劳务,应向机构所在地的主管税务机关报告外出经营事项,并在机构所在地申报纳税。未报告的,应向销售地或劳务发生地的主管税务机关申报纳税。未在销售地或劳务发生地申报纳税的,由机构所在地的主管税务机关补征税款。

(三)非固定业户

非固定业户销售货物或劳务应向销售地或劳务发生地主管税务机关申报纳税。未在销售地或劳务发生地申报纳税的,由机构所在地或居住地主管税务机关补征税款。

(四)进口货物

进口货物应向报关地海关申报纳税。

作业题:增值税征收管理

(五)扣缴义务人

扣缴义务人应向其机构所在地或居住地主管税务机关申报缴纳扣缴税款。

四、增值税税收优惠

(一)销售货物涉及的免税规定

(1)农业生产者销售的自产农产品。

(2)避孕药品和用具。

(3)古旧图书,这是指向社会收购的古书和旧书。

(4)直接用于科学研究、科学试验和教学的进口仪器、设备。

(5)外国政府、国际组织无偿援助的进口物资和设备。

(6)由残疾人的组织直接进口供残疾人专用的物品。

(7)销售的自己使用过的物品,这是指其他个人自己使用过的物品。

(8)对蔬菜、部分鲜活肉蛋产品批发、零售环节免征增值税。

(9)除豆粕以外的其他类饲料产品,均免征增值税。

(10)符合条件的制种行业免征增值税。

(11)纳税人生产、销售和批发、零售符合标准的有机肥产品免征增值税。

(12)2027年12月31日以前,免征图书批发、零售环节增值税。

(二)提供服务、转让无形资产涉及的免税规定

提供服务、转让无形资产涉及的免税规定请扫码查看。

提示:纳税人兼营免税、减税项目的,应当分别核算免税、减税项目的销售额;未分别核算销售额的,不得免税、减税。

服务无形资产免税条款

(三)增值税即征即退的规定

(1)增值税一般纳税人销售其自行开发生产的软件产品,按13%的税率征收增值税后,对其增值税实际税负超过3%的部分实行即征即退政策。增值税一般纳税人将进口软件产品进行本地化改造后对外销售,其销售的软件产品可享受上款规定的增值税即征即退政策。

即征即退税额=当期软件产品增值税应纳税额-当期软件产品销售额×3%

【做中学2-61】

某软件开发企业为增值税一般纳税人,20×5年7月5日销售自产软件产品,取得不含税销售收入400万元;10日购进一批办公用品,取得增值税专用发票,含税金额为143.75万元。

要求:计算该软件开发企业当月实际缴纳的增值税额。

解析:应纳增值税=400×13%-143.75÷1.13×13%=35.46(万元)

但该软件开发企业实际税负为3%,即400×3%=12(万元)

35.46万元>12万元,则即征即退税额=35.46-12=23.46(万元)

实际缴纳的增值税额为12万元。

(2)一般纳税人提供管道运输服务,对其增值税实际税负超过3%的部分实行增值税即征即退政策。

（3）经人民银行、银保监会或者商务部批准从事融资租赁业务的符合条件的一般纳税人，提供有形动产融资租赁服务和有形动产融资性售后回租服务，对其增值税实际税负超过3%的部分实行增值税即征即退政策。

（4）纳税人安置残疾人应享受增值税即征即退优惠政策，需满足下列条件：①纳税人（除盲人按摩机构外）月安置的残疾人占在职职工人数的比例不低于25%（含25%），并且安置的残疾人人数不少于10人（含10人）；盲人按摩机构月安置的残疾人占在职职工人数的比例不低于25%（含25%），并且安置的残疾人人数不少于5人（含5人）。②依法与安置的每位残疾人签订了一年以上（含一年）的劳动合同或服务协议。③为安置的每位残疾人按月足额缴纳了基本养老保险、基本医疗保险、失业保险、工伤保险和生育保险等社会保险。④通过银行等金融机构向安置的每位残疾人，按月支付了不低于纳税人所在区县适用的经省人民政府批准的月最低工资标准的工资。⑤纳税人的纳税信用等级为税务机关评定的C级或D级的，不得享受即征即退优惠。

本期应退增值税额=本期所含月份每月应退增值税额之和

月应退增值税额=纳税人本月安置残疾人员人数×本月月最低工资标准的4倍

月最低工资标准是指纳税人所在区县（含县级市、旗）适用的经省（含自治区、直辖市、计划单列市）人民政府批准的月最低工资标准。

提示：纳税人新安置的残疾人从签订劳动合同并缴纳社会保险的次月起计算，其他职工从录用的次月起计算；安置的残疾人和其他职工减少的，从减少当月计算。

【做中学2-62】

甲公司为增值税一般纳税人，20×5年1月、2月共安置残疾人10人，且符合各项优惠条件。纳税人所在地区的最低工资标准为2 590元/月。1月缴纳增值税税款110 000元，2月缴纳增值税税款100 000元。

要求：计算每月应退还的增值税。

解析：每月应退增值税额=2 590×10×4=103 600（元）

1月已缴增值税税额大于当期应退税额，实际可退增值税税额103 600元，1月已缴未退增值税税额=110 000-103 600=6 400（元）。

2月已缴增值税税额小于当期应退税额，当期不足退还，差额=103 600-100 000=3 600（元），在本年度内以前纳税期已缴增值税额扣除已退增值税额的余额中退还3 600元，所属期2月可申请退还增值税税额=100 000+3 600=103 600（元）。

（5）增值税退还。纳税人本期已缴增值税额小于本期应退税额不足退还的，可在本年度内以前纳税期已缴增值税额扣除已退增值税额的余额中退还，仍不足退还的可结转本年度内以后纳税期退还。

年度已缴增值税额小于或等于年度应退税额的，退税额为年度已缴增值税额；年度已缴增值税额大于年度应退税额的，退税额为年度应退税额。年度已缴增值税额不足退还的，不得结转到以后年度退还。

(四)增值税起征点的规定

纳税人销售额未达到国务院财政、税务主管部门规定的增值税起征点的,免征增值税;达到起征点的,依照规定全额计算缴纳增值税。增值税起征点仅适用于个人,包括个体工商户和其他个人,但不适用于登记认定为一般纳税人的个体工商户。

增值税起征点和幅度如下:

(1)按期纳税的,为月销售额5 000~20 000元(含本数);

(2)按次纳税的,为每次(日)销售额300~500元(含本数)。

另外,对增值税月销售额10万元以下(含本数)的增值税小规模纳税人,免征增值税。

(五)小规模纳税人免征增值税的规定

2027年12月31日以前,对月销售额10万元以下(含本数)的增值税小规模纳税人,免征增值税。适用免征增值税政策的,纳税人可就该笔销售收入选择放弃免税并开具增值税专用发票。

小规模纳税人发生增值税应税销售行为,合计月销售额超过10万元,但扣除本期发生的销售不动产的销售额后未超过10万元的,其销售货物、劳务、服务、无形资产取得的销售额免征增值税。

适用增值税差额征税政策的小规模纳税人,以差额后的销售额确定是否可以享受该项免征增值税政策。

【做中学2-63】

A小规模纳税人20×5年1月销售货物4万元,提供服务3万元,销售不动产12万元。合计销售额为19万元。

要求:判断A企业是否可以享受小规模纳税人免税政策。

解析:该纳税人销售货物、服务的销售额合计7万元,未超过10万元的免税标准,因此可享受小规模纳税人免税政策。但是,销售不动产的12万元应按章纳税。

任务六　增值税纳税申报

📋 任务引例

杭州永发有限责任公司是增值税小规模纳税人,小型微利企业,主营销售洗衣机、烘干机等电器。公司20×5年1—3月发生如下事项:第一季度不含税销售额总金额为280 265元,其中开具增值税专用发票的金额为92 648元;开具增值税普通发票的金额为137 689元;销售服务不含税销售金额为49 928元,均开具了普通发票,销售服务无可扣除项目。

3月发生具体业务如下。

(1)3月1日，向B公司销售洗衣机10台，不含税销售金额共计50 000元，已开具增值税普通发票，款项未收。

(2)3月3日，销售给个人烘干机2台，不含税销售金额为11 000元，不开具发票，款项已收。

(3)3月5日，银行存款支付杭州韵达物流有限公司销售运费，含税金额545元，已取得增值税专用发票。已用银行存款支付相关款项。

(4)3月10日，向C有限公司销售洗衣机15台，烘干机20台，洗衣机每台4 500元，烘干机每台4 800元，不含税销售金额共计163 500元，已开具增值税专用发票，款项未收。

(5)3月20日，向D有限责任公司采购零配件一批，不含税采购金额41 230元，已取得增值税普通发票，款项已付。

要求：(1)根据相关资料，填写本月增值税应纳税额计算表。

(2)根据相关资料，填写本季度增值税应纳税额计算表。

(3)根据相关资料，填写附加税费计算表。

(4)根据相关资料，进行小规模纳税人增值税及附加税费申报。

任务六 引例解析

知识储备与业务操作

纳税人申报增值税时，应一并申报附征的城市维护建设税、教育费附加和地方教育附加等附加税费。增值税分别与附加税费申报表整合，是指将《增值税纳税申报表(一般纳税人适用)》《增值税纳税申报表(小规模纳税人适用)》及其附列资料、《增值税预缴税款表》《消费税纳税申报表》分别与《城市维护建设税教育费附加地方教育附加申报表》整合，启用《增值税及附加税费申报表(一般纳税人适用)》《增值税及附加税费申报表(小规模纳税人适用)》《增值税及附加税费预缴表》及其附列资料。

一、一般纳税人纳税申报

(一)增值税及附加税费纳税申报表构成

增值税及附加税费的纳税申报表由主表和附表构成。主表为《增值税及附加税费申报表(一般纳税人适用)》。

1.增值税及附加税费申报表附列资料(一般纳税人适用)

2.一般纳税人增值税申报表及附列资料填报说明

附表包括：①《增值税及附加税费申报表附列资料(一)》(本期销售情况明细)；②《增值税及附加税费申报表附列资料(二)》(本期进项税额明细)；③《增值税及附加税费申报表附列资料(三)》(服务、不动产和无形资产扣除项目明细)；④《增值税及附加税费申报表附列资料(四)》(税额抵减情况表)；⑤《增值税及附加税费申报表附列资料(五)》(附加税费情况表)；⑥《增值税减免税申报明细表》。

《国家税务总局关于进一步实施小微企业"六税两费"减免政策有关征管问题的公告》进一步修订了《〈增值税及附加税费申报表(一般纳税人适用)〉附列资料(五)》《〈增值税及附加税费预缴表〉附列资料》,增加增值税小规模纳税人、小型微利企业、个体工商户减免优惠申报有关数据项目,相应修改了有关填表说明。

(二)增值税及附加税费纳税申报流程

根据最新的政策调整和申报要求,一般纳税人增值税及附加税费的纳税申报流程请扫码查看。

一般纳税人纳税申报流程

二、小规模纳税人纳税申报

(一)小规模纳税人增值税及附加税费纳税申报表构成

增值税小规模纳税人(以下简称小规模纳税人)纳税申报表及其附列资料包括主表和附表。

主表为《增值税及附加税费申报表(小规模纳税人适用)》。附表包括《增值税及附加税费申报表(小规模纳税人适用)附列资料(一)》(服务、不动产和无形资产扣除项目明细)和《增值税及附加税费申报表(小规模纳税人适用)附列资料(二)》(附加税费情况表)。

1.增值税及附加税费申报表附列资料(小规模纳税人适用)

2.小规模纳税人增值税申报表及附列资料填报说明

(二)小规模纳税人增值税及附加税费纳税申报流程

根据最新的政策调整和申报要求,小规模纳税人增值税及附加税费纳税申报流程请扫码查看。

小规模纳税人纳税申报流程

🖥 工作实例解析

1.根据业务资料,计算每项业务涉及的增值税销项税额或进项税额并进行账务处理。

(1)销项税额=100×4 500×70%×13%=40 950(元)

销售收入=100×4 500×70%=315 000(元)

财务费用=315 000×2%=6 300(元)

借:银行存款	349 650
财务费用	6 300
贷:主营业务收入	315 000
应交税费——应交增值税(销项税额)	40 950

(2)进项税额=800 000×13%=104 000(元)

借:库存商品	800 000
应交税费——应交增值税(进项税额)	104 000
贷:银行存款	904 000

（3）其他货物收取包装物押金时不计税，逾期或超过12个月再计税。

销项税额=176 500×13%=22 945（元）

借：银行存款	201 445
贷：主营业务收入	176 500
其他应付款	2 000
应交税费——应交增值税（销项税额）	22 945

（4）进项税额=5 000×13%=650（元）

借：库存商品	5 000
应交税费——应交增值税（进项税额）	650
贷：应付账款	5 650

（5）进项税额=2 000×9%=180（元）

借：销售费用——运费	2 000
应交税费——应交增值税（进项税额）	180
贷：银行存款	2 180

（6）销项税额=-4 015×2×13%=-1 043.9（元）

借：银行存款	9 073.9
贷：主营业务收入	8 030
应交税费——应交增值税（销项税额）	1 043.9

（7）金融商品转让销售额的确认。

销项税额=(715 000-600 000)÷1.06×0.06=6 509.43（元）

借：银行存款	715 000
贷：交易性金融资产——成本	600 000
交易性金融资产——公允价值变动	90 000
投资收益	18 490.57
应交税费——应交增值税（销项税额）	6 509.43

（8）销项税额=200×4 300×13%=111 800（元）

借：银行存款	971 800
贷：主营业务收入	860 000
应交税费——应交增值税（销项税额）	111 800

（9）进项税额=5 000×112×(1-3%)×13%=70 616（元）

库存商品金额=5 000×112×(1-3%)=543 200（元）

借：库存商品	543 200
应交税费——应交增值税（进项税额）	70 616
贷：应付账款	613 816

（10）销项税额=4 150×20×13%=10 790（元）

销售额=4 150×20=83 000（元）

| 借：银行存款 | 93 790 |

贷:主营业务收入	83 000
应交税费——应交增值税(销项税额)	10 790

(11)销项税额=4 600×10×13%=5 980(元)

销售额=4 600×10=46 000(元)

借:银行存款	51 980
贷:主营业务收入	46 000
应交税费——应交增值税(销项税额)	5 980

(12)销项税额=4 015×40×13%=20 878(元)

销售额=4 015×40=160 600(元)

借:应收账款	181 478
贷:主营业务收入	160 600
应交税费——应交增值税(销项税额)	20 878

(13)进项税额=[(1 050×2)÷1.09×0.09]+200÷1.09×0.09=189.91(元)

共支付金额=(1 050+50)×2+899.7+200=3 299.7(元)

借:管理费用	3 109.79
应交税费——应交增值税(进项税额)	189.91
贷:银行存款	3 299.7

(14)进项税额=6 000×6%=360(元)

借:销售费用——代销手续费	6 000
应交税费——应交增值税(进项税额)	360
贷:应收账款	6 360

(15)销项税额=18 000×13%=2 340(元)

借:银行存款	20 340
贷:其他业务收入	18 000
应交税费——应交增值税(销项税额)	2 340

(16)领用自产产品用作办公设备,不视同销售,不需要做进项税额转出。进项税额转出,是因为不得抵扣进项税额,而行政部门的办公用品等属于正常的办公耗用,是可以抵扣进项税额的,所以领用自家产品用于办公,是不需要进项税额转出,同时也不需要"视同销售"计提销项税额。

库存商品成本=3 500×5=17 500(元)

借:管理费用	17 500
贷:库存商品	17 500

(17)进项税额转出=10×230×13%=299(元)

盘亏金额=2 300(元)

借:待处理财产损溢	2 599
贷:库存商品	2 300
应交税费——应交增值税(进项税额转出)	299

借:管理费用　　　　　　　　　　　　　　　　　　　　　　　　　2 599

　　贷:待处理财产损溢　　　　　　　　　　　　　　　　　　　　　　　2 599

（18）销项税额=40 000×6%=2 400（元）

借:银行存款　　　　　　　　　　　　　　　　　　　　　　　　　42 400

　　贷:无形资产　　　　　　　　　　　　　　　　　　　　　　　30 000

　　　　应交税费——应交增值税（销项税额）　　　　　　　　　　　2 400

　　　　资产处置损益　　　　　　　　　　　　　　　　　　　　　10 000

（19）销项税额=10 000×9%=900（元）

借:银行存款　　　　　　　　　　　　　　　　　　　　　　　　　10 900

　　贷:其他业务收入　　　　　　　　　　　　　　　　　　　　　10 000

　　　　应交税费——应交增值税（销项税额）　　　　　　　　　　　900

2.根据上述业务资料,填写销售情况汇总表(见表2-9)。

表2-9　销售情况汇总

金额单位:元(列至角分)

项目	开具增值税专用发票		开具增值税普通发票		未开具发票		合计	
	销售额	销项税额	销售额	销项税额	销售额	销项税额	销售额	销项税额
13%税率的货物及加工修理修配劳务	1 522 070	197 869.10	83 000	10 790	46 000	5 980	1 651 070	214 639.10
13%税率的服务、不动产和无形资产								
9%税率的服务、无形资产	10 000	900					10 000	900
6%税率	40 000	2 400			108 490.57	6 509.43	148 490.6	8 909.43
合计	—	—	—	—	—	—	1 809 561	224 448.53

　　业务7按交易性金融资产售价与购入价的差额计算销项税额,不含税差额=(715 000-600 000)÷1.06=108 490.6(元)填入表2-9中,但是填列《增值税及附加税费申报表附列资料(一)》本期销售情况明细时,此业务填列的"未开具发票6%税率"销售额=715 000÷1.06=674 528.3(元),销项税额=674 528.3×6%=40 471.7(元)。"服务、不动产和无形资产扣除项目本期实际扣除金额"处填写600 000元。

　　3.根据上述业务资料,填写增值税进项税额计算表(见表2-10)。

表2-10　增值税进项税额计算　　　　　金额单位:元(列至角分)

项目	份数	金额	税额
已认证准予抵扣增值税专用发票	4	556 200	71 806
海关进口增值税专用缴款书	1	800 000	104 000
农产品收购发票或者销售发票			
本期用于抵扣的旅客运输服务扣税凭证	3	2 110.09	189.91
进项税额合计	8	1 358 310	175 995.9

填列《增值税及附加税费申报表附列资料(二)》本期进项税额明细中第9栏次"本期用于抵扣的旅客运输服务扣税凭证"金额=(1 050×2)÷1.09+200÷1.09=2 110.09(元),税额为189.91元。同时填列在8b"其他"栏次。

4.根据上述进项转出业务核算中的资料,填写增值税进项税额转出计算表(见表2-11)。

表2-11　增值税进项税额转出计算　　　　　金额单位:元(列至角分)

序号	项目	税额
1	集体福利、个人消费	
2	非正常损失	299
3	简易计税方法征税项目用	
4	免抵退税办法不得抵扣的进项税额	
5	红字专用发票信息表注明的进项税额	
	进项税额转出合计	299

5.根据上述资料,填写应纳税额计算表(见表2-12)。

表2-12　应纳税额计算　　　　　金额单位:元(列至角分)

项目	栏次	一般项目金额	即征即退项目金额
销项税额	11	498 498.5	
进项税额	12	175 995.9	
上期留抵税额	13		
进项税额转出	14	299	
免、抵、退应退税额	15		
应抵扣税额合计	17	175 696.9	
实际抵扣税额	18	175 696.9	
应纳税额	19=11-18	322 801.6	
期末留抵税额	20=17-18		
应纳税额减征额	23		
应纳税额合计	24=19-23	322 801.6	

6.根据上述资料,计算附加税费,并填列附加税计算表(见表2-13)。

表2-13　附加税费计算　　　　　　　金额单位:元(列至角分)

税(费)种	计税(费)依据				税(费)率/%	本期应纳税(费)额
	增值税税额	增值税限额减免金额	增值税免抵税额	留抵退税本期扣除额		
	1	2	3	4	5	6=(1+2-4+3)×5
城市维护建设税	322 801.6				7%	22 596.11
教育费附加	322 801.6				3%	9 684.05
地方教育附加	322 801.6				2%	6 456.03
合计	—	—	—	—	—	38 736.19

7.填写增值税纳税申报表,详见二维码。

💻 实战演练

(一)纳税人基础信息

企业名称:杭州壹深科技有限公司

法人代表:刘永

企业地址:杭州市建设路3号

纳税人识别号:92739498237490917

经营范围:主营投影仪、照相机等设备

注册资金:陆佰万元(600万元)

注册时间:2012年9月1日

开户银行:杭州银行萧山支行

开户行账户:1506892374792837

税务登记:核定为一般纳税人

(二)业务资料

业务1:9月4日,从杭州云达有限公司购入材料一批,不含税金额为10万元,所购原材料已验收入库,款项通过银行存款划转,取得增值税专用发票一份。

业务2:9月5日,管理部门领用自产的3台照相机,成本价为3 000元/台,平均零售单价为3 500元/台。

业务3:9月7日,出售给个人投影仪一台,不含税单价6 200元,现金收取,未开具增值税发票。

业务4:9月10日,与湖北安然有限公司签订合同,以10台投影仪(市场不含税售价为60 000元),与安然公司8台笔记本电脑(市场不含税售价为55 000元)进行交换,差价由安然公司补齐,双方均开具增值税专用发票。

业务5:9月11日,销售给湖州开泰有限公司照相机10台,不含税单价3 500元;投影仪20台,不含税单价5 800元;双方当初签订合同约定了现金折扣方案为"2/10、1/20、*n*/30"。货已发出且开出增值税专用发票,货款尚未收到。

业务6:9月12日,以自产投影仪30台对杭州银祥商城投资,经确认该批产品最近时期的平均销售单价为6 000元(不含税金额)。

业务7:9月15日,从南京汇智科技有限公司购入芯片一批,不含税售价为57 000元,验收入库,货款通过银行转账支付。

业务8:9月16日,将5台照相机奖励给本单位季度优秀工作者,成本价为3 000元/台,平均零售单价为3 500元/台。

业务9:9月18日,销售投影仪20个给上海冉升有限公司,每台单价6 000元,公司开具增值税专用发票一份;发生运费3 000元,由杭州壹深科技有限公司承担,以银行存款支付,取得增值税专用发票一份。

业务10:9月20日,销售部王彬报销12日发生的空调维修费1 200元,出纳以现金付讫,取得增值税专用发票一份。

(三)任务要求

1.根据上述业务资料,计算增值税销项税额及进项税额。

2.根据上述业务资料,进行账务处理。

3.根据上述业务资料,填写纳税申报表。

📋 项目小结

增值税思维导图

📋 项目测试

项目二 测试题

◎ 职业能力目标

1.掌握消费税基本法律知识,判断消费税征税范围,准确选择适用税率。

2.能根据经济业务准确计算消费税。

3.能设置消费税会计科目,能根据相关业务资料对消费税进行会计核算。

4.熟悉消费税出口退税的相关规定,掌握消费税出口退税额的计算,能进行消费税出口退税的会计处理,会办理出口货物退(免)消费税工作。

5.能根据相关业务资料填写消费税及附加税费申报表以及相关申报表,并能进行消费税的纳税申报。

◎ 典型工作任务

1.根据具体经济业务确定适用的消费税税率及优惠政策。

2.各消费税税目计税依据的确定及应纳消费税税额的计算。

3.涉及消费税经济业务的账务处理。

4.消费税出口退税额的计算、账务处理及出口退税的办理。

5.消费税及附加税费申报表的填制与申报。

◎ 素养提升

课程思政:理性消费　勤俭节约　　　专创融合:绿能智税

🖵 工作实例导入

(一)纳税人基础信息

公司名称:杭州卓越木业有限责任公司

统一社会信用代码:72130121 7600112569A

电话:0571-56688101;邮编:330000;法人代表:周洋

公司地址:浙江省杭州市萧山区耕文路710号

基本户开户银行：中国工商银行萧山支行

基本存款账户：1102652015157078100

银行预留印鉴：财务专用章、法人章

经营范围：实木地板

(二)业务资料

杭州卓越木业有限责任公司为增值税一般纳税人，20×5年9月发生有关生产经营业务如下。

1.2日，向A有限公司销售橡木地板4 000箱，开具增值税专用发票，注明不含税金额合计500 600元，款项未收到。

2.5日，收回委托杭州木艺有限责任公司(纳税人识别号：93470270590588965A)加工柚木地板1 500箱，上月发出原木等材料的账面成本为179 923元，收到增值税专用发票注明加工费含税金额89 500元，杭州木艺有限责任公司无同类产品价格，已知委托加工组成计税价格为28 6510元，代收代缴消费税14 325.5元，款项已付。

3.8日，将委托加工收回的1 500箱柚木地板，对外销售800箱给深圳天语有限公司，开具增值税专用发票，注明不含税金额为171 906元，货款已收到。

4.22日，向杭州世纪贸易有限公司销售花木地板4 000箱，开具增值税专用发票，注明不含税金额合计1 117 600元，款项未收到。

5.28日，公司将商品橡木地板3 200箱，以不含税市场价340 006元交换杭州武鸣有限公司生产设备1台，不含税市场价为405 500元，并支付武鸣公司补价74 008.22元。双方分别就销售商品按公允价值开具发票，且该笔交易具有商业实质。

注：(1)上述商品均为实木地板，1箱地板规格均为2.4平方米。

(2)柚木地板期初库存委托加工为0，代扣代收税款凭证号码为1367890。

(3)实木地板的消费税税率为5%，取得的扣税凭证符合抵扣规定。

(4)商品价格表如表3-1所示。

表3-1　商品价格明细

商品	单位	成本单价/元	最高售价(不含税)/元	平均价(不含税)/元
橡木地板	箱	100	136	125.15
柚木地板	箱	172.75	244	214.89
花木地板	箱	234	290	279.4

(三)任务要求

1.根据上述业务，计算消费税。

2.根据上述业务，进行账务处理。

3.填写销售汇总表。

4.根据上述业务，进行消费税申报。

任务一　消费税基础知识

📝 任务引例

A企业进口了3辆超豪华小汽车,请问A企业在哪些环节缴纳了消费税?

任务一　引例解析

ⓦ 知识储备与业务操作

一、消费税的概念和改革历程

(一)消费税的概念

消费税是指在中华人民共和国境内生产、委托加工和进口应税消费品的单位和个人,就其应税消费品的销售额或销售量征收的一种税。 消费税为价内税、流转税,其征收目的为调节消费结构、促进资源合理配置、增加财政收入、减少不良消费、促进公平竞争、引导消费者行为等。

(二)消费税改革历程

消费税(亦称货物税)源远流长,在我国可追溯到西汉时期对酒的课税。古罗马时期曾课征盐税。随着商品经济的发展,消费税课征范围不断扩大,数额日益增加。由于消费税的独特调节作用,它受到了世界各国的普遍重视。新中国成立以来,在先后征收的货物税、商品流通税、工商统一税、工商税以及产品税、增值税中,对烟、酒、化妆品、成品油等消费品都设计了较高的税率,基本上具备对消费品课税的性质。随着对原工商税制的改革,消费税从中分化出来成为独立税种。1994年,我国实施了一次重大税制改革,消费税作为一项独立税种正式施行;2006年,消费税税目与税率调整,强化对奢侈品和高耗能产品的税收调节,体现环保导向;2009年1月1日起施行《中华人民共和国消费税暂行条例》(以下简称《消费税暂行条例》)(国务院令2008年第539号)及《中华人民共和国消费税暂行条例实施细则》(财政部国家税务总局令2008年第51号);2014年以后,对电池、涂料、卷烟、超豪华小汽车等进行结构性改革。随着社会和经济的发展变化,消费税改革逐步深化,改革目标包括促进环保、优化消费结构、提高税收效率和公平性等。

二、消费税纳税人

消费税纳税人是指在中华人民共和国境内生产、委托加工和进口应税消费品的单位和个人。单位,是指企业、行政单位、事业单位、军事单位、社会团体及其他单位。个人,是指个体工商户及其他个人。境内,是指生产、委托加工和进口属于应当缴纳消费税的消费品的起运地或者所在地在境内。自1995年1月1日起,金银首饰消费税由生产销售环节征收改为零售环节征收。在中华人民共和国境内从事金银首饰零售业务的单位和个人,为金银首饰消费税的纳税义务人,委托加工、委托代销金银首饰的,受托方也是纳税人。

1. 微课:消费税纳税人
2. 消费税纳税人讲义

举例:我国境内的恒通股份有限公司是跨国企业,在菲律宾有家子公司生产白酒,在东南亚销售,不需要缴纳消费税,因为该子公司的生产和销售业务不在我国境内进行。

三、消费税税目

消费税的征收范围比较狭窄,同时也会根据经济发展、环境保护等政策需要适时修订,依据《消费税暂行条例》及相关法规规定,目前消费税税目包括烟、酒、高档化妆品、贵重首饰及珠宝玉石、鞭炮焰火、成品油、摩托车、小汽车、高尔夫球及球具、高档手表、游艇、木制一次性筷子、实木地板、电池、涂料共15个税目,有的税目还可进一步划分为若干子目。

1. 微课:消费税税目、税率
2. 消费税税目、税率讲义

(一)烟

本税目下设卷烟、雪茄烟、烟丝、电子烟四个子目。

凡是以烟叶为原料加工生产的产品,不论使用何种辅料,均属于本税目的征收范围,包括卷烟、雪茄烟、烟丝。卷烟的征税范围包括各种规格、型号的国产卷烟、进口卷烟、白包卷烟、手工卷烟和未经国务院批准纳入计划的企业及个人生产的卷烟。雪茄烟的征收范围包括各种规格、型号的雪茄烟。烟丝的征收范围包括以烟叶为原料加工生产的不经卷制的散装烟,如斗烟、莫合烟、烟末、水烟、黄红烟丝等。为完善消费税制度,促进税制公平统一,更好发挥消费税引导健康消费的作用,自2022年11月1日起,电子烟纳入消费税征收范围。电子烟是指用于产生气溶胶供人抽吸等的电子传输系统,包括烟弹、烟具以及烟弹与烟具组合销售的电子烟产品。

提示:卷烟在生产销售、委托加工或进口环节缴纳消费税,在批发环节加征一道消费税;电子烟在生产(进口)、批发环节缴纳消费税,若通过代加工方式生产电子烟的,由持有商标的企业缴纳消费税。

(二)酒

本税目下设粮食白酒、薯类白酒、黄酒、啤酒、其他酒五个子目。

酒是指酒精度在0.5%vol以上的各种酒类饮料。啤酒每吨出厂价(含包装物及包装物押金)在3 000元(含3 000元,不含增值税)以上的是甲类啤酒,每吨出厂价(含包装物及包装物押金)在3 000元(不含增值税)以下的是乙类啤酒。对饮食业、商业、娱乐业举办的啤酒屋(啤酒坊)利用啤酒生产设备生产的啤酒,应当征收消费税。果啤属于啤酒,按啤酒征收消费税。无醇啤酒比照啤酒征收消费税。

(三)高档化妆品

自2016年10月1日起,**本税目调整为包括高档美容、修饰类化妆品、高档护肤类化妆品和成套化妆品。**

高档美容、修饰类化妆品和高档护肤类化妆品是指生产(进口)环节销售(完税)价格(不含增值税)在10元/毫升(克)或15元/片(张)及以上的美容、修饰类化妆品和护肤类化妆品。美容、修饰类化妆品是指香水、香水精、香粉、口红、指甲油、胭脂、眉笔、唇笔、蓝眼油、眼睫毛以及成套化妆品。舞台、戏剧、影视演员化妆用的上妆油、卸妆油、油彩,不属于本税目的征收范围。

思政园地:一瓶香水背后的税收逻辑

(四)贵重首饰及珠宝玉石

贵重首饰及珠宝玉石包括以金、银、白金、宝石、珍珠、钻石、翡翠、珊瑚、玛瑙等高贵稀有物质以及其他金属、人造宝石等制作的各种纯金银首饰及镶嵌首饰和经采掘、打磨、加工的各种珠宝玉石。

提示:金银首饰、铂金首饰、钻石及钻石饰品在零售环节征收消费税。

(五)鞭炮、焰火

鞭炮、焰火包括各种类型的鞭炮、焰火。体育上用的发令纸、鞭炮药引线,不按本税目征收。

(六)成品油

成品油包括汽油、柴油、石脑油、溶剂油、航空煤油、润滑油、燃料油7个子目。

(七)小汽车

小汽车是指由动力驱动,具有4个或4个以上车轮的非轨道承载的车辆。本税目征收范围包括以下内容。

(1)乘用车:含驾驶员座位在内最多不超过9个座位(含)的,在设计和技术特性上用于载运乘客和货物的各类乘用车。

(2)中轻型商用客车:含驾驶员座位在内的座位数在10~23座(含23座)的,在设计和技术特性上用于载运乘客和货物的各类中轻型商用客车。

(3)超豪华小汽车:每辆零售价格130万元(不含增值税)及以上的乘用车和中轻型商用客车。

电动汽车、沙滩车、雪地车、卡丁车、高尔夫车不属于消费税征收范围,不征收消费税。

提示:自2016年12月1日起,对超豪华小汽车,在生产(进口)环节按现行税率征收消费税基础上,在零售环节加征一道消费税。

消费税征税环节总结

(八)摩托车

摩托车包括轻便摩托车和摩托车两种。气缸容量250毫升(不含)以下的小排量摩托车不征收消费税。

(九)高尔夫球及球具

本税目征收范围包括高尔夫球、高尔夫球杆、高尔夫球包(袋)。高尔夫球杆的杆头、杆身和握把属于本税目的征收范围。

(十)高档手表

高档手表是指销售价格(不含增值税)每只在10 000元(含)以上的各类手表。

(十一)游艇

本税目征收范围包括艇身长度大于8米(含)小于90米(含),内置发动机,可以在水上移动,一般为私人或团体购置,主要用于水上运动和休闲娱乐等非牟利活动的各类机动艇。

(十二)木制一次性筷子

本税目征税范围包括以木材为原料经过锯段、浸泡、旋切、刨切、烘干、筛选、打磨、倒角、包装等环节加工而成的各类供一次性使用的筷子。

(十三)实木地板

本税目征收范围包括各类规格的实木地板、实木指接地板、实木复合地板及用于装饰墙壁、天棚的侧端面为榫、槽的实木装饰板。未经涂饰的素板属于本税目征税范围。

(十四)电池

本税目征收范围包括原电池、蓄电池、燃料电池、太阳能电池和其他电池。自2015年2月1日起对电池(铅蓄电池除外)征收消费税;对无汞原电池、金属氢化物镍蓄电池(又称氢镍蓄电池或镍氢蓄电池)、锂原电池、锂离子蓄电池、太阳能电池、燃料电池、全钒液流电池免征消费税。2015年12月31日前对铅蓄电池缓征消费税;自2016年1月1日起,对铅蓄电池按4%的税率征收消费税。

思政园地:引导绿色消费 践行生态文明

(十五)涂料

涂料是指涂于物体表面能形成具有保护、装饰或特殊性能的固态涂膜的一类液体或固体材料的总称。

四、消费税税率

消费税实行比例税率、定额税率和从量定额与从价定率相结合的复合计税形式,对黄酒、啤酒、成品油实行定额税率,对卷烟、白酒实行复合计税。纳税人兼营不同税率的应税消费品,应当分别核算不同税率应税消费品的销售额、销售数量。未分别核算销售额、销售数量,或者将不同税率的应税消费品组成成套消费品销售的,从高适用税率。现行消费税税目税率如表3-2所示。

表3-2　消费税税目税率

税目	比例税率	定额税率
一、烟		
1.卷烟		
(1)生产环节		
①甲类卷烟:每标准条(200支,下同)调拨价70元(含70元,不含增值税)以上	56%	0.003元/支
②乙类卷烟:每标准条调拨价在70元以下	36%	0.003元/支
(2)批发环节	11%	0.005元/支
2.雪茄烟	36%	
3.烟丝	30%	
4.电子烟		
(1)生产环节	36%	
(2)批发环节	11%	
二、酒		
1.白酒	20%	0.5元/500克(或者毫升)
2.黄酒		240元/吨
3.啤酒		
(1)甲类啤酒[出厂价格在3 000元(不含增值税)/吨以上(含3 000元)]		250元/吨
(2)乙类啤酒[出厂价格在3 000元(不含增值税)/吨以下]		220元/吨
4.其他酒	10%	
三、高档化妆品	15%	
四、贵重首饰及珠宝玉石		
1.金银首饰、铂金首饰和钻石及钻石饰品(零售环节)	5%	
2.其他贵重首饰和珠宝玉石(生产、进口环节)	10%	

续表

税目	比例税率	定额税率
五、鞭炮、焰火	15%	
六、成品油		
1.汽油		1.52元/升
2.柴油		1.20元/升
3.航空煤油		1.20元/升
4.石脑油		1.52元/升
5.溶剂油		1.52元/升
6.润滑油		1.52元/升
7.燃料油		1.20元/升
七、摩托车		
1.气缸容量(排气量,下同)≤250毫升	3%	
2.气缸容量>250毫升	10%	
八、小汽车		
1.乘用车(生产、进口环节)		
(1)气缸容量(排气量,下同)≤1.0升	1%	
(2)1.0升<气缸容量≤1.5升	3%	
(3)1.5升<气缸容量≤2.0升	5%	
(4)2.0升<气缸容量≤2.5升	9%	
(5)2.5升<气缸容量≤3.0升	12%	
(6)3.0升<气缸容量≤4.0升	25%	
(7)气缸容量>4.0升	40%	
2.中轻型商用客车(生产、进口环节)	5%	
3.超豪华小汽车(零售环节)	10%	
九、高尔夫球及球具	10%	
十、高档手表	20%	
十一、游艇	10%	
十二、木制一次性筷子	5%	
十三、实木地板	5%	
十四、电池	4%	
十五、涂料	4%	

注:1. 1标准箱卷烟=250标准条=50 000支,1标准条=200支;

2.卷烟定额税率:150元/箱,0.6元/条;

3.施工状态下挥发性有机物(VOC)含量低于420克/升(含)的涂料免征消费税。

作业题:消费
税基础知识

任务二　消费税税款计算

任务引例

　　某汽车生产企业主要从事小汽车生产和改装业务,为增值税一般纳税人,消费税税率为5%,20×5年9月发生如下经营业务。

　　(1)将生产的800辆汽车分两批出售,其中300辆开具的增值税专用发票注明金额为4 500万元,税额为765万元,500辆开具的增值税专用发票注明金额为6 500万元,税额为1 105万元。

任务二　引例解析

　　(2)将生产的100辆小汽车用于换取生产资料,以成本12万元每辆互相开具,增值税专用发票注明金额1 200万元,税额204万元。

　　请计算上述业务应缴纳的消费税。

知识储备与业务操作

一、直接对外销售应纳消费税的计算

直接对外销售应税消费品涉及三种计算方法。

微课:生产环节消费税计算

(一)从价定率法应纳税额计算

　　在从价定率计算方法下,应纳消费税税额等于应税消费品的销售额乘以适用税率。基本计算公式为:

　　应纳税额=应税消费品销售额×比例税率

　　1.应税消费品销售额的确定

　　(1)销售额一般规定。

　　销售额为纳税人销售应税消费品向购买方收取的全部价款和价外费用。在价外费用中,白酒生产企业向商业销售单位收取的"品牌使用费"是随着应税白酒的销售而向购货方收取的,属于应税白酒销售价款的组成部分,因此不论企业采取何种方式或以何种名义收取价款,均应并入白酒的销售额中缴纳消费税。

　　消费税和增值税实行交叉征收,消费税实行价内税,增值税实行价外税,因此实行从价定率征收消费税的消费品,其消费税税基和增值税税基是一致的,即都是以含消费税而不含增值税的销售额作为计税基数,所以在项目二中有关增值税确认销售额的规定同样适用于消费税,此处不再赘述。

【做中学3-1】

雅诗化妆品生产企业为增值税一般纳税人,20×5年5月15日向大型商场销售高档化妆品一批,开具增值税专用发票,取得不含增值税销售额100万元,增值税税额13万元;5月17日向某单位销售高档化妆品一批,开具普通发票,取得含增值税销售额6.78万元。已知高档化妆品适用的消费税税率为15%。

要求:计算该化妆品生产企业发生上述业务应缴纳的消费税税额。

解析:高档化妆品的应税销售额=100+6.78÷(1+13%)=106(万元)

应纳消费税税额=106×15%=15.9(万元)

(2)包装物及包装物押金相关规定。

实行从价定率办法计算应纳税额的应税消费品连同包装销售的,不论包装是否单独计价,也不论在会计上如何核算,均应并入应税消费品的销售额中征收消费税。

如果包装物不作价随同产品销售,而是收取押金,此项押金则不应并入应税消费品的销售额中征税。但对因逾期未收回的包装物不再退还的或者已收取的时间超过12个月的押金,应并入应税消费品的销售额,按照应税消费品的适用税率缴纳消费税。

对既作价随同应税消费品销售,又另外收取押金的包装物的押金,凡纳税人在规定的期限内没有退还的,均应并入应税消费品的销售额,按照应税消费品的适用税率缴纳消费税。

对销售啤酒、黄酒外的其他酒类产品而收取的包装物押金,无论是否返还以及会计上如何核算,均应并入当期销售额征税,具体如表3-3所示。

表3-3　包装物押金总结

押金种类	收取时	逾期或已收取押金1年以上时
酒类产品以外的应税消费品	不缴纳增值税、消费税	缴纳增值税,消费税(成品油涉及的包装物押金只缴纳增值税,不缴纳消费税)
酒类产品(除啤酒、黄酒外)	缴纳增值税、消费税	不再缴纳增值税、消费税
啤酒、黄酒	不缴纳增值税、消费税	只缴纳增值税,不缴纳消费税(因为从量征收消费税)

【做中学3-2】

某红酒厂为增值税一般纳税人,20×5年3月销售A型红酒1 000瓶给某大型超市,开具增值税专用发票注明不含税价款28 000元,收取包装物押金2 900元;销售B型红酒1 000瓶给某大型酒店,取得价税合计收入30 000元,收取包装物押金2 000元。

要求:计算该啤酒厂当月应缴纳的消费税。(保留两位小数)

解析:销售额=28 000+2 900÷(1+13%)+(30 000+2 000)÷(1+13%)=58 884.96(元)

应纳消费税税额=58 884.96×10%=5 888.5(元)

(3)外汇结算销售额相关规定。

纳税人销售的应税消费品,以外汇结算销售额的,其销售额的人民币折合率可以选择结算的当天或者当月1日的国家外汇牌价(原则上为中间价)。纳税人应在事先确定采取何种折合率,确定后1年内不得变更。

(4)其他相关规定。

①纳税人通过自设非独立核算门市部销售的自产应税消费品,应当按照门市部对外销售额或者销售数量征收消费税。

②纳税人用于换取生产资料和消费资料、投资入股和抵偿债务等方面的应税消费品,应当以纳税人同类应税消费品的最高销售价格作为计税依据计算消费税。

③白酒生产企业销售给销售单位的白酒,生产企业消费税计税价格低于销售单位对外销售价格(不含增值税,下同)70%以下的,税务机关应核定消费税最低计税价格。已核定最低计税价格的白酒,销售单位对外销售价格持续上涨或下降时间达到3个月以上、累计上涨或下降幅度在20%(含)以上的,税务机关重新核定最低计税价格。

④纳税人采用以旧换新(含翻新改制)方式销售的金银首饰,应按实际收取的不含增值税的全部价款确定计税依据征收消费税。

【做中学3-3】

某化妆品厂为增值税一般纳税人。20×5年1月发生以下业务:8日销售高档化妆品400箱,每箱不含税价600元;15日销售同类高档化妆品500箱,每箱不含税价650元。当月以200箱同类高档化妆品与某公司换取香水。已知高档化妆品的消费税税率为15%。

要求:计算该厂当月应缴纳的消费税税额。

解析:纳税人将自产的应税消费品用于换取生产资料和消费资料、投资入股和抵偿债务等方面,应当按纳税人同类应税消费品的最高销售价格作为计税依据。

应纳消费税=(600×400+650×500+650×200)×15%=104 250(元)。

【做中学3-4】

某首饰店是一家经批准有权经营金银首饰的珠宝零售店,为增值税一般纳税人,20×5年9月发生涉税业务如下。

(1)金银首饰及珠宝玉石零售金额共计303 780元,其中:金银首饰112 860元,钻石及钻石饰品89 520元,其他首饰101 400元。

(2)采取以旧换新方式销售金项链100条,新项链每条零售价3 500元,旧项链每条作价2 500元,每条项链实收差价款1 000元。

要求:计算这家首饰店9月份应缴纳的消费税税额。

解析:

(1)金银首饰和珠宝玉石的消费税应在零售环节缴纳,其他首饰消费税应在生产、进口或委托加工环节缴纳。

消费税税额=(112 860+89 520)÷(1+13%)×5%=8 954.87(元)

(2)金银首饰零售环节以旧换新应以实际取得的不含税价款为消费税计税依据。

消费税税额=100×1 000÷(1+13%)×5%=4 424.78(元)

(二)从量定额法应纳税额计算

在从量定额计算方法下,应纳消费税税额等于应税消费品的销售数量乘以单位税额。应纳税额的多少取决于应税消费品的销售数量和单位税额两个因素。基本计算公式为:

应纳税额=应税消费品的销售数量×定额税率

1.销售数量的确定

销售数量是指纳税人生产、加工和进口应税消费品的数量。

(1)自产自用应税消费品的(用于连续生产应税消费品的除外),为应税消费品的移送使用数量。

(2)委托加工应税消费品的,为纳税人收回的应税消费品数量。

(3)进口应税消费品的,为海关核定的应税消费品进口征税数量。

2.计量单位的换算标准

《消费税暂行条例》规定,黄酒、啤酒是以吨为税额单位的;汽油、柴油是以升为税额单位的。但是,考虑到在实际销售过程中,一些纳税人会把吨与升这两个计量单位混用,故规范了不同产品的计量单位,以准确计算应纳税额,吨与升两个计量单位的换算标准如表3-4所示。

表3-4　吨与升的换算表

名称	计量单位换算标准
啤酒	1吨=988升
黄酒	1吨=962升
汽油	1吨=1 388升
柴油	1吨=1 176升
石脑油	1吨=1 385升
航空煤油	1吨=1 246升
溶剂油	1吨=1 282升
润滑油	1吨=1 126升
燃料油	1吨=1 015升

【做中学3-5】

某啤酒厂20×5年10月销售啤酒1 000吨,取得不含增值税销售额298万元,增值税税款38.74万元,另收取包装物押金27.8万元。

要求:计算该啤酒厂应纳消费税税额。

解析:每吨啤酒出厂价=(298+27.8÷1.13)×10 000÷1 000=3 226.02(元),大于3 000元,属于销售甲类啤酒,适用定额税率每吨250元。

应纳消费税税额=销售数量×定额税率=1 000×250=250 000(元)

(三)从价定率和从量定额复合应纳税额计算

现行消费税的征税范围中,只有卷烟、白酒采用复合计算方法。基本计算公式为:

应纳税额=应税消费品的销售数量×定额税率+应税消费品的销售额×比例税率

【做中学3-6】

某白酒生产企业本月发生业务如下。

（1）销售粮食白酒60吨给某专卖店，每吨销售价格为26 000元，共计应收含税销售额1 825 200元；由于专卖店提前支付价款，企业给予专卖店3%的销售折扣，实际收款1 770 444元。

（2）销售同品牌粮食白酒50吨给独立核算的全资子公司（销售公司），每吨售价18 000元。

（3）直接零售给消费者个人薯类白酒25吨，共计取得含税销售额836 550元。

要求：计算该企业应缴纳的消费税。

解析：应缴纳的消费税=[1 825 200÷(1+13%)+50×26 000+836 550÷(1+13%)]×20%+(60+50+25)×2 000×0.5=715 000+135 000=850 000（元）

二、自产自用应纳消费税的计算

所谓自产自用，就是纳税人生产应税消费品后，不是用于直接对外销售的，而是用于自己连续生产应税消费品或用于其他方面的。这种自产自用应税消费品形式，在实际经济活动中是很常见的，但在是否纳税或如何纳税上也最容易出现问题。

（一）用于连续生产应税消费品

纳税人自产自用的应税消费品，用于连续生产应税消费品的，即作为生产最终应税消费品的直接材料并构成最终产品实体的应税消费品，不纳税。例如，卷烟厂生产出烟丝，再用生产出的烟丝继续生产卷烟，虽然烟丝是应税消费品，但用于连续生产卷烟的烟丝就不用缴纳消费税，只对生产销售的卷烟征收消费税。如果生产的烟丝直接用于销售，则烟丝需要缴纳消费税。税法规定对自产自用的应税消费品，用于连续生产应税消费品的不征税，体现了不重复课税的原则。

（二）用于其他方面的应税消费品

纳税人自产自用的应税消费品用于其他方面是指纳税人用于生产非应税消费品、在建工程、管理部门、非生产机构、提供劳务，以及用于馈赠、赞助、集资、广告、样品、职工福利、奖励等方面，于移送使用时纳税。

思政园地：一瓶白酒的双重身份

所谓"用于生产非应税消费品"，是指把自产的应税消费品用于生产《消费税暂行条例》税目、税率（额）表所列15类产品以外的产品。如酒厂用生产出的白酒继续生产成酒精巧克力，该酒精巧克力就属于非应税消费品，酒厂需要对生产成酒精巧克力的这部分白酒缴纳消费税，但是不用缴纳增值税。所谓"用于在建工程"，是指把自产的应税消费品用于本单位的各项建设工程。例如，石化工厂把自己生产的柴油用于本厂基建工程的车辆、设备。所谓"用于管理部门、非生产机构"，是指把自己生产的应税消费品用于与本单位有隶属关系的管理部门或非生产机构。例如，汽车制造厂把生产出的小汽车提供给上级主管部门使用。所谓"用于馈赠、赞助、集资、广告、样品、职工福利、奖励"，是指把自产的应税消费品无偿赠送给他人，或以资金的形式投资于外单位，或作为商品广告、经销样品，或以福利、奖励的形式发放给职工。

(三)自产自用应税消费品计税依据确定及应纳税额计算

1.自产自用应税消费品计税依据的确定

纳税人自产自用的应税消费品,凡用于其他方面应当缴纳消费税的,销售额的核算顺序如下。

(1)按照纳税人生产的同类消费品的销售价格计算纳税。同类消费品的销售价格是指纳税人当月销售的同类消费品的销售价格。

(2)如果当月同类消费品各期销售价格高低不同,应按销售数量加权平均计算。但如果存在销售价格明显偏低又无正当理由或无销售价格的,不得列入加权平均计算。

(3)如果当月无销售或者当月未完结的,应按同类消费品上月或者最近月份的销售价格计算纳税。

(4)没有同类消费品销售价格的,按照组成计税价格计算纳税。

实行从价定率办法计算纳税的组成计税价格,其计算公式为:

组成计税价格=(成本+利润)÷(1−比例税率)

实行复合计税办法计算纳税的组成计税价格,其计算公式为:

组成计税价格=(成本+利润+自产自用数量×定额税率)÷(1−比例税率)

2.自产自用应税消费品应纳税额的计算

(1)从价定率征税的应税消费品应纳税额的计算公式:

应纳消费税税额=自产自用同类应税消费品销售额或组成计税价格×比例税率

(2)从量定额征税的应税消费品应纳税额的计算公式:

应纳消费税税额=应税消费品移送使用数量×定额税率

(3)复合计税方法征税的应税消费品应纳税额的计算公式:

应纳税额=自产自用同类应税消费品销售额或组成计税价格×比例税率+自产自用数量×定额税率

上述公式中的"成本",是指应税消费品的产品生产成本;"利润",是指根据应税消费品的全国平均成本利润率计算的利润。应税消费品全国平均成本利润率由国家税务总局确定,如表3−5所示。

表3−5　平均成本利润率　　　　　　　　　　　　单位:%

货物名称	利润率	货物名称	利润率
1.甲类卷烟	10%	11.摩托车	6%
2.乙类卷烟	5%	12.高尔夫球及球具	10%
3.雪茄烟	5%	13.高档手表	20%
4.烟丝	5%	14.游艇	10%
5.粮食白酒	10%	15.木制一次性筷子、实木地板	5%
6.薯类白酒	5%	16.电池	4%

货物名称	利润率	货物名称	利润率
7.其他酒	5%	17.乘用车	8%
8.高档化妆品	5%	18.中轻型商用客车	5%
9.鞭炮、焰火	5%	19.电子烟	10%
10.贵重首饰及珠宝玉石	6%	20.涂料	7%

【做中学3-7】

杭州昌达摩托车厂(增值税一般纳税人)将1辆自产摩托车以奖励的形式发给优秀职工,其成本为5 000元/辆,成本利润率为6%,适用消费税税率为10%。

要求:计算其组成计税价格、应缴纳的消费税额。

解析:组成计税价格=5 000×(1+6%)÷(1-10%)=5 888.89(元)

应纳消费税=5 888.89×10%=588.89(元)

三、委托加工应税消费品应纳消费税的计算

(一)委托加工应税消费品的确定

委托加工的应税消费品是指由委托方提供原料和主要材料,受托方只收取加工费和代垫部分辅助材料加工的应税消费品。例如,某企业将购来的小客车底盘和零部件提供给某汽车改装厂,加工组装成小客车供自己使用,则加工、组装成的小客车就需要缴纳消费税。对于由受托方提供原材料生产的应税消费品,或者受托方先将原材料卖给委托方,然后再接受加工的应税消费品,以及由受托方以委托方名义购进原材料生产的应税消费品,不论纳税人在财务上是否做销售处理,都不得作为委托加工应税消费品,而应当按照销售自制应税消费品缴纳消费税。

(二)委托加工应税消费品计税依据确定及应纳税额计算

1.委托加工应税消费品计税依据的确定

委托加工的应税消费品,应税消费品计税依据的核算顺序如下:

(1)按照受托方的同类消费品的销售价格计算纳税,同类消费品的销售价格是指受托方(即代收代缴义务人)当月销售的同类消费品的销售价格。

(2)如果当月同类消费品各期销售价格高低不同,应按销售数量加权平均计算。但如果存在销售价格明显偏低又无正当理由或无销售价格的,不得列入加权平均计算。

(3)如果当月无销售或者当月未完结,应按照同类消费品上月或最近月份的销售价格计算纳税。

(4)如果没有同类消费品销售价格的,按照组成计税价格计算纳税。

实行从价定率办法计算纳税的组成计税价格,其计算公式为:

组成计税价格=(材料成本+加工费)÷(1-比例税率)

实行复合计税办法计算纳税的组成计税价格,其计算公式为:

组成计税价格=(材料成本+加工费+委托加工数量×定额税率)÷(1-比例税率)

上述组成计税价格计算公式中的"材料成本"是指委托方所提供加工材料的实际成本。委托加工应税消费品的纳税人,必须在委托加工合同上如实注明材料成本,凡未提供材料成本的,受托方所在地主管税务机关有权核定其材料成本,以防止企业通过假冒委托加工应税消费品或少报材料成本偷逃消费税。"加工费"是指受托方加工应税消费品向委托方所收取的全部费用,包括代垫辅助材料的实际成本,不包括增值税税金。

2.委托加工应税消费品应纳税额的计算

(1)从价定率征税的应税消费品应纳税额的计算公式:

应纳消费税税额=委托加工同类应税消费品销售额或组成计税价格×比例税率

(2)从量定额征税的应税消费品应纳税额的计算公式:

应纳消费税税额=纳税人收回的应税消费品数量×定额税率

(3)复合计税方法征税的应税消费品应纳税额的计算公式:

应纳消费税税额=委托加工同类应税消费品销售额或组成计税价格×比例税率+纳税人收回的应税消费品数量×定额税率

【做中学3-8】

某高尔夫球具厂(增值税一般纳税人)接受某俱乐部委托加工一批高尔夫球具,俱乐部提供主要材料不含税成本8 000元,球具厂收取含税加工费和代垫辅料费2 808元,球具厂没有同类球具的销售价格,消费税税率为10%。

要求:计算组成计税价格及代收代缴的消费税税额。

解析:组成计税价格=[8 000+2 808÷(1+13%)]÷(1-10%)=11 555.56(元)

代收代缴的消费税税额=11 555.56×10%=1 155.56(元)

(三)委托加工应税消费品消费税缴纳

委托加工应税消费品由受托方在向委托方交货时代收代缴消费税,受托方是法定的代收代缴义务人。如果受托方对委托加工的应税消费品没有代收代缴或少代收代缴消费税,应按照《税收征收管理法》的规定,承担代收代缴的法律责任。委托个人(含个体工商户)加工的应税消费品,由委托方收回后缴纳消费税。

委托加工的应税消费品,受托方在交货时已代收代缴消费税,委托方将收回的应税消费品以不高于受托方的计税价格出售的,为直接出售,不再缴纳消费税;委托方以高于受托方的计税价格出售的,不属于直接出售,需按照规定申报缴纳消费税,在计税时准予扣除受托方已代收代缴的消费税。

对于受托方没有按规定代收代缴税款的,不能因此免除委托方补缴税款的责任。在对委托方进行税务检查中,如果发现受其委托加工应税消费品的受托方没有代收代缴税款,则应按照《税收征收管理法》的规定,对受托方处以应代收代缴税款50%以上3倍以下的罚款,委托方要补缴税款。对委托方补征税款的计税依据是:如果在检查时,收回的应税消费品已经直接销售的,按销售额计税;收回的应税消费品尚未销售或不能直接销售的(如收回后用于连续生产等),按组成计税价格计税。

四、已纳消费税扣除的计算

为了避免重复征税,现行消费税规定,将外购应税消费品和委托加工收回的应税消费品连续生产应税消费品销售的,可以将外购应税消费品和委托加工收回应税消费品已缴纳的消费税给予扣除。

(一)已纳消费税扣除范围

外购和委托加工的应税消费品用于连续生产应税消费品时,其已纳消费税税款准予按照规定从连续生产的应税消费品应纳消费税税额中抵扣。扣除范围包括:

(1)外购或委托加工收回的已税烟丝为原料生产的卷烟。

(2)外购或委托加工收回的已税高档化妆品为原料生产的高档化妆品。

(3)外购或委托加工收回的已税珠宝玉石为原料生产的贵重首饰及珠宝玉石。

(4)外购或委托加工收回的已税鞭炮、焰火为原料生产的鞭炮、焰火。

(5)外购或委托加工收回的已税杆头、杆身和握把为原料生产的高尔夫球杆。

(6)外购或委托加工收回的已税木制一次性筷子为原料生产的木制一次性筷子。

(7)外购或委托加工收回的已税实木地板为原料生产的实木地板。

(8)外购或委托加工收回的已税汽油、柴油、石脑油、燃料油、润滑油为原料连续生产的应税成品油。

需要说明的是,纳税人用外购或委托加工收回的已税珠宝玉石生产的,改在零售环节征收消费税的金银首饰(镶嵌首饰),在计税时一律不得扣除外购或委托加工收回的珠宝玉石的已纳消费税税款。

(二)已纳消费税扣除方法

1.外购应税消费品已纳税款扣除方法

(1)从价定率。

当期准予扣除的外购应税消费品已纳消费税税款=当期准予扣除的外购应税消费品买价×外购应税消费品适用税率

当期准予扣除的外购应税消费品的买价=期初库存的外购应税消费品买价+当期购进的外购应税消费品买价-期末库存的外购应税消费品买价

外购已税消费品的买价是指购货发票上注明的销售额(不包括增值税税款)。允许扣除已纳税款的应税消费品只限于从工业企业购进的应税消费品和进口环节已缴纳消费税的应税消费品,对从境内商业企业购进应税消费品的已纳税款一律不得扣除。另外,根据《葡萄酒消费税管理办法(试行)》的规定,自2015年5月1日起,从葡萄酒生产企业购进、进口葡萄酒连续生产应税葡萄酒的,准予从葡萄酒消费税应纳税额中扣除所耗用应税葡萄酒已纳消费税税款。如本期消费税应纳税额不足抵扣的,余额留待下期抵扣。

(2)从量定额。

当期准予扣除的外购应税消费品已纳消费税税款=当期准予扣除的外购应税消费品数量×外购应税消费品单位税额

当期准予扣除的外购应税消费品数量=期初库存的外购应税消费品数量+当期购进的外购应税消费品数量-期末库存的外购应税消费品数量

【做中学3-9】

某卷烟生产企业,某月初库存外购的应税烟丝金额为60万元,当月又外购应税烟丝480万元(不含增值税),月末库存烟丝金额为20万元,其余在当月生产卷烟时领用。烟丝适用的消费税税率为30%。

要求:计算卷烟厂当月准许扣除的外购烟丝已缴纳的消费税。

解析:当期准许扣除的外购烟丝买价=60+480-20=520(万元)

当月准许扣除的外购烟丝已缴纳的消费税税额=520×30%=156(万元)

2.委托加工收回的应税消费品已纳税款扣除方法

当期准予扣除的委托加工应税消费品已纳税款=期初库存的委托加工应税消费品已纳税款+当期收回的委托加工应税消费品已纳税款-期末库存的委托加工应税消费品已纳税款

委托加工应税消费品已纳税款为代扣代收税款凭证注明的受托方代收代缴的消费税税额。

五、进口应税消费品应纳消费税的计算

(一)进口一般应税消费品应纳消费税的计算

进口的应税消费品,于报关进口时缴纳消费税;进口的应税消费品由进口人或者其代理人向报关地海关申报缴纳消费税,由海关代征,应当自海关填发海关进口消费税专用缴款书之日起15日内缴纳税款。纳税人进口应税消费品,按照组成计税价格和规定的税率计算应纳税额。进口环节消费税除国务院另有规定的,一律不得给予减税、免税。

1.实行从价定率计征应纳税额的计算

应纳税额的计算公式为:

组成计税价格=(关税完税价格+关税)÷(1-消费税比例税率)

应纳税额=组成计税价格×消费税比例税率

公式中的关税完税价格,是指海关核定的关税计税价格。

【做中学3-10】

某商贸公司20×5年6月从国外进口一批应税消费品,已知该批应税消费品的关税完税价格为100万元,按规定应缴纳关税17万元,假定进口的应税消费品的消费税税率为10%。

要求:计算该批消费品进口环节应纳消费税税额。

解析:(1)组成计税价格=(100+17)÷(1-10%)=130(万元)

(2)应纳消费税税额=130×10%=13(万元)

2.实行从量定额计征应纳税额的计算

应纳税额的计算公式为:

应纳税额=应税消费品数量×消费税定额税率

3.实行从价定率和从量定额复合计税办法应纳税额的计算

应纳税额的计算公式为:

组成计税价格=(关税完税价格+关税+进口数量×消费税定额税率)÷(1-消费税比例税率)

应纳税额=组成计税价格×消费税税率+应税消费品进口数量×消费税定额税率

【做中学3-11】

某公司进口一批粮食白酒共10 000瓶,每瓶500克,关税完税价格为20万元,关税率为10%。

要求:计算其进口环节的消费税。

解析:组成计税价格=(200 000+200 000×10%+10 000×0.5)÷(1-20%)=281 250(元)

应纳消费税=10 000×0.5+281 250×20%=61 250(元)

(二)进口卷烟应纳消费税的计算

进口卷烟应纳消费税税额的计算方法如下:

第一步,确定进口卷烟消费税适用比例税率。确定每标准条进口卷烟(200支)消费税适用比例税率的价格,公式为:

每标准条进口卷烟消费税适用比例税率的价格=(关税完税价格+关税+消费税定额税)÷(1-消费税税率)

公式中,消费税定额税为每标准条(200支)0.6元,消费税税率固定为36%。若每标准条进口卷烟(200支)确定消费税适用比例税率的价格≥70元人民币的,适用比例税率为56%;若每标准条进口卷烟(200支)确定消费税适用比例税率的价格<70元人民币的,适用比例税率为36%。

第二步,计算进口卷烟应纳消费税税额,公式为:

进口卷烟消费税=(关税完税价格+关税+定额税)÷(1-进口卷烟消费税适用比例税率)×进口卷烟消费税适用比例税率+进口卷烟数量×定额税率

【做中学3-12】

某公司从境外进口10箱卷烟,经海关核定,关税的完税价格为100 000元,关税为25 000元。应纳消费税税额计算如下:

某进口公司从境外进口卷烟5万条,支付买价340万元,运输费用15万元,保险费用5万元,关税完税价格360万元,假设关税税率为50%。

要求:计算该公司应缴纳的消费税。

解析：（1）每标准条进口卷烟适用比例税率的价格=[3 600 000×(1+50%)+50 000×0.6]÷(1-36%)÷50 000=169.69(元)

169.69元大于70元，所以进口卷烟的适用比例税率为56%。

（2）进口卷烟消费税组成计税价格=（关税完税价格+关税+消费税定额税）÷（1-进口卷烟消费税适用比例税率）=[3 600 000×(1+50%)+50 000×0.6]÷(1-56%)=12 340 909.09(万元)

作业题：消费税核算

（3）应纳消费税税额=进口卷烟消费税组成计税价格×进口卷烟消费税适用比例税率+海关核定的进口卷烟数量×消费税定额税率=12 340 909×56%+50 000×0.6=6 940 909.04(元)

任务三　消费税会计核算

📋 任务引例

> 　　某摩托集团公司20×5年10月销售摩托车100部，每部售价2万元（不含增值税），货款未收。摩托车每部成本为1万元，适用消费税率为10%。
>
> 　　请进行账务处理。

任务三　引例解析

Ⓦ 知识储备与业务操作

一、会计科目设置

为正确反映和核算消费税有关纳税事项，纳税人应在"应交税费"科目下设置"应交消费税"二级科目。本科目的借方反映企业实际缴纳的消费税和待抵扣的消费税；贷方反映按规定应缴纳的消费税；其对应科目期末余额在贷方，反映尚未缴纳的消费税；期末若为借方余额，则反映多缴或待抵扣的消费税。

由于消费税属于价内税，即销售额中含有应负担的消费税税额，应将消费税作为费用、成本的内容加以核算，因此还应设置与之相应的会计科目，如"税金及附加""其他业务成本""长期股权投资""在建工程""营业外支出""应付职工薪酬"等。

二、消费税账务处理

消费税的会计处理一般包括两部分，即应交消费税额的会计处理和实际缴纳消费税额的会计处理，下面分别对不同情况加以说明。

1.微课：消费税计算及账务处理
2.消费税计算及账务处理讲义

(一)直接销售消费税账务处理

企业将生产的产品直接对外销售的,对外销售产品应缴纳的消费税,通过"税金及附加"科目核算。

借:税金及附加
　　贷:应交税费——应交消费税

(二)特殊情形消费税账务处理

1.自产的应税消费品用于在建工程、非生产机构或者直接转为固定资产

自产的应税消费品用于在建工程、非生产机构或者直接转为固定资产,应于货物移送时,按同类消费品的平均销售价格计算应纳消费税和应纳增值税,按应缴纳的增值税、消费税和移送使用货物的成本之和,计入"在建工程"等成本费用类科目。

借:固定资产/在建工程/销售费用等科目
　　贷:应交税费——应交消费税

【做中学3-13】

某企业为一般纳税人,将自产的小汽车留厂自用,该车销售价为80 000元,成本价为70 000元,消费税税率为9%。

要求:请进行账务处理。

解析:该企业的账务处理如下。

借:固定资产 　　　　　　　　　　　　　　　　　　　　　87 600
　　贷:库存商品 　　　　　　　　　　　　　　　　　　　　70 000
　　　　应交税费——应交消费税 　　　　　　　　　　　　　 7 200
　　　　应交税费——应交增值税 　　　　　　　　　　　　　10 400

2.自产的应税消费品用于赞助、广告、捐赠

自产的应税消费品用于赞助、广告、捐赠应于货物移送时,按同类消费品的平均销售价格计算应纳消费税和应纳增值税,贷记"应交税费——应交消费税""应交税费——应交增值税"科目;按移送使用的货物成本,贷记"库存商品"科目;按应缴纳的增值税、消费税和移送使用货物的成本之和,计入"营业外支出""销售费用"等成本费用类科目。

借:营业外支出/销售费用等科目
　　贷:应交税费——应交消费税

【做中学3-14】

某啤酒厂为了扩大产品销路,举办了一个啤酒展览会,使用啤酒20吨,不含税售价36 000元,成本价30 000元。

要求:计算该企业应缴纳的消费税并进行账务处理。

解析:36 000÷20=1800(元/吨),出厂价在3 000元/吨以下,适用消费税定额税率220元/吨。

消费税=220×20=4 400(元)

```
借:销售费用                                                    39 080
    贷:库存商品                                                30 000
        应交税费——应交增值税(销项税额)                          4 680
        应交税费——应交消费税                                     4 400
```

3. 自产的应税消费品用于职工福利、换取资料、抵偿债务、投资入股

纳税人将自产的应税消费品用于职工福利、换取资料、抵偿债务、投资入股时,按移送应税消费品的售价或组成计税价格,贷记"主营业务收入"科目。纳税人用于职工福利的应税消费品,按同类消费品的平均销售价格计算应纳消费税;纳税人用于换取生产资料和消费资料、投资入股和抵偿债务等方面的应税消费品,应当以纳税人同类应税消费品的最高销售价格作为计税依据计算消费税。

```
借:税金及附加
    贷:应交税费——应交消费税
```

【做中学3-15】

某汽车制造公司20×5年11月8日销售小汽车10辆,每辆不含税价为10万元;15日销售同类小汽车8辆,每辆不含税价为10.5万元;25日,用自产小汽车9辆投资于某客运公司,消费税税率为3%。

要求:计算20×5年11月25日公司应缴纳的消费税并进行账务处理。

解析:25日,用自产小汽车9辆投资于某客运公司,确认的营业收入=(10×10+8×10.5)÷(10+8)×9×10 000=920 000(元)

增值税=920 000×13%=119 600(元)

消费税=9×10.5×3%×10 000=28 350(元)

```
借:长期股权投资                                              1 067 950
    贷:主营业务收入                                            920 000
        应交税费——应交增值税                                   119 600
        应交税费——应交消费税                                    28 350
```

(三)包装物押金消费税账务处理

1. 随同商品出售但单独计价的包装物

随同商品出售但单独计价的包装物,其收入贷记"其他业务收入"科目;按规定应缴纳的消费税,借记"税金及附加"科目,贷记"应交税费——应交消费税"科目,同时结转包装物的成本。

2. 出租、出借包装物逾期的押金

纳税人出租、出借包装物逾期未退还的包装物押金,应从"其他应付款"科目转入"其他业务收入"科目,并按照应缴纳的消费税,借记"税金及附加"科目,贷记"应交税费——应交消费税"科目。

(四)委托加工应税消费品消费税账务处理

委托加工的应税消费品,由受托方所在地主管税务机关代收代缴消费税税款;委托个人加工的应税消费品,由委托方向其机构所在地或者居住地主管税务机关申报纳税。

1.委托方的账务处理

委托加工的应税消费品收回后直接销售的,在销售时不再征收消费税。委托方应将受托方代收代缴的消费税计入委托加工应税消费品的成本,借记"委托加工物资"等科目,贷记"银行存款""应付账款"等科目。

委托加工的应税消费品收回后用于连续生产应税消费品按规定准予抵扣的,委托方应按代收代缴的消费税税额,借记"应交税费——应交消费税"科目,贷记"银行存款""应付账款"等科目。待加工成最终应税消费品销售时,按最终应税消费品应缴纳的消费税税额,借记"税金及附加"科目,贷记"应交税费——应交消费税"科目。

2.受托方的账务处理

受托方按应收的消费税税额,借记"银行存款""应收账款"等科目,贷记"应交税费——应交消费税"科目。

【做中学3-16】

甲企业委托乙企业加工材料一批(属于应税消费品的非黄金饰品)。原材料成本为20 000元,支付的加工费为7 000元(不含增值税),消费税税率为10%,材料加工完成并已验收入库,加工费用等已经支付。双方适用的增值税税率为13%。

要求:(1)如果甲企业收回材料后继续用于生产应税消费品,请进行账务处理。

(2)如果甲企业收回材料后直接销售,请进行账务处理。

解析:(1)发出委托加工材料的账务处理如下。

借:委托加工物资——乙企业   20 000

  贷:原材料   20 000

消费税组成计税价格=(20 000+7 000)÷(1-10%)=30 000(元)

受托方代收代缴的消费税税额=30 000×10%=3 000(元)

应交增值税税额=7 000×13%=910(元)

甲企业收回后继续用于生产应税消费品,账务处理如下。

借:委托加工物资——乙企业   7 000

  应交税费——应交增值税(进项税额)   910

      ——应交消费税   3 000

  贷:银行存款   10 910

加工完成,收回委托加工材料的账务处理如下。

原材料金额=20 000+7 000=27 000(元)

借:原材料   27 000

  贷:委托加工物资——乙企业   27 000

（2）甲企业收回后直接销售，进行的账务处理如下。

委托加工物资金额=7 000+3 000=10 000（元）

借：委托加工物资——乙企业 10 000

　　应交税费——应交增值税（进项税额） 910

　　贷：银行存款 10 910

加工完成，收回委托加工材料的账务处理如下。

原材料金额=20 000+10 000=30 000（元）

借：原材料 30 000

　　贷：委托加工物资——乙企业 30 000

（五）进口应税消费品消费税账务处理

纳税人进口应税消费品时，由海关代征的进口消费税，应计入应税消费品的成本中，根据海关完税凭证上注明的消费税税额，借记"固定资产""在途物资""库存商品""应交税费应交增值税（进项税额）"等科目，贷记"银行存款""应付账款"等科目。

（六）税费返还及消费税缴纳的账务处理

企业收到返还的消费税，应按实际收到的金额进行账务处理。

借：银行存款

　　贷：税金及附加

缴纳当月消费税时的账务处理如下。

借：应交税费——应交消费税

　　贷：银行存款等

任务四　消费税出口退税

任务引例

某具备进出口经营权的外贸企业从高档化妆品厂购买了一批化妆品，报关出口，购买化妆品取得的增值税专用发票上注明的购货金额为100 000元，增值税税额为13 000元，款项已由银行存款支付。该货物的离岸价格为15 000美元（汇率1∶7.17），该货物的退税率为11%，消费税税率为15%。

请计算消费税和增值税退税额，并进行相应的账务处理。

任务四　引例解析

ⓦ 知识储备与业务操作

一、出口应税消费品退(免)税范围

(一)出口免税并退税

有出口经营权的外贸企业购进应税消费品直接出口,以及外贸企业受其他外贸企业委托代理出口应税消费品适用出口免税并退税政策。外贸企业只有受其他外贸企业委托,代理出口应税消费品才可办理退税,外贸企业受其他企业(主要是非生产性的商贸企业)委托,代理出口应税消费品是不予退(免)税的。

1.从价定率计征消费税的退税额

从价定率计征消费税的,依据已征且未在内销应税消费品应纳税额中抵扣的购进出口货物金额计算应退消费税税款,计算公式为:

应退消费税税额=出口货物的工厂销售额×消费税税率

2.从量定额计征消费税的退税额

从量定额计征消费税的,依据已征且未在内销应税消费品应纳税额中抵扣的购进出口货物数量计算应退消费税税款,公式为:

应退消费税税额=出口数量×单位税额

3.复合计征消费税的退税额

属于复合计征消费税的,按从价定率和从量定额的计税依据分别确定。

应退消费税税额=出口货物的工厂销售额×消费税税率+出口数量×单位税额

(二)出口免税但不退税

有出口经营权的生产性企业自营出口或生产企业委托外贸企业代理出口自产的应税消费品,依据其实际出口数量免征消费税,不予办理退还消费税。免征消费税是指对生产性企业按其实际出口数量免征生产环节的消费税。不予办理退还消费税是指因已免征生产环节的消费税,该应税消费品出口时,已不含有消费税,所以无须再办理退还消费税。

(三)出口不免税也不退税

除生产企业、外贸企业外的其他企业,具体是指一般商贸企业,这类企业委托外贸企业代理出口应税消费品一律不予退(免)税。

二、出口应税消费品的退税率

计算出口应税消费品应退消费税的税率或单位税额,依据《消费税暂行条例》所附《消费税税目税率(税额)表》执行。退(免)消费税与退(免)增值税的一个重要区别是:当出口的货物是应税消费品时,其退还增值税要按规定的退税率计算,其退还消费税则按该应税消费品所适用的消费税税率计算。企业应将不同消费税税率的出口应税消费品分开核算和申报,凡划分不清适用税率的,一律从低适用税率计算应退消费税税额。

三、出口应退消费税账务处理

生产企业直接出口自产应税消费品时,按规定予以直接免税,不计算应缴消费税;免税后发生退货或退关的,也可以暂不办理补税,待其转为国内销售时,再申报缴纳消费税。

生产企业将应税消费品销售给外贸企业,由外贸企业自营出口的,按"先征后退"办法进行核算,即外贸企业从生产企业购入应税消费品时,先缴纳消费税,在产品报关出口后,再申请出口退税;退税后若发生退货或退关,应及时补缴消费税。消费税退税额冲抵"主营业务成本"科目,出口退税的账务处理如下所示。

(1)应收出口退税的账务处理。

借:其他应收款

　　贷:应交税费——应交增值税(出口退税)

　　　　主营业务成本

(2)收到出口退税的账务处理。

借:银行存款

　　贷:其他应收款

任务五　消费税征收管理及税收优惠

📋 任务引例

> A企业为增值税一般纳税人,20×5年9月5日销售部门领用了企业自产的2辆小汽车,并于9月15日正式投入使用。
>
> 请判断A企业发生上述业务的消费税纳税义务发生时间。
>
> 任务五　引例解析

Ⓦ 知识储备与业务操作

1.微课:消费税征收管理
2.纳税征收管理讲义

一、纳税义务发生时间

消费税纳税义务发生的时间,以货款结算方式或行为发生时间分别确定。

(1)纳税人销售的应税消费品,其纳税义务的发生时间为:

①税人采取赊销和分期收款结算方式的,为书面合同约定的收款日期的当天;书面合同

没有约定收款日期或者无书面合同的,为发出应税消费品的当天。

②纳税人采取预收货款结算方式的,为发出应税消费品的当天。

③纳税人采取托收承付和委托银行收款方式销售的应税消费品,为发出应税消费品并办妥托收手续的当天。

④纳税人采取其他结算方式的,为收讫销售款或者取得索取销售款凭据的当天。

(2)纳税人自产自用的应税消费品,其纳税义务的发生时间为移送使用的当天。

(3)纳税人委托加工的应税消费品,其纳税义务的发生时间为纳税人提货的当天。

(4)纳税人进口的应税消费品,其纳税义务的发生时间为报关进口的当天。

二、纳税期限

按照《消费税暂行条例》的规定,消费税的纳税期限分别为1日、3日、5日、10日、15日、1个月或者1个季度。纳税人的具体纳税期限,由主管税务机关根据纳税人应纳税额的大小分别核定。不能按照固定期限纳税的,可以按次纳税。纳税人以1个月或以1个季度为1个纳税期的,自期满之日起15日内申报纳税;以1日、3日、5日、10日或者15日为1个纳税期的,自期满之日起5日内预缴税款,于次月1日起至15日内申报纳税并结清上月应纳税款。纳税人进口应税消费品,应当自海关填发海关进口消费税专用缴款书之日起15日内缴纳税款。如果纳税人不能按照规定的纳税期限依法纳税,将按《税收征收管理法》的有关规定处理。

三、纳税期限

(1)纳税人销售的应税消费品,以及自产自用的应税消费品,除国务院财政、税务主管部门另有规定外,应当向纳税人机构所在地或者居住地的主管税务机关申报纳税。

(2)委托加工的应税消费品,除受托方为个人外,由受托方向机构所在地或者居住地的主管税务机关解缴消费税税款。

(3)进口的应税消费品,由进口人或者其代理人向报关地海关申报纳税。

(4)纳税人到外县(市)销售或者委托外县(市)代销自产应税消费品的,于应税消费品销售后,向机构所在地或者居住地主管税务机关申报纳税。

纳税人的总机构与分支机构不在同一县(市),但在同一省(自治区、直辖市)范围内,经省(自治区、直辖市)财政厅(局)、税务局审批同意,可以由总机构汇总向总机构所在地的主管税务机关申报缴纳消费税。

省(自治区、直辖市)财政厅(局)、税务局应将审批同意的结果,上报财政部、国家税务总局备案。

(5)纳税人销售的应税消费品,因质量等原因发生退货的,其已缴纳的消费税税款可予以退还。纳税人办理退税手续时,应将开具的红字增值税发票、退税证明等资料报主管税务机关备案。主管税务机关核对无误后办理退税。

四、消费税优惠政策

(一)节能环保电池免税

对无汞原电池、金属氢化物镍蓄电池(又称"氢镍蓄电池"或"镍氢蓄电池")、锂原电池、锂离子蓄电池、太阳能电池、燃料电池和全钒液流电池免征消费税。

(二)节能环保涂料免税

对施工状态下挥发性有机物(volatile organic compounds,VOC)含量低于420克/升(含)的涂料免征消费税。

思政园地:
税收政策赋
能绿色转型

(三)废弃动植物油生产纯生物柴油免税

经国务院批准,对利用废弃动物油和植物油为原料生产的纯生物柴油免征消费税。

(1)从2009年1月1日起,对同时符合下列条件的纯生物柴油免征消费税:生产原料中废弃的动物油和植物油用量所占比重不低于70%;生产的纯生物柴油符合国家《柴油机燃料调合生物柴油(BD100)》标准。

(2)对不符合本政策第(1)条规定的生物柴油,或者以柴油、柴油组分调合生产的生物柴油照章征收消费税。

(四)成品油生产企业生产自用油免征消费税

经国务院批准,对成品油生产企业生产自用油免征消费税。从2009年1月1日起,对成品油生产企业在生产成品油过程中,作为燃料、动力及原料消耗掉的自产成品油,免征消费税。对用于其他用途或直接对外销售的成品油照章征收消费税。

(五)用已税汽油生产的乙醇汽油免税

对用外购或委托加工收回的已税汽油生产的乙醇汽油免税。用自产汽油生产的乙醇汽油,按照生产乙醇汽油所耗用的汽油数量申报纳税。

作业题:消费
税征收管理

任务六 消费税纳税申报

自2021年8月1日起,增值税、消费税分别与城市维护建设税、教育费附加、地方教育附加申报表整合,启用《增值税及附加税费申报表(一般纳税人适用)》《增值税及附加税费申报表(小规模纳税人适用)》《增值税及附加税费预缴表》及其附列资料和《消费税及附加税费申报表》。

具体操作为,纳税人在申报表中填写增值税、消费税相关申报信息后,系统自动带入附加税费附列资料(附表);纳税人填写完附加税费申报信息后,系统自动带回到增值税、消费税申报主表,形成纳税人本期应缴纳的增值税、消费税和附加税费数据。上述表内信息预填均由系统自动实现。

《消费税及附加税费申报表》包括1张主表和4张通用附表,1张成品油消费税纳税人填报的专用附表、2张卷烟消费税纳税人填报的专用附表。具体报表样式和填表说明请扫二维码查看。

《消费税及附加税费申报表》填表说明

💻 工作实例解析

任务要求1和2两题的消费税计算及账务处理过程如下。

(1)消费税=500 600×5%=25 030(元)

借:应收账款	565 678
贷:主营业务收入	500 600
应交税费——应交增值税(销项税额)	65 078
借:税金及附加	25 030
贷:应交税费——应交消费税	25 030

(2)不含税加工费=89 500÷(1+13%)=79 203.54(元)

加工费进项税额=10 296.46(元)

①上个月发出原材料的账务处理过程如下。

借:委托加工物资	179 923
贷:原材料	179 923

②支付加工费的账务处理过程如下。

借:委托加工物资	79 203.54
应交税费——应交增值税(进项税额)	10 296.46
应交税费——应交消费税	14 325.50
贷:银行存款	103 825.50

③收回加工剩余的原材料的账务处理过程如下。

委托加工物资总金额=79 203.54+179 923=259 126.54(元)

借:库存商品	259 126.54
贷:委托加工物资	259 126.54

(3)消费税税额=171 906×5%=8 595.3(元)

增值税销项税额=171 906×13%=22 347.78(元)

借:银行存款	194 253.78
贷:主营业务收入	171 906
应交税费——应交增值税(进项税额)	22 347.78
借:税金及附加	8 595.30
贷:应交税费——应交消费税	8 595.30

(4)增值税销项税额=1 117 600×13%=145 288(元)

消费税税额=1 117 600×5%=55 880(元)

借:应收账款	1 262 888
贷:主营业务收入	1 117 600

```
        应交税费——应交增值税(销项税额)                      145 288
  借:税金及附加                                          55 880
    贷:应交税费——应交消费税                                55 880
  (5)消费税=3 200×136×5%=21 760(元)
  借:固定资产                                          405 500
    应交税费——应交增值税(进项税额)                        52 715
    贷:主营业务收入                                      340 006
      应交税费——应交增值税(销项税额)                      44 200.78
      银行存款                                         74 008.22
  借:税金及附加                                          21 760
    贷:应交税费——应交消费税                                21 760
```

3.填写销售汇总表(见表3-6)。

表3-6 销售汇总表

日期	公司	商品	单位	数量	单价/元	金额/元	税额/元	价税合计/元
9月2日	A公司	橡木地板	箱	4 000	125.15	500 600.00	65 078.00	565 678.00
9月8日	深圳天语	柚木地板	箱	800	214.89	171 906.00	22 347.78	194 253.78
9月22日	杭州世纪贸易	花木地板	箱	4 000	279.40	1 117 600.00	55 880.00	1 262 888.00
9月28日	杭州武鸣	橡木地板	箱	3 200	106.25	340 006.00	44 200.78	384 206.80
合计				12 000		2 130 112.00		

4.根据上述业务,进行消费税申报(见表3-7至表3-10)。

表3-7 消费税及附加税费申报表

税款所属期:20×5年9月1日至20×5年9月30日

纳税人识别号(统一社会信用代码):8213012176001120231

纳税人名称:杭州卓越有限责任公司 金额单位:元(列至角分)

项目	适用税率		计量单位	销售数量	销售额	应纳税额	操作
	定额税率	比例税率					
应税消费品名称	1	2	3	4	5	6=1×4+2×5	—
实木地板	—	5%	平方米	28 800.00	2 225 306.00	111 265.30	增加 删除
合计						111 265.30	—

	栏次	本期税费额
本期减(免)税额	7	0.00
期初留抵税额	8	0.00
本期准予扣除税额	9	14 325.50

	栏次	本期税费额
本期应扣除税额	10=8+9	14 325.50
本期实际扣除税额	11[若10<(6-7),则为10,否则为6-7]	14 325.50
期末留抵税额	12=10-11	0.00
本期预缴税额	13	0.00
本期应补(退)税额	14=6-7-11-13	96 939.80
城市维护建设税本期应补(退)税额	15	6 785.79
教育费附加本期应补(退)费额	16	2 908.19
地方教育附加本期应补(退)费额	17	1 938.80

表3-8　本期准予扣除税额计算

准予扣除项目 应税消费品名称		栏次						合计
一、本期准予扣除的委托加工应税消费品已纳税款计算	期初库存委托加工应税消费品已纳税款	1	0.00	0.00	0.00	0.00	0.00	0.00
	本期收回委托加工应税消费品已纳税款	2	14 325.50	0.00	0.00	0.00	0.00	14 325.50
	期末库存委托加工应税消费品已纳税款	3	0.00	0.00	0.00	0.00	0.00	0.00
	本期领用不准予扣除委托加工应税消费品已纳税款	4	0.00	0.00	0.00	0.00	0.00	0.00
	本期准予扣除委托加工应税消费品已纳税款	5=1+2-3-4	14 325.50	0.00	0.00	0.00	0.00	14 325.50
二、本期准予扣除的外购应税消费品已纳税款计算	(一)从价计税 期初库存外购应税消费品买价	6	0.00	0.00	0.00	0.00	0.00	0.00
	本期购进应税消费品买价	7	0.00	0.00	0.00	0.00	0.00	0.00
	期末库存外购应税消费品买价	8	0.00	0.00	0.00	0.00	0.00	0.00
	本期领用不准予扣除外购应税消费品买价	9	0.00	0.00	0.00	0.00	0.00	0.00
	适用税率	10						—
	本期准予扣除外购应税消费品已纳税款	11=(6+7-8-9)×10	0.00	0.00	0.00	0.00	0.00	0.00

续表

准予扣除项目		应税消费品名称							合计
二、本期准予扣除的外购应税消费品已纳税款计算	（二）从量计税	期初库存外购应税消费品数量	12	0.00	0.00	0.00	0.00	0.00	0.00
		本期外购应税消费品数量	13	0.00	0.00	0.00	0.00	0.00	0.00
		期末库存外购应税消费品数量	14	0.00	0.00	0.00	0.00	0.00	0.00
		本期领用不准予扣除外购应税消费品数量	15	0.00	0.00	0.00	0.00	0.00	0.00
		适用税率	16						—
		计量单位	17						—
		本期准予扣除的外购应税消费品已纳税款	18=(12+13-14-15)×16	0.00	0.00	0.00	0.00	0.00	0.00
三、本期准予扣除税款合计			19=5+11+18	14 325.50	0.00	0.00	0.00	0.00	14 325.50

表3-9　本期委托加工收回情况报告

税款所属时间：20×5年9月1日至20×5年9月30日

纳税人名称：(公章)　　　　　　　　　　　　　　　　　　　　金额单位：元(列至角分)

一、委托加工收回应税消费品代收代缴税款情况

应税消费品名称	商品和服务税收分类编码	委托加工收回应税消费品数量	委托加工收回应税消费品计税价格	适用税率		受托方已代收代缴的税款	受托方(扣缴义务人)名称	受托方(扣缴义务人)识别号	税收缴款书(代扣代收专用)号码	税收缴款书(代扣代收专用)开具日期	操作
				定额税率	比例税率						
1	2	3	4	5	6	7=3×5+4×6	8	9	10	11	12
实木地板		2 600.00	286 510.00	—				9347027059058	1367890		增加 删除

二、委托加工收回应税消费品领用存情况

应税消费品名称	商品和服务税收分类编码	上期库存数量	本期委托加工收回入库数量	本期委托加工收回直接销售数量	本期委托加工收回用于连续生产数量	本期结存数量	操作
1	2	3	4	5	6	7=3+4-5-6	8
实木地板		0.00	2 600.00	2 600.00	0.00	0.00	增加 删除

表3-10　消费税附加税费计算　　　　　金额单位:元(列至角分)

本期是否适用小微企业"六税两费"减免政策		□是 □否		减免政策适用主体	增值税小规模纳税人:□是□否				
					增值税一般纳税人:□个体工商户 □小型微利企业				
				适用减免政策起止时间	年　月至　　年　月				
税(费)种	计税(费)依据	税(费)率(%)	本期应纳税(费)额	本期减免税(费)额		小微企业"六税两费"减免政策		本期已缴税(费)额	本期应补(退)税(费)额
	消费税税额			减免性质代码	减免税(费)额	减征比例(%)	减征额		
	1	2	3=1×2	4	5	6	7=(3-5)×6	8	9=3-5-7-8
城市维护建设税	96 939.80	7%	6 785.79		0.00		0.00	0.00	6 785.79
教育费附加	96 939.80	3%	2 908.19		0.00		0.00	0.00	2 908.19
地方教育附加	96 939.80	2%	1 938.80		0.00		0.00	0.00	1 938.80
合计	—	—	11 632.78		0.00	—	0.00	0.00	11 632.78

说明:填写《消费税及附加税费申报表》主表时,销售数量=12 000×2.4=28 800(平方米)。

填写《消费税及附加税费申报表》主表时,由于9月28日存在换取固定资产的情形,消费税需要采用最高价计税,因此销售额=2 130 112-340 006+3 200×136=2 225 306(元)。

委托加工收回应税消费品数量=1 500×2.4=2 600(平方米)。

💻 实战演练

丽水永丽化妆品生产企业为增值税一般纳税人,20×5年12月发生相关业务如下。

1. 5日,向银座商场销售高档化妆品一批,开具增值税专用发票,取得不含增值税销售额30万元。

2. 7日,向宁波化发有限公司销售高档化妆品一批,开具增值税普通发票,取得含增值税销售额4.68万元。

3. 8日,向湖北南凯有限公司销售普通化妆品一批,开具增值税专用发票,取得含增值税销售额6.78万元。

4. 12日,向杭州话剧团销售上妆油、卸妆油、油彩一批,用于戏剧演员化妆表演,开具增值税普通发票,取得含增值税销售额2.32万元。

5. 20日,将一批高档化妆品用作职工福利,其生产成本为8 500元,同类产品售价为15 000元,计算该批高档化妆品应缴纳的消费税税额和增值税销项税额。

6. 25日,将一批成本价为12 000元的高档化妆品抵偿杭州嘉年华有限公司债务,但该批高档化妆品无同类产品市场销售价格,已知其成本利润率为5%。

任务要求:

1.根据上述业务,计算消费税。

2.根据上述业务,进行账务处理。

3.根据上述业务,进行消费税申报。

📋 项目小结

消费税思维导图

📋 项目测试

项目三 测试题

项目四 关税会计实务

◎ 职业能力目标

1.掌握关税的征税对象、税则等相关规定。

2.会根据业务资料计算关税完税价格和应纳关税税额。

3.掌握进出口关税税款的会计处理方法,能根据业务资料进行进出口关税税款的会计处理。

4.掌握关税征收管理相关规定,熟悉关税的减免税优惠。。

5.能根据相关业务资料填写报关单及核对海关专用缴款书。

◎ 典型工作任务

1.关税纳税人的判定,征税对象、税率的确定。

2.关税完税价格的确定及关税应纳税额的计算。

3.进出口关税会计业务的核算。

4.进出口关税报关单的填写及专用缴款书的核对。

◎ 素养提升

课程思政:爱国主义 民族精神   专创融合:跨境电商关税优化与创新创业实践

🖳 工作实例导入

(一)纳税人基础信息

公司名称:杭州丽姿化妆品有限公司

统一社会信用代码:15628768939281722

公司地址:浙江省杭州市萧山区文达路11号

基本户开户银行:中国工商银行萧山支行

基本存款账户:1102652015157072768

(二)业务资料

杭州丽姿化妆品有限公司为增值税一般纳税人,20×5年11月发生有关经营业务如下。

1. 2日,进口高档化妆品一批,该国与我国有关税互惠协定,购买价为20万元,该公司另支付入关前运费3万元,保险费1万元,化妆品消费税税率为15%,关税税率为10%,款项已支付。

2. 5日,进口普通化妆品一批,购买价为34万元,该公司另支付入关前运费3万元,保险费无法确定。化妆品关税税率为30%,款项已支付。

3. 12日,从美国进口50箱高档化妆品,每箱单价为4 000美元,运费为8 000美元,保险费为3 000美元,开户银行也已收到购货方发票,并根据已开出的银行承兑汇票付清货款,价款与开出的银行承兑汇票金额相同,以美元结算,当日汇率为1:6.6。高档化妆品的消费税税率为15%,关税税率为20%,款项已支付。

(三)任务要求

请计算上述业务应缴纳的关税、增值税、消费税,并进行账务处理。

任务一 关税基础知识

📋 任务引例

意大利某公司从南非购买100万欧元的钻石,简单切割后对外销售140万欧元,税号前四位7102不变,我国A企业购买了该批钻石,请判断该钻石的原产国。

任务一 引例解析

ⓦ 知识储备与业务操作

关税法,是指国家制定的调整关税征收与缴纳权利义务关系的法律规范。现行关税法律规范以2021年4月全国人民代表大会常务委员会修正颁布的《中华人民共和国海关法》(以下简称《海关法》)为法律依据,以《中华人民共和国关税法》《中华人民共和国进出口税则》《中华人民共和国海关入境旅客行李物品和个人邮递物品征收进口税办法》为基本法规,由负责关税政策制定和征收管理的主管部门依据基本法规拟订的管理办法和实施细则为主要内容。

一、关税纳税人和征税对象

(一)关税纳税义务人

进口货物的收货人、出口货物的发货人、进出境物品的所有人,是关税的纳税义务人。进出口货物的收、发货人是依法取得对外贸易经营权,并进口或者出口货物的法人或者其他社会团体。

进出境物品的所有人包括该物品的所有人和推定为所有人的人。具体包括:

(1)对于携带进境的物品,推定其携带人为所有人;

(2)对分离运输的行李,推定相应的进出境旅客为所有人;

(3)对以邮递方式进境的物品,推定其收件人为所有人;

(4)以邮递或其他运输方式出境的物品,推定其寄件人或托运人为所有人。

提示:一般而言,进口货物关税的纳税人也是进口货物增值税的纳税人。若进口货物属于消费税应税消费品,纳税人还需要缴纳消费税;若进口小汽车用于自用,则还需要缴纳车辆购置税。

1. 微课:关税的基础知识

2. 关税基础知识讲义

(二)关税征税对象

关税是依法对进出境货物、物品征收的一种税。所谓"境"是指关境,又称"海关境域"或"关税领域",是国家《海关法》全面实施的领域。通常情况下,一国关境与国境是一致的,包括国家全部的领土、领海、领空。但当某一国家在国境内设立了自由港或自由贸易区时,这些区域就处在关境之外,这时该国的关境小于其国境。

关税的征税对象是准许进出境的货物和物品。货物是指贸易性商品;物品是指入境旅客随身携带的行李物品、个人邮递物品、各种运输工具上的服务人员携带进口的自用物品、馈赠物品以及其他方式进境的个人物品。

二、关税税则

(一)进出口税则概况

进出口税则是一国政府根据国家关税政策和经济政策,通过一定的立法程序制定公布实施的进出口货物和物品应税的关税税率表。进出口税则以税率表为主体,通常还包括实施税则的法令、适用税则的有关说明和附录等。进出口税则是我国海关凭以征收关税的法律依据,也是我国关税政策的具体体现。我国现行税则包括进口税则、出口税则,以及规则与说明。

(二)进口关税税则

1.进口关税税率

自2002年1月1日起,我国进口税则设有最惠国税率、协定税率、特惠税率、普通税率、暂定税率、配额税率等税率形式,对进口货物在一定期限内可以实行暂定税率。适用最惠国税率、协定税率、特惠税率的国家或者地区名单,由国务院关税税则委员会决定,报国务院批准后执行。

思政园地:轮胎关税战的启示

(1)**最惠国税率**。最惠国税率适用原产于与我国共同适用最惠国待遇条款的世界贸易组织成员的进口货物,或原产于与我国签订有相互给予最惠国待遇条款的双边贸易协定的国家或地区进口的货物,以及原产于我国境内的进口货物。

(2)**协定税率**。协定税率适用原产于与我国签订含有关税优惠条款的区域性贸易协定的国家或地区的进口货物。

(3)**特惠税率**。特惠税率适用原产于与我国签订含有特殊关税优惠条款的贸易协定的国家或地区的进口货物。按照我国给予最不发达国家部分产品零关税待遇的有关承诺,我国近年来不断扩大与我国建交的最不发达国家输华零关税特惠待遇的产品范围。

职教出海:1.共建"一带一路"国家投资税务架构设计 2.RCEP协定下的原产地规则应用

(4)**普通税率**。普通税率适用于原产于上述国家或地区以外的其他国家或地区的进口货物,以及原产地不明的进口货物。按照普通税率征税的进口货物,经国务院关税税则委员会特别批准,可以适用最惠国税率。

(5)**暂定税率**。暂定税率是在进出口税则规定的进口优惠税率基础上,对进口的某些重要的工农业生产原材料和机电产品关键部件(但只限于从与中国订有关税互惠协议的国家和地区进口的货物)和出口的特定货物实施的更为优惠的关税税率。

(6)**配额税率**。配额税率是指对实行关税配额管理的进口货物,关税配额内的,适用关税配额税率;关税配额外的,按不同情况分别适用于最惠国税率、协定税率、特惠税率或普通税率。

提示:进口税率的选择使用与原产地有直接关系,基本采用"全部产地生产标准""实质性加工标准"两种国际上通用的原产地标准。实质性加工标准是确定两个或两个以上国家参与生产的产品的原产国的标准,以最后一个具备实质性加工的国家为原产国。实质性加工是指:加工后,税则4位归类发生改变;加工增值部分占新产品总值超过30%的。

2.进口货物税率适用规则

(1)暂定税率优先适用于优惠税率或最惠国税率,所以适用最惠国税率的进口货物有暂定税率的,适用暂定税率;当最惠国税率低于或等于协定税率时,协定有规定的,按相关协定的规定执行;协定无规定的,两者从低适用。适用协定税率、特惠税率的进口货物有暂定税率的,应当从低适用税率。

(2)按照有关法律、行政法规的规定,对进口货物采取反倾销、反补贴、保障措施的,其税率的适用按照《中华人民共和国反倾销法》《中华人民共和国反补贴法》和《中华人民共和国保障措施条例》的有关规定执行。

3.进境物品税率

自2019年4月9日起,除另有规定外,我国对准予应税进口的旅客行李物品、个人邮寄物品以及其他个人自用物品,均由海关按照《中华人民共和国进境物品进口税税率表》的规

定,征收进口关税、代征进口环节增值税和消费税等进口税。

(三)出口关税税则

我国出口税则为一栏税率,即出口税率。国家仅对少数资源性产品及易于竞相杀价、盲目进口、需要规范出口秩序的半制成品征收出口关税。

作业题:关税基础知识

任务二 关税税款计算

📝 任务引例

某公司从境外进口小轿车30辆,每辆小轿车的货价为15万元,运抵我国海关前发生的运输费用、保险费用无法确定,经海关查实其他运输公司相同业务的运输费用占货价的比例为2%。关税税率为60%,消费税税率为9%。

请计算小轿车进口环节应缴纳的关税、增值税和消费税。

任务二 引例解析

ⓦ 知识储备与业务操作

一、关税完税价格的确定

(一)一般进口货物的完税价格

《海关法》规定,**进口货物的完税价格包括货物的货价、货物运抵我国境内输入地点起卸前的运输及其相关费用、保险费**。进口货物完税价格的确定方法大致可以划分为两类:一类是以进口货物的成交价格为基础进行调整,从而确定进口货物完税价格的估价方法(以下称"成交价格估价方法");另一类则是在进口货物的成交价格不符合规定条件或者成交价格不能确定的情况下,海关用以审查确定进口货物完税价格的估价方法(以下称"进口货物海关估价方法")。

1.成交价格估价方法

进口货物的成交价格,是指卖方向我国境内销售该货物时买方为进口该货物向卖方实付、应付的,并且按照《中华人民共和国海关审定进出口货物完税价格办法》(以下简称《完税价格办法》)有关规定调整后的价款总额,包括直接支付的价款和间接支付的价款。

(1)应计入完税价格的项目。

采用成交价格估价方法,以成交价格为基础审查确定进口货物的完税价格时,未包括在该货物实付、应付价格中的下列费用或者价值应当计入完税价格。

①由买方负担的除购货佣金以外的佣金和经纪费。购货佣金是指买方为购买进口货物向自己的采购代理人支付的劳务费用。经纪费是指买方为购买进口货物向代表买卖双方利益的经纪人支付的劳务费用。

1 微课：关税的计算
2 关税的计算讲义

②由买方负担的与该货物视为一体的容器费用。

③由买方负担的包装材料费用和包装劳务费用。

④与进口货物的生产和向中华人民共和国境内销售有关的，由买方以免费或者以低于成本的方式提供，并且可以按适当比例分摊的下列货物或者服务的价值：进口货物包含的材料、部件、零件和类似货物；在生产进口货物过程中使用的工具、模具和类似货物；在生产进口货物过程中消耗的材料；在境外进行的为生产进口货物所需的工程设计、技术研发、工艺及制图等相关服务。

⑤与该货物有关并作为卖方向我国销售该货物的一项条件，应当由买方向卖方或者有关方直接或间接支付的特许权使用费。特许权使用费是指进口货物的买方为取得知识产权权利人及权利人有效授权人关于专利权、商标权、专有技术、著作权、分销权或者销售权的许可或者转让而支付的费用。

⑥卖方直接或间接从买方对该货物进口后销售、处置或使用所得中获得的收益。

纳税义务人应当向海关提供上列所述费用或者价值的客观量化数据资料。如果纳税义务人不能提供，海关与纳税义务人进行价格磋商后，按照《完税价格办法》列明的海关估价方法审查确定完税价格。

【做中学4-1】

某企业从境外进口一批货物，货物价款为25万元（折合为人民币，下同），货物运抵我国境内输入地点起卸前发生运费3万元、保险费1万元，企业向自己的采购代理人支付购货佣金0.5万元，支付卖方佣金2万元。已知该货物进口关税税率为10%。

要求：计算该企业进口该批货物的关税完税价格。

解析：关税完税价格=25+3+1+2=31（万元）

(2)不计入完税价格的项目。

进口货物的价款中单独列明的下列税收、费用，不计入该货物的完税价格。

①厂房、机械或者设备等货物进口后发生的建设、安装、装配、维修或者技术援助费用，但是保修费用除外。

②进口货物运抵我国境内输入地点起卸后发生的运输及其相关费用、保险费。

③进口关税、进口环节海关代征税及其他国内税。

④为在境内复制进口货物而支付的费用。

⑤境内外技术培训及境外考察费用。

⑥同时符合下列条件的利息费用（利息费用是买方为购买进口货物而融资所产生的费用）：有书面的融资协议的；利息费用单独列明的；纳税义务人可以证明有关利率不高于在融资当时当地此类交易通常应当具有的利率水平，且没有融资安排的相同或者类似进口货物的价格与进口货物的实付、应付价格非常接近的。

(3)完税价格中运输费、保险费的确定。

①进口货物的运输及其相关费用,应当按照由买方实际支付或者应当支付的费用计算。如果进口货物的运输及其相关费用无法确定的,海关应当按照该货物进口同期的正常运输成本审查确定。运输工具作为进口货物,利用自身动力进境的,海关在审查确定完税价格时,不再另行计入运输及其相关费用。

②进口货物的保险费应当按照实际支付的费用计算。如果进口货物的保险费无法确定或者未实际发生的,海关应当按照"货价加运费"两者总额的0.3%计算保险费,其计算公式为:

保险费=(货价+运费)×3‰

③邮运进口的货物,应当以邮费作为运输及其相关费用、保险费。

【做中学4-2】

某企业通过海运进口一批货物,海关审定货价折合人民币5 000万元,运抵我国输入地点起卸前的运费折合人民币20万元,保险费无法查明。进口关税税率为5%。

要求:计算该企业应缴纳的关税。

解析:完税价格=(5000+20)×(1+3‰)=5 035.06(万元)

2.进口货物海关估价方法

进口货物的成交价格不符合规定条件或者成交价格不能确定的,海关经了解有关情况,并且与纳税义务人进行价格协商后,依次以相同货物成交价格估价方法、类似货物成交价格估价方法、倒扣价格估价方法、计算价格估价方法及其他合理方法审查确定该货物的完税价格。纳税义务人向海关提供有关资料后,可以提出申请,颠倒倒扣价格估价方法和计算价格估价方法的适用次序。

(1)相同货物成交价格估价方法。

相同货物成交价格估价方法是指海关以与进口货物同时或者大约同时向中华人民共和国境内销售的相同货物的成交价格为基础,审查确定进口货物的完税价格的估价方法。上述"相同货物",是指与进口货物在同一国家或地区生产的,在物理性质、质量和信誉等所有方面都相同的货物,但允许表面微小差异存在。"大约同时",是指海关接受货物申报之日的大约同时,最长不应当超过前后45日。

(2)类似货物成交价格估价方法。

类似货物成交价格估价方法是指海关以与进口货物同时或者大约同时向中华人民共和国境内销售的类似货物的成交价格为基础,审查确定进口货物的完税价格的估价方法。

(3)倒扣价格估价方法。

倒扣价格估价方法是指海关以进口货物、相同或者类似进口货物在境内的销售价格为基础,扣除境内发生的关税、运费、保险费、利润等相关规定的费用后,审查确定进口货物完税价格的估价方法。按照倒扣价格估价方法审查确定进口货物的完税价格时,如果进口货物、相同或者类似货物没有在海关接受进口货物申报之日前后45日内在境内销售,可以将在境内销售的时间延长至接受货物申报之日前后90日内。

（4）计算价格估价方法。

海关以下列各项的总和为基础，审查确定进口货物完税价格的估价方法：①生产该货物所使用的料件成本和加工费用；②向境内销售同等级或者同种类货物通常的利润和一般费用；③该货物运抵境内输入地点起卸前的运输及相关费用、保险费。

（5）合理估价方法。

当海关使用上述任何一种估价方法都无法确定海关估价时，应遵循客观、公平、统一的原则，以客观量化的数据资料为基础审查确定进口货物完税价格。

（二）特殊进口货物的完税价格

1.运往境外修理的货物

运往境外修理的机械器具、运输工具或其他货物，出境时已向海关报明，并在海关规定期限内复运进境的，应当以境外修理费和物料费为基础审查确定完税价格。

2.运往境外加工的货物

运往境外加工的货物，出境时已向海关报明，并在海关规定期限内复运进境的，应当以境外加工费、料件费、复运进境的运输及相关费用、保险费为基础审查确定完税价格。

【做中学4-3】

20×5年9月，某公司将货物运往境外加工，出境时已向海关报明，并在海关规定期限内复运进境。已知货物价值152万元，境外加工费和料件费为35万元，复运进境运费为1万元，保险费为0.5万元。关税税率为20%。

要求：计算该业务的关税完税价格。

解析：关税完税价格=35+1+0.5=36.5（万元）

3.暂时进境的货物

经海关批准暂时进境的货物，应当按照一般进口货物完税价格确定的有关规定，审查确定完税价格。

4.租赁方式进口的货物

租赁方式进口的货物中，按照下列方法审查确定完税价格：①以租金方式对外支付的租赁货物，在租赁期间以海关审定的租金作为完税价格，利息应当予以计入；②留购的租赁货物，以海关审定的留购价格作为完税价格；③承租人申请一次性缴纳税款的，可以选择按照"进口货物海关估价方法"的相关内容确定完税价格，或者按照海关审查确定的租金总额作为完税价格。

5.留购的进口货样

对于境内留购的进口货样、展览品和广告陈列品，以海关审定的留购价格作为完税价格。

6.予以补税的减免税货物

由海关监管使用的减免税进口货物，在监管年限内转让或移作他用需要补税的，应当以海关审定的该货物原进口时的价格,扣除折旧部分价值作为完税价格。特定地区、特定企业或者具有特定用途的特定减免税进口货物,监管年限依次为:船舶、飞机8年;机动车辆6年;其他货物3年。

7.不存在成交价格的进口货物

易货贸易、寄售、捐赠、赠送等不存在成交价格的进口货物,由海关与纳税人进行价格磋商后,按照"进口货物海关估价方法"的规定,估定完税价格。

(三)出口货物的完税价格

1.以成交价格为基础的完税价格

出口货物的完税价格,由海关以该货物的成交价格为基础审查确定,并且应当包括货物运至我国境内输出地点装载前的运输及其相关费用、保险费。出口货物的成交价格,是指该货物出口销售时,卖方为出口该货物应当向买方直接收取和间接收取的价款总额。

下列税收、费用不计入出口货物的完税价格:

(1)出口关税;

(2)在货物价款中单独列明的货物运至我国境内输出地点装载后的运输及其相关费用、保险费。

完税价格=离岸价÷(1+出口关税税率)

【做中学4-4】

某企业直接对外出口产品一批,离岸价为100万元,出口关税税率为10%。

要求:计算出口关税完税价格。

解析:出口关税完税价格=100÷(1+10%)=90.9(万元)

2.由海关估价的完税价格

出口货物的成交价格不能确定时,海关经了解有关情况,并且与纳税义务人进行价格磋商后,依次以下列价格审查确定该货物的完税价格:

(1)同时或者大约同时向同一国家或者地区出口的相同货物的成交价格;

(2)同时或者大约同时向同一国家或者地区出口的类似货物的成交价格;

(3)根据境内生产相同或者类似货物的成本、利润和一般费用、境内发生的运输及其相关费用、保险费计算所得的价格;

(4)按照合理方法估定的价格。

二、关税应纳税额的计算

(一)从价税应纳税额的计算

从价税是一种最常用的关税计税标准。它是以货物的完税价格为依据。计算公式为:

关税税额=应税进(出)口货物数量×单位完税价格×税率

(二)从量税应纳税额的计算

从量税是以货物的数量、重量、体积、容量等计量单位为计税标准,以每计量单位货物的应征税额为税率。我国目前对原油、啤酒和胶卷等进口商品征收从量税。计算公式为:

关税税额=应税进(出)口货物数量×单位货物税额

(三)复合税应纳税额的计算

复合税是对某种进口货物同时使用从价和从量计征的一种计税方法。我国目前仅对录像机、放像机、摄像机、数字照相机和摄录一体机等进口商品征收复合税。计算公式为:

关税税额=应税进(出)口货物数量×单位货物税额+应税进(出)口货物数量×单位完税价格×税率

(四)滑准税应纳税额的计算

滑准税是根据货物的不同价格适用不同税率的一类特殊的从价关税。它是一种关税税率随进口货物价格由高至低而由低至高设置计征关税的方法。滑准税的特点是可保持实行滑准税商品的国内市场价格的相对稳定,而不受国际市场价格波动的影响。计算公式为:

关税税额=应税进(出)口货物数量×单位完税价格×滑准税税率

【做中学4-5】

某公司20×5年8月从法国进口一批高档化妆品,这批化妆品的货价为100万元,在法国境内发生的运输保险费共20万元,运抵我国海关前发生了10万元运费、6万元保险费和4万元其他费用。适用20%的关税税率,15%的消费税税率。

要求:计算应缴纳关税的金额。

解析:关税完税价格=(100+20+10+6+4)×20%=28(万元)

作业题:关税税款计算

任务三　关税会计核算

🖧 任务引例

A进出口公司代理B公司出口设备一批,该商品的离岸价折合人民币50万元,出口关税税率为15%,手续费为2万元。

请对A进出口公司上述业务进行账务处理。

任务三　引例解析

知识储备与业务操作

一、会计科目的设置

为正确反映和核算自营进出口业务的关税,根据具体的进口业务和出口业务,纳税人可以在"应交税费"科目中设置"应交进口关税"和"应交出口关税"两个二级明细科目,其贷方分别登记应缴纳的进口和出口关税,借方登记分别已缴纳的进口和出口关税;期末贷方余额分别反映应缴未缴的进口和出口关税,期末借方余额分别反映多缴的进口和出口关税。纳税人也可以不设置"应交税费——应交进口关税"和"应交税费——应交出口关税"科目,在实际缴纳进口关税时,直接借记"在途物资""原材料"等科目,贷记"银行存款"科目;在实际缴纳出口关税时,直接借记"税金及附加"等科目,贷记"银行存款"等科目。

为了正确反映和核算代理进出口业务的关税、增值税和消费税,应设置"应交税费——代收代交进口关税""应交税费——代收代交进口增值税(进项税额)""应交税费——代收代交进口增值税(销项税额)""应交税费——代收代交进口消费税"科目。一般纳税人采用简易计税方法则为"应交税费——代收代交出口增值税简易计税",小规模纳税人则为"应交税费——代收代交出口增值税"。

二、账务处理实务

(一)自营进出口关税的账务处理

自营进出口是指由有进出口自营权的企业办理对外洽谈和签订进出口合同,执行合同全过程,并自负进出口盈亏。

1.自营进口关税账务处理

企业自营进口商品计算应纳关税税额时的账务处理过程如下。

借:在途物资等
  贷:应交税费——应交进口关税

实际缴纳进口关税时的账务处理过程如下。

借:应交税费——应交进口关税
  贷:银行存款

1.微课:关税的账务处理
2.关税的账务处理讲义

进口时直接支付关税的,也可不通过"应交税费——应交进口关税"科目核算,而是将其与进口货物的价款、国外运费、装卸费、保险费、国内运费一并计入进口货物的采购成本。其账务处理过程如下。

借:在途物资等
  贷:银行存款

【做中学4-6】

要求:接【做中学4-5】的资料,请对该自营进口业务进行账务处理。

解析:关税完税价格=(100+20+10+6+4)×20%=28(万元)

应纳进口关税=28×20%=5.6(万元)

组成计税价格=(28+5.6)÷(1−15%)=39.53(万元)

应纳进口环节消费税=39.53×15%=5.93(万元)

应纳进口环节增值税=39.53×13%=5.14(万元)

(1)支付高档化妆品货款100万元。

借:在途物资	1 000 000	
贷:银行存款		1 000 000

(2)支付运费、保险费、其他费用。

借:在途物资	400 000	
贷:银行存款		400 000

(3)计提应纳进口关税和进口环节消费税时的账务处理。

借:在途物资	115 300	
贷:应交税费——应交进口关税		56 000
——应交消费税		59 300

(4)缴纳进口关税、进口环节消费税、进口环节增值税时的账务处理。

借:应交税费——应交进口关税	56 000	
——应交消费税	59 300	
——应交增值税(进项税额)	51 400	
贷:银行存款		166 700

(5)货物验收入库时的账务处理。

借:库存商品	1 515 300	
贷:在途物资		1 515 300

2.自营出口关税账务处理

征收出口关税的货物项目很少,主要为少数资源性产品及易于竞相杀价、盲目出口、需要规范出口秩序的半制成品。企业自营出口业务的关税,通过"应交税费——应交出口关税"等科目进行会计核算。

企业自营出口商品计算应纳关税税额时的账务处理过程如下。

借:税金及附加

　　贷:应交税费——应交出口关税

实际缴纳出口关税时的账务处理过程如下。

借:应交税费——应交出口关税

　　贷:银行存款

企业自营出口业务的关税,也可以不通过"应交税费——应交出口关税"科目,而是直接借记"税金及附加"科目,贷记"银行存款"科目。

【做中学4-7】

某企业直接对外出口产品一批,离岸价为300万元,出口关税税率为15%。

要求:针对关税进行账务处理。

解析:应纳出口关税税额=3 000 000÷(1+15%)×15%=391 304.3(元)

(1)出口产品时的账务处理。

借:税金及附加   391 304.3

    贷:应交税费——应交出口关税   391 304.3

(2)缴纳出口关税时的账务处理。

借:应交税费——应交出口关税   391 304.3

    贷:银行存款   391 304.3

(二)代理进出口关税的账务处理

代理进出口业务是受托方(一般为进出口公司)接受委托方(一般为工业企业)的委托,办理对外洽谈和签订进出口合同,执行合同并办理运输、开证、付汇全过程的进出口业务。受托企业不负担进出口盈亏,一般不垫付货款,只按规定收取一定比例的手续费。因进出口货物而缴纳的进口关税仍应由委托方负担,受托方只是代缴进出口关税,日后要与委托方结算。

受托企业进出口商品计算应纳关税时的账务处理。

借:应收账款等

    贷:应交税费——代收代缴进(出)口关税

代缴进出口关税时的账务处理。

借:应交税费——代收代缴进(出)口关税

    贷:银行存款

收到委托单位的税款时的账务处理。

借:银行存款

    贷:应收账款

【做中学4-8】

A进出口公司于20×5年11月接受B生产企业的委托进口货物一批,货物为非应税消费品,B公司支付预付款2 700 000元人民币,已汇入A进出口公司的银行存款账户。该进口货物的货价、货物运抵我国境内输入地点起卸前的运输及其相关费用、保险费合计为300 000美元。该进口货物适用的进口关税税率为10%,进口增值税税率为13%,当日的外汇牌价为1美元=7元人民币。A进出口公司按关税完税价格的2%从B公司收取代理手续费(含增值税),并向B公司开具增值税专用发票。现该批商品已运达,向委托单位办理结算,A进出口公司和B公司均为增值税一般纳税人。

要求:(1)计算A进出口公司应代收代缴的进口关税、进口环节增值税。

(2)计算A进出口公司的代理手续费及增值税销项税额。

(3)对A进出口公司的上述业务进行账务处理。

解析:(1)关税完税价格=300 000×7=2 100 000(元)

应纳进口关税=2 100 000×10%=210 000(元)

应纳进口环节增值税=2 100 000×(1+10%)×13%=300 300(元)

(2)代理手续费=2 100 000×2%=42 000(元)

A进出口公司收取代理手续费应计提的增值税销项税额=42 000÷(1+6%)×6%=2 377.36(元)

(3)账务处理过程如下所示。

①收到委托方B公司划来的进口货款时的账务处理。

借:银行存款   2 700 000
　　贷:应付账款——B公司   2 700 000

②向外方支付货款时的账务处理。

借:应付账款——外商   2 100 000
　　贷:银行存款   2 100 000

③计提应代收代缴的进口关税和进口环节增值税时的账务处理。

借:应付账款——B公司   510 300
　　贷:应交税费——代收代缴进口关税   210 000
　　　　　　——代收代缴进口增值税(进项税额)   300 300

④缴纳代收的进口关税和进口环节增值税时的账务处理。

借:应交税费——代收代缴进口关税   210 000
　　　　　——代收代缴进口增值税(进项税额)   300 300
　　贷:银行存款   510 300

⑤确认代理进口业务的手续费时的账务处理。

借:应付账款——B公司   42 000
　　贷:主营业务收入   39 622.64
　　　　应交税费——应交增值税(销项税额)   2 377.36

⑥将B公司剩余的进口货款退回时的账务处理。

退回金额=2 700 000-2 100 000-510 300-42 000=47 700(元)

借:应付账款——B公司   47 700
　　贷:银行存款   47 700

提示:这里使用"合同负债""应付账款"或"应收账款"都是可以的,都是作为过渡账户进行核算的。

任务四　关税征收管理及税收优惠

任务引例

　　某公司进口一批货物,海关于20×5年11月1日填发税款缴款书,但公司迟至11月27日才缴纳500万元的关税。

　　要求:计算海关应征收该公司的关税滞纳金。

任务四　引例解析

知识储备与业务操作

1. 微课:关税的征收管理及减免税
2. 关税征收管理及减免税讲义

一、关税征收管理

(一)关税申报

进口货物的纳税义务人应当自运输工具申报进境之日起14日内,出口货物的纳税义务人除海关特准的以外,应当在货物运抵海关监管区后、装货的24小时以前,向货物的进出境地海关申报,海关根据税则归类和完税价格计算应缴纳的关税和进口环节代征税,并填发税款缴款书。

(二)关税缴纳

纳税义务人应当自海关填发税款缴款书之日起15日内,向指定银行缴纳税款。如关税缴款期限届满日遇星期六、星期日等休息日或者法定节假日,则关税缴纳期限顺延至休息日或者法定节假日之后的第1个工作日。为方便纳税义务人,经申请且海关同意,进(出)口货物的纳税义务人可以在设有海关的指运地(启运地)办理海关申报、纳税手续。

思政园地:从关税征管看诚信纳税与社会责任

关税纳税义务人因不可抗力或者在国家税收政策调整的情形下,不能按期缴纳税款的,经依法提供税款担保后,可以延期缴纳税款,**但最长不得超过6个月。**

(三)关税的强制执行

纳税义务人未在关税缴纳期限内缴纳税款,即构成关税滞纳。为保证海关征收关税决定的有效执行和国家财政收入的及时入库,《海关法》赋予海关对滞纳关税的纳税义务人强制执行的权利。强制措施主要有以下两类。

1.征收关税滞纳金

滞纳金自关税缴纳期限届满滞纳之日起,至纳税义务人缴纳关税之日止,按滞纳税款万

分之五的比例按日征收,休息日或法定节假日不予扣除。具体计算公式为:

关税滞纳金金额=滞纳关税税额×滞纳金征收比率×滞纳天数

2.强制征收

如果纳税义务人自缴纳税款期限届满之日起3个月仍未缴纳税款,经直属海关关长或者其授权的隶属海关关长批准,海关可以采取强制扣缴、变价抵缴等强制措施。强制扣缴即海关书面通知纳税义务人开户银行或者其他金融机构从其存款中扣缴税款。变价抵缴即海关将纳税义务人的应税货物依法变卖,或者扣留并依法变卖其价值相当于应纳税款的货物或者其他财产,以变卖所得抵缴税款。

(四)关税退还

关税退还是关税纳税义务人按海关核定的税额缴纳关税后,出于某种原因,海关将实际征收多于应当征收的税额(称为溢征关税)退还给原纳税义务人的一种行政行为。

海关多征的税款,海关发现后应当立即退还;纳税义务人发现多缴税款的,自缴纳税款之日起1年内,可以以书面形式要求海关退还多缴的税款并加算银行同期活期存款利息;海关应当自受理退税申请之日起30日内查实并通知纳税义务人办理退还手续。此外,有下列情形之一的,纳税义务人自缴纳税款之日起1年内,可以申请退还关税,并应当以书面形式向海关说明理由,提供原缴款凭证及相关资料。

(1)已征进口关税的货物,出于品质或者规格原因,原状退货复运出境的。

(2)已征出口关税的货物,出于品质或者规格原因,原状退货复运进境,并已重新缴纳因出口而退还的国内环节有关税收的。

(3)已征出口关税的货物,因故未装运出口,申报退关的。

海关应当自受理退税申请之日起30日内查实并通知纳税义务人办理退还手续;纳税义务人应当自收到通知之日起3个月内办理有关退税手续。

提示:第1项和第2项规定强调的是,"出于货物品质或者规格原因,原状复运进境或者出境的"。如果属于其他原因且不能以原状复运进境或者出境的,不能退税。

(五)关税补征和追征

补征和追征是海关在关税纳税义务人按海关核定的税额缴纳关税后,发现实际征收税额少于应当征收的税额(称为短征关税)时,责令纳税义务人补缴所差税款的一种行政行为。**海关法根据短征关税的原因,将海关征收原短征关税的行为分为补征和追征两种。**由于纳税人违反海关规定造成短征关税的,称为追征;非因纳税人违反海关规定造成短征关税的,称为补征。

根据相关规定,进出境货物和物品放行后,海关发现少征或者漏征税款,应当自缴纳税款或者货物、物品放行之日起1年内,向纳税义务人补征税款;因纳税义务人违反规定而造成的少征或者漏征的税款,海关可以自纳税义务人缴纳税款或者货物、物品放行之日起3年以内追征,并从缴纳税款或者货物、物品放行之日起按日加收少征或者漏征税款万分之五的滞纳金。

提示：区分关税追征和补征的目的是区别不同情况适用不同的征收时效,超过时效规定的期限,海关就丧失了追补关税的权利。

二、关税优惠政策

关税优惠政策分为法定减免税、特定减免税、暂时免税和临时减免税。根据《海关法》规定,除法定减免税外的其他减免税均由国务院决定。

(一)法定减免税

法定减免税是税法中明确列出的减税或免税。符合税法规定可予减免税的进出口货物,纳税义务人无须提出申请,海关可按规定直接予以减免税。海关对法定减免税货物一般不进行后续管理。

(1)下列进出口货物、物品予以免税:①关税税额在人民币50元以下的一票货物;②无商业价值的广告品和货样;③外国政府、国际组织无偿赠送的物资;④进出境运输工具装载的途中必需的燃料、物料和饮食用品;⑤在海关放行前损失的货物。

思政园地:从关税优惠看"一带一路"倡议的全球担当

(2)有下列情形之一的进口货物、物品,海关可以酌情减免关税:①在海关放行前遭受损坏的货物,可以根据海关认定的受损程度减征关税;②我国缔结或者参加的国际条约规定减征、免征关税的货物、物品,按照规定予以减免关税;③法律规定减征、免征关税的其他货物、物品。

(二)特定减免税

特定减免税也称政策性减免税。在法定减免税之外,国家按照国际通行规则和我国实际情况,制定发布的有关进出口货物减免关税的政策,称为特定减免税或政策性减免税。特定减免税货物一般有地区、企业和用途的限制,海关需要进行后续管理,也需要进行减免税统计。特定减免范围包括科教用品、残疾人专用品、慈善捐赠物、重大技术装备、支持集成电路产业和软件产业发展进口货物、支持新型显示产业发展进口货物、民用航空维修用航空器材、抗艾滋病病毒药物等。

(三)暂时免税

暂时进境或者暂时出境的下列货物,在进境或者出境时纳税义务人向海关缴纳相当于应纳税款的保证金或者提供其他担保的,可以暂不缴纳关税,并应当自进境或者出境之日起6个月内复运出境或者复运进境;需要延长复运出境或者复运进境期限的,纳税义务人应当根据海关总署的规定向海关办理延期手续。

暂时免税的货物具体包括:①在展览会、交易会、会议及类似活动中展示或者使用的货物;②文化、体育交流活动中使用的表演、比赛用品;③进行新闻报道或者摄制电影、电视节目使用的仪器、设备及用品;④开展科研、教学、医疗活动使用的仪器、设备及用品;⑤在上述第1项至第4项所列活动中使用的交通工具及特种车辆;⑥货样;⑦供安装、调试、检测设备时使用的仪器、工具;⑧盛装货物的容器;⑨其他用于非商业目的的货物。

(四)临时减免税

临时减免税是指以上法定和特定减免税以外的其他减免税,即由国务院根据《海关法》对某个单位、某类商品、某个项目或某批进出口货物的特殊情况,给予特别照顾,一案一批,专文下达的减免税。一般受单位、品种、期限、金额或数量等限制,不能比照执行。

任务五 报关及关税缴纳

一、进出口货物报关

进口货物的纳税义务人应当自运输工具申报进境之日起14日内,出口货物的纳税义务人除海关特准的以外,应当在货物运抵海关监管区后、装货的24小时以前,向货物的进出境地海关如实填写进出口货物报关单。

1. 进出口货物报关单
2. 海关进出境货物备案清单
3. 进出口货物报关单填制规范

进出口货物报关时应当提交以下材料:①进出口货物报关单;②合同;③发票;④装箱清单;⑤载货清单(舱单);⑥提(运)单;⑦代理报关授权委托协议;⑧进出口许可证件;⑨海关要求的加工贸易手册(纸质或电子数据的)及其他进出口有关单证。

二、关税缴纳

进口货物通关后,海关根据税则归类和完税价格计算应缴纳的关税和进口环节代征税,并填发税款缴款书。增值税专用缴款书样式请扫码查看。

增值税专用缴款书

纳税人取得专用缴款书后,应该核对缴款单位信息,确保与公司信息一致;核对货物信息,确保与进口货物一致;核对税额信息,确保税率和税额正确。

纳税义务人应当自海关填发税款缴款书之日起15日内,向指定银行缴纳税款。如关税缴款期限届满日遇星期六、星期日等休息日或者法定节假日,则关税缴纳期限顺延至休息日或者法定节假日之后的第1个工作日。为方便纳税义务人,经申请且海关同意,进(出)口货物的纳税义务人可以在设有海关的指定地(启运地)办理海关申报、纳税手续。

关税纳税义务人因不可抗力或者在国家税收政策调整的情形下,不能按期缴纳税款的,经依法提供税款担保后,可以延期缴纳税款,但最长不得超过6个月。

📖 工作实例解析

1.业务1的计算及账务处理。

关税完税价格=20+3+2=25(万元)

应纳的关税=25×10%=2.5(万元)

组成计税价格=(24+2.5)÷(1−15%)=31.18(万元)

进口环节应缴纳的增值税=31.18×13%=4.05(万元)

进口环节应缴纳的消费税=31.18×15%=4.68(万元)

(1)支付高档化妆品货款20万元时的账务处理。

借:在途物资   200 000

　　贷:银行存款   200 000

(2)支付运费、保险费时的账务处理。

借:在途物资   50 000

　　贷:银行存款   50 000

(3)计提应纳进口关税和进口环节消费税时的账务处理。

借:在途物资   71 800

　　贷:应交税费——应交进口关税   25 000

　　　　　　——应交消费税   46 800

(4)缴纳进口关税、进口环节消费税、进口环节增值税时的账务处理。

借:应交税费——应交进口关税   25 000

　　　　　——应交消费税   46 800

　　　　　——应交增值税(进项税额)   40 500

　　贷:银行存款   112 300

(5)货物验收入库时的账务处理。

借:库存商品   321 800

　　贷:在途物资   321 800

2.业务2的计算及账务处理。

应纳的关税=(34+3)×(1+3‰)×30%=11.13(万元)

关税完税价格=(34+3)×(1+3‰)=37.11(万元)

进口环节应缴纳的增值税=37.11×13%=4.82(万元)

(1)支付高档化妆品货款34万元时的账务处理。

借:在途物资   340 000

　　贷:银行存款   340 000

(2)支付运费时的账务处理。

借:在途物资   30 000

　　贷:银行存款   30 000

(3)计提应纳进口关税时的账务处理。

借:在途物资　　　　　　　　　　　　　　　　　　　　　111 300

　　贷:应交税费——应交进口关税　　　　　　　　　　　　　　111 300

(4)缴纳进口关税、进口环节增值税时的账务处理。

借:应交税费——应交进口关税　　　　　　　　　　　　　111 300

　　　　　　——应交增值税(进项税额)　　　　　　　　　　48 200

　　贷:银行存款　　　　　　　　　　　　　　　　　　　　　159 500

(5)货物验收入库时的账务处理。

借:库存商品　　　　　　　　　　　　　　　　　　　　　481 300

　　贷:在途物资　　　　　　　　　　　　　　　　　　　　　481 300

3.业务3的计算及账务处理。

货款=4 000×50×6.6=1 320 000(元)

运费、保险费=(8 000+3 000)×6.6=72 600(元)

关税完税价格=(4 000×50+8 000+3 000)×6.6=1 392 600(元)

应缴纳的关税=1 392 600×20%=278 520(元)

组成计税价格=(1 392 600+278 520)÷(1-15%)=1 966 023.5(元)

应纳进口环节消费税=1 966 023.5×15%=294 903.5(元)

应纳进口环节增值税=1 966 023.5×13%=255 583.1(元)

(1)支付高档化妆品货款1 320 000元时的账务处理。

借:在途物资　　　　　　　　　　　　　　　　　　　　1 320 000

　　贷:银行存款　　　　　　　　　　　　　　　　　　　　1 320 000

(2)支付运费、保险费时的账务处理。

借:在途物资　　　　　　　　　　　　　　　　　　　　　72 600

　　贷:银行存款　　　　　　　　　　　　　　　　　　　　　72 600

(3)计提应纳进口关税和进口环节消费税时的账务处理。

借:在途物资　　　　　　　　　　　　　　　　　　　　573 423.5

　　贷:应交税费——应交进口关税　　　　　　　　　　　　278 520

　　　　　　　　——应交消费税　　　　　　　　　　　　294 903.5

(4)缴纳进口关税、进口环节消费税、进口环节增值税时的账务处理。

借:应交税费——应交进口关税　　　　　　　　　　　　278 520

　　　　　　——应交消费税　　　　　　　　　　　　　294 903.5

　　　　　　——应交增值税(进项税额)　　　　　　　　255 583.1

　　贷:银行存款　　　　　　　　　　　　　　　　　　　　829 006.6

(5)货物验收入库时的账务处理。

借:库存商品　　　　　　　　　　　　　　　　　　　　1 966 023.5

　　贷:在途物资　　　　　　　　　　　　　　　　　　　1 966 023.5

🖥 实战演练

(一)纳税人基础信息

公司名称:杭州豪商酒业有限公司

统一社会信用代码:15628768902379499522

公司地址:浙江省杭州市西湖区文一路121号

基本户开户银行:中国工商银行西湖支行

基本存款账户:110265092384952001

(二)业务资料

杭州豪商酒业有限公司为增值税一般纳税人,20×5年10月发生有关经营业务如下。

1. 2日,从法国进口一批红酒,单价100欧元/瓶,数量2 000瓶,从起运地至输入地起卸前的运费为2 400美元,保险费为1 000美元,当日汇率为1:7.3。关税税率为12%,从海关监管区至公司仓库支付运费5 500元,并取得增值税专用发票。购入红酒的货款及费用已通过银行存款付清款项。

2. 15日,从德国进口啤酒一批,购买价为5万欧元,该公司另支付入关前运费3万元,保险费1万元,当日汇率为1:7.4,关税税率为10%,款项已支付。

3. 18日,从美国进口白酒一批,单价50美元/瓶,数量1 000瓶,从起运地至输入地起卸前的运费为1 000美元,保险费为700美元,当日汇率为1:6.7。关税税率为15%。购入白酒的货款及其费用已通过银行存款付清款项。

(三)任务要求

请计算上述业务应缴纳的关税、增值税、消费税,并进行账务处理。

📋 项目小结

关税思维导图

📋 项目测试

项目四 测试题

项目五　企业所得税会计实务

◎ 职业能力目标

1.掌握企业所得税居民纳税人和非居民纳税人的区别。

2.熟悉企业所得税征税对象。

3.能够根据企业类型准确选择企业所得税税率。

4.能够熟练计算企业所得税月(季)度预缴金额。

5.能根据经济业务进行纳税调整并准确计算企业所得税年度应纳税所得额和年度应纳税额。

6.理解并能运用企业所得税优惠政策处理相关业务。

7.掌握暂时性差异的确认方法,熟悉企业所得税会计的处理方法,能根据业务资料进行所得税会计的处理。

8.掌握企业所得税纳税申报表及其附表填制的要点,能根据相关业务资料填写企业所得税预缴纳税申报表和年度纳税申报表,并能进行企业所得税的预缴纳税申报和年度汇算清缴纳税申报。

◎ 典型工作任务

1.企业所得税纳税人的分类。

2.企业所得税居民纳税人、非居民纳税人征税对象的确定。

3.不同类型企业税率的选择。

4.企业所得税优惠政策的运用。

5.企业所得税月(季)度预缴金额的计算。

6.企业所得税纳税调整、应纳税所得额计算和年度应纳税额计算。

7.企业所得税会计科目的设置,暂时性差异、递延所得税金额核算,企业所得税税额计提、缴纳的账务处理。

8.月(季)度预缴纳税申报表的填制,预缴企业所得税税款。

9.年度纳税申报表及相关附表的填制,办理企业所得税汇算清缴。

◎ 素养提升

课程思政:勇于探索 敢于创新　　专创融合:高新技术企业研发费用加计扣除的优化路径与创新实践

🖳 工作实例导入

杭州蓝天科技有限公司(纳税人识别号:72113155774683A165)是一家制造业企业,位于某产业园内,为增值税一般纳税人,非跨地区经营企业,非小型微利企业,非上市公司,主要从事投影仪、显示器、监控设备的生产及销售。

税务机关核定的企业所得税征收方式为查账征收,按照实际利润预缴方式预缴企业所得税。公司注册资金为1 000万元,资产总额为15 000万元,从业人数为892人。

(一)企业基本信息

股东信息:汪洋(中国国籍,身份证330101196011120101)投资比例60%;李欣(中国国籍,身份证330101196505065233)投资比例40%。

法人:汪洋,会计主管:吴桐

适用的会计准则:企业会计准则(一般企业)

所得税税率:25%,享受高新技术企业优惠

记账本位币:人民币

会计政策和估计是否发生变化:否

所得税计算方法:资产负债表债务法

现进行该公司20×3年度企业所得税汇算清缴,已经预缴所得税额213 815.26元。

(二)相关业务资料

公司的利润表如表5-1所示。

表5-1 利润表

编制单位:杭州蓝天科技有限公司　　　　20×3年12月31日　　　　单位:元

项目	本月数额	本年累计
一、营业收入	12 326 000.00	143 059 300.00
减:营业成本	5 147 000.00	71 594 243.00
税金及附加	853 239.00	10 019 912.00
销售费用	5 716 805.00	19 173 650.00
管理费用	1 797 820.00	16 282 540.00
研发费用	1 573 372.00	13 853 265.00
财务费用	34 840.00	113 265.00
其中:利息费用		
利息收入		
资产减值损失		−369 782.00
信用减值损失		
加:其他收益		
投资收益(损失以"−"号填列)	3 213 129.00	3 213 129.00

续表

项目	本月数额	本年累计
其中:对联营企业和合营企业的投资收益		
净敞口套期收益(损失以"-"号填列)		
公允价值变动收益(损失以"-"号填列)		
资产处置收益(损失以"-"号填列)		
二、营业利润(亏损以"-"号填列)	416 053.00	14 865 772.00
加:营业外收入		182 000.00
减:营业外支出		651 000.00
三、利润总额(亏损总额以"-"号填列)	416 053.00	14 396 772.00
减:所得税费用	5 692.19	128 936.85
四、净利润(净亏损以"-"号填列)	410 360.81	14 267 835.15
(一)持续经营净利润(净亏损以"-"号填列)		
(二)终止经营净利润(净亏损以"-"号填列)		
五、其他综合收益的税后净额		
(一)不能重分类进损益的其他综合收益		
1.重新计量设定受益计划变动额		
2.权益法下不能转损益的其他综合收益		
……		
(二)将重分类进损益的其他综合收益		

其余12项相关业务资料请扫码查看。

"工作实例导入"业务资料

(三)任务要求

1.请进行企业所得税纳税调整,计算应纳税所得额。

2.请进行企业所得税账务处理。

3.请进行企业所得税汇算清缴。

任务一　企业所得税基础知识

▣ 任务引例

　　某德国企业(实际管理机构在德国)在中国上海设立分支机构,20×5年该分支机构在上海取得不含增值税咨询收入800万元;又在北京为某公司培训技术人员,取得北京公司支付的不含增值税培训收入400万元;在美国洛杉矶取得与该分支机构无实际联系的所得300万元。20×5年度该德国企业计入我国企业所得税的应税收入合计为多少元?

任务一　引例解析

知识储备与业务操作

企业所得税是对我国境内的企业和其他取得收入的组织的生产经营所得和其他所得征收的一种税。企业所得税的作用主要有:①促进企业改善经营管理活动,提升企业的盈利能力;②调节产业结构,促进经济发展;③为国家建设筹集财政资金。

一、企业所得税纳税人

企业所得税的纳税义务人,是指在中华人民共和国境内的企业和其他取得收入的组织。除个人独资企业、合伙企业不征收企业所得税外,凡在我国境内,企业和其他取得收入的组织均为企业所得税的纳税人,依照《中华人民共和国企业所得税法》(以下简称《企业所得税法》)规定缴纳企业所得税。

1 微课:企业所得税纳税人征税范围及税率
2 企业所得税纳税人征税范围及税率讲义

企业所得税的纳税人分为居民企业和非居民企业,把企业分为居民企业和非居民企业,是为了更好地保障我国税收管辖权的有效行使,根据国际上的通行做法,我国选择了地域管辖权和居民管辖权的双重管辖权标准。

(一)居民企业

居民企业,是指依法在中国境内成立,或者依照外国(地区)法律成立但实际管理机构在中国境内的企业。这里的企业包括企业、事业单位、社会团体以及其他取得收入的组织。其中,实际管理机构,是指对企业的生产经营、人员、账务、财产等实施实质性全面管理和控制的机构。

(二)非居民企业

非居民企业,是指依照外国(地区)法律成立且实际管理机构不在中国境内,但在中国境内设立机构、场所的,或者在中国境内未设立机构、场所,但有来源于中国境内所得的企业。上述所称机构、场所,是指在中国境内从事生产经营活动的机构、场所,包括:①管理机构、营业机构、办事机构;②工厂、农场、开采自然资源的场所;③提供劳务的场所;④从事建筑、安装、装配、修理、勘探等工程作业的场所;⑤其他从事生产经营活动的机构、场所。

非居民企业委托营业代理人在中国境内从事生产经营活动的,包括委托单位或者个人经常代理签订合同,或者储存、交付货物等,该营业代理人视为非居民企业在中国境内设立的机构、场所。

二、企业所得税征税对象

企业所得税的征税对象,是指企业的生产经营所得、其他所得和清算所得。

(一)居民企业的征税对象

居民企业以来源于中国境内、境外的所得作为征税对象,所得包括销售货物所得、提供劳务所得、转让财产所得、股息、红利等权益性投资所得、利息所得、租金所得、特许权使用费所得、接受捐赠所得和其他所得。

(二)非居民企业的征税对象

非居民企业在中国境内设立机构、场所的,应当就其所设机构、场所取得的来源于中国境内的所得,以及发生在中国境外但与其所设机构、场所有实际联系的所得,缴纳企业所得税。非居民企业在中国境内未设立机构、场所的,或者虽设立机构、场所但取得的所得与其所设机构、场所没有实际联系的,应当就其来源于中国境内的所得缴纳企业所得税。

《企业所得税法》对所得来源地的确认有以下明确规定。

(1)销售货物所得,按照交易活动发生地确定。

(2)提供劳务所得,按照劳务发生地确定。

(3)转让财产所得:①不动产转让所得按照不动产所在地确定;②动产转让所得按照转让动产的企业或者机构、场所所在地确定;③权益性投资资产转让所得按照被投资企业所在地确定。

(4)股息、红利等权益性投资所得,按照分配所得的企业所在地确定。

(5)利息所得、租金所得、特许权使用费所得,按照负担、支付所得的企业或者机构、场所所在地确定,或者按照负担、支付所得的个人的住所地确定。

思政园地:税收优惠是创新驱动的助推器

(6)其他所得,由国务院财政、税务主管部门确定。

三、企业所得税税率

企业所得税实行比例税率。比例税率简便易行,透明度高,不会因征税而改变企业间收入分配比例,有利于促进效率的提高。

企业所得税的基本税率为25%,适用于居民企业和在中国境内设有机构、场所且所得与机构、场所有关联的非居民企业。低税率为20%,适用于在中国境内未设立机构、场所的,或者虽设立机构、场所但取得的所得与其所设机构、场所没有实际联系的非居民企业,但实际征税时减按10%的税率。具体规定如表5-2所示。

1.小型微利企业认定条件
2.作业题:企业所得税基础知识

表5-2 企业所得税税率

种类	税率	适用范围
基本税率	25%	①居民企业 ②在中国境内设有机构、场所且所得与机构、场所有实际联系的非居民企业
优惠税率	20%	符合条件的小型微利企业
	15%	①国家重点扶持的高新技术企业 ②经认定的技术先进型服务企业 ③注册在海南自由贸易港并实质性运营的鼓励类产业企业

续表

种类	税率	适用范围
优惠税率	15%	④自2021年1月1日至2030年12月31日,设在西部地区的国家鼓励类产业企业 ⑤从事污染防治的第三方企业
预提所得税税率	20% (减按10%征收)	①在中国境内未设立机构、场所,但有来源于境内所得的非居民企业 ②在中国境内虽设立机构、场所但取得的境内所得与其所设机构、场所没有实际联系的非居民企业 提示:仅针对境内所得征税,境内所得仅指来源于我国境内的股息、红利等权益性投资收益和利息、租金、特许权使用费、财产转让所得、其他所得

任务二 企业所得税税款计算

任务引例

A制造企业为中小企业,有职工130人,企业资产总额为4 200万元。20×5年度发生如下生产经营业务:

(1)取得产品销售收入2 800万元、国债利息收入30万元;

(2)应扣除与产品销售收入配比的成本2 000万元;

(3)发生销售费用250万元、管理费用390万元(其中业务招待费28万元、新产品研发费用148万元);

(4)向非金融企业借款200万元,支付年利息费用18万元(金融企业同期同类借款年利息率为6%);

(5)企业所得税税前准许扣除的税金及附加为20万元;

(6)10月购进符合《环境保护专用设备企业所得税优惠目录》的专用设备,取得增值税专用发票注明金额30万元、增值税进项税额3.9万元,该设备当月投入使用;

任务二 引例解析

(7)计入成本、费用中的实发工资总额200万元、拨缴职工工会经费4万元、发生职工福利费35万元、发生职工教育经费10万元。

要求:计算该企业20×5年度应缴纳的企业所得税。

知识储备与业务操作

一、企业所得税应纳税所得额计算——直接法

应纳税所得额是企业所得税的计税依据,按照《企业所得税法》的规定,应纳税所得额为

企业每一个纳税年度的收入总额,减除不征税收入、免税收入、各项扣除以及允许弥补的以前年度亏损后的余额。其基本公式为:

应纳税所得额=收入总额-不征税收入-免税收入-各项扣除-允许弥补的以前年度亏损

企业应纳税所得额的计算以权责发生制为原则,属于当期的收入和费用,不论款项是否收付,均作为当期的收入和费用;不属于当期的收入和费用,即使款项已经在当期收付,均不作为当期的收入和费用。

(一)收入总额

按照《企业所得税法》的规定计算的企业收入总额包括以货币形式和非货币形式从各种来源取得的收入,具体有:销售货物收入,提供劳务收入,转让财产收入,股息、红利等权益性投资收益,利息收入,租金收入,特许权使用费收入,接受捐赠收入,其他收入。

企业取得收入的货币形式包括:现金、存款、应收账款、应收票据、准备持有至到期的债券投资以及债务的豁免等;纳税人以非货币形式取得的收入,包括固定资产、生物资产、无形资产、股权投资、存货、不准备持有至到期的债券投资、劳务以及有关权益等,这些非货币资产应当按照公允价值确定收入额,公允价值是指按照市场价格确定的价值。

(二)不征税收入

不征税收入包括财政拨款,依法收取并纳入财政管理的行政事业性收费、政府性基金,国务院规定的其他不征税收入。

1. 微课:企业不征税收入、免税收入
2. 企业不征税收入、免税收入讲义

(1)财政拨款,是指各级人民政府对纳入预算管理的事业单位、社会团体等组织拨付的财政资金,但国务院和国务院财政、税务主管部门另有规定的除外。

(2)依法收取并纳入财政管理的行政事业性收费、政府性基金。行政事业性收费是指依照法律法规等有关规定,按照国务院规定程序批准,在实施社会公共管理,以及在向公民、法人或者其他组织提供特定公共服务过程中,向特定对象收取并纳入财政管理的费用。

政府性基金,是指企业依照法律、行政法规等有关规定,代政府收取的具有专项用途的财政资金。

(3)国务院规定的其他不征税收入,是指企业取得的,由国务院财政、税务主管部门规定专项用途并经国务院批准的财政性资金。

财政性资金,是指企业取得的来源于政府及其有关部门的财政补助、补贴、贷款贴息,以及其他各类财政专项资金,包括直接减免的增值税和即征即退、先征后退、先征后返的各种税收,但不包括企业按规定取得的出口退税款。

专项用途财政性资金,自2011年1月1日起,企业从县级以上各级人民政府财政部门及其他部门取得的应计入收入总额的财政性资金,凡同时符合以下条件的,可以作为不征税收入,在计算应纳税所得额时从收入总额中减除:

①企业能够提供规定资金专项用途的资金拨付文件。

②财政部门或其他拨付资金的政府部门对该资金有专门的资金管理办法或具体管理要求。

③企业对该资金以及以该资金发生的支出单独进行核算。

提示:这三点总结成9字口诀——有文件、有办法、有核算。

财政性资金做不征税收入处理后,用于支出所形成的费用,不得在计算应纳税所得额时扣除;用于支出所形成的资产,其计算的折旧、摊销不得在计算应纳税所得额时扣除。

纳税人以前年度取得的财政性资金且已作为不征税收入处理,在5年(60个月)内未发生支出且未缴回财政部门或其他拨付资金的政府部门的部分,应计入取得该资金第6年的应税收入总额;计入应税收入总额的财政性资金发生的支出,允许在计算应纳税所得额时扣除。

(三)免税收入

(1)国债利息收入。企业投资国债从国务院财政部门取得的国债利息收入,应以国债发行时约定应付利息的日期,确认利息收入的实现。企业转让国债,应在国债转让收入确认时确认利息收入的实现。

企业到期前转让国债,或者从非发行者投资购买的国债,其持有期间尚未兑付的国债利息收入,按以下公式计算确定:

国债利息收入=国债金额×(适用年利率÷365)×持有天数

上述公式中的"国债金额"按国债发行面值或发行价格确定;"适用年利率"按国债发行利率或折价发行国债的票面利率确定;如果企业不同时间多次购买同一品种国债的,"持有天数"可按平均持有天数计算确定。

提示:企业转让国债,应作为转让财产,其取得的收益(损失)应作为企业应纳税所得额计算纳税。

(2)符合条件的居民企业之间的股息、红利等权益性投资收益。该收益是指居民企业直接投资于其他居民企业取得的投资收益,但不包括连续持有居民企业公开发行并上市流通的股票不足12个月取得的投资收益。

"符合条件"具体是指:①居民企业之间的相互投资;②直接投资,不包括"间接投资";③连续持有居民企业公开发行并上市流通的股票在一年以上取得的投资收益;④未上市的居民企业之间的投资,不受一年期限限制;⑤属于权益性投资,非债权性投资。

提示:个人独资企业、合伙企业、个体工商户不属于企业所得税中的居民企业,所以不能享受此优惠。

(3)在中国境内设立机构、场所的非居民企业从居民企业取得与该机构、场所有实际联系的股息、红利等权益性投资收益。该收益不包括连续持有居民企业公开发行并上市流通的股票不足12个月取得的投资收益。

(4)符合条件的非营利组织的收入。符合条件的非营利组织是指:①依法履行非营利组织登记手续;②从事公益性或者非营利性活动;③取得的收入除用于与该组织有关的、合理的支出外,全部用于登记核定或者章程规定的公益性或者非营利性事业;④财产及其孳息不用于分配;⑤按照登记核定或者章程规定,该组织注销后的剩余财产用于公益性或者非营利性目的,或者由登记管理机关转赠给与该组织性质、宗旨相同的组织,并向社会公告;⑥投入人对投入该组织的财产不保留或者享有任何财产权利;⑦工作人员工资福利开支控制在规定的比例内,不变相分配该组织的财产;⑧国务院财政、税务主管部门规定的其他条件。非营利组织的收入不包括非营利组织从事营利性活动取得的收入,但国务院财政、税务主管部门另有规定的除外。

(四)各项扣除

企业实际发生的与取得收入有关的、合理的支出,包括成本、费用、税金、损失和其他支出,准予在计算应纳税所得额时扣除。成本,是指企业在生产经营活动中发生的销售成本、销货成本、业务支出以及其他耗费。费用,是指企业在生产经营活动中发生的销售费用、管理费用和财务费用,已经计入成本的有关费用除外。税金,是指企业发生的除企业所得税和允许抵扣的增值税以外的各项税金及其附加。损失,是指企业在生产经营活动中发生的固定资产和存货的盘亏、毁损、报废损失,转让财产损失,呆账损失,坏账损失,自然灾害等不可抗力因素造成的损失以及其他损失。

企业发生的支出应当区分收益性支出和资本性支出。收益性支出在发生当期直接扣除;资本性支出应当分期扣除或者计入有关资产成本,不得在发生当期直接扣除。企业的不征税收入用于支出所形成的费用或者财产,不得扣除或者计算对应的折旧、摊销扣除。企业已经作为损失处理的资产,在以后纳税年度又全部收回或者部分收回时,应当计入当期收入。

(五)弥补以前年度亏损

企业纳税年度发生的亏损,准予向以后年度结转,用以后年度的所得弥补,但结转年限最长不得超过五年。自2018年1月1日起,当年具备高新技术企业或科技型中小企业资格的企业,其具备资格年度之前5个年度发生的尚未弥补完的亏损,准予结转以后年度弥补,最长结转年限由5年延长至10年。

二、企业所得税应纳税所得额计算——间接法

在间接计算法下,会计利润总额加上或减去按照税法规定调整的项目金额后,即为应纳税所得额。计算公式为:

应纳税所得额=会计利润总额±纳税调整项目金额

纳税调整项目金额包括两方面的内容:一是税法规定范围与会计规定不一致的应予以调整的金额;二是税法规定扣除标准与会计规定不一致的应予以调整的金额。

(一)收入类调整项目

1.收入类纳税调整增加项目

(1)**视同销售收入**,是指会计上不作为销售核算,而在税收上应作为应税收入缴纳企业所得税的收入。《中华人民共和国企业所得税法实施条例》

1.微课:企业所得税视同销售

2.企业所得税视同销售讲义

规定:"企业发生非货币性资产交换,以及将货物、财产、劳务用于捐赠、偿债、赞助、集资、广告、样品、职工福利或者利润分配等用途的,应当视同销售货物、转让财产或者提供劳务,但国务院财政、税务主管部门另有规定的除外。"

《关于企业处置资产所得税处理问题的通知》国税函〔2008〕828号对企业处置资产是否作为企业所得税视同销售处理,以"资产所有权属在形式和实质上是否改变为原则"。企业发生下列情形的处置资产,除将资产转移至境外以外,由于资产所有权属在形式和实质上均不发生改变,应作为内部处置资产,不视同销售确认收入,相关资产的计税基础延续计算,具体为:①将资产用于生产、制造、加工另一产品;②改变资产形状、结构或性能;③改变资产用途;④将资产在总机构及其分支机构之间转移;⑤上述两种或两种以上情形的混合;⑥其他不改变资产所有权属的用途。

企业将资产移送他人的下列情形,因资产所有权属已发生改变而不属于内部处置资产,应按规定视同销售确定收入:①用于市场推广或销售;②用于交际应酬;③用于职工奖励或福利;④用于股息分配;⑤用于对外捐赠;⑥其他改变资产所有权属的用途。

提示:企业所得税视同销售与增值税视同销售的判断标准不一致,导致视同销售情形也不完全相同。

【做中学5-1】

A公司将自产的一批商品用于交际应酬,这批商品的成本价为10万元,公允价值为12万元。

要求:进行税务和会计处理。

解析:(1)会计处理如下。

借:管理费用——业务招待费   115 600

 贷:库存商品   100 000

  应交税费——应交增值税(销项税额)   15 600

(2)税务处理如下。

根据税法规定,所得税视同销售收入为12万元,视同销售成本为10万元,视同销售毛利为2万元。会计上不确认利润,需调增应纳税所得额2万元。

【做中学5-2】

A公司20×5年第三季度销售目标完成得非常好,所以为了回馈员工,提升员工工作积极性,老板将外购的一批电子产品发给了自己的员工,该批电子产品进价40万元(进项税额已经抵扣),目前公允价值为50万元。

要求:进行税务和会计处理。

解析:(1)会计处理如下。

借:应付职工薪酬——职工福利   452 000

 贷:库存商品   400 000

  应交税费——应交增值税(进项税额转出)   52 000

(2)税务处理如下。

从税法角度,50万元应作为视同销售收入,40万元作为视同销售成本,在会计核算基础上收入调增50万元,成本调增40万元,最终应纳税所得额调增10万元。

（2）**交易性金融资产初始投资调整**，是指纳税人根据税法规定确认交易性金融资产初始投资金额与会计核算的交易性金融资产初始投资账面价值的差额，调增纳税所得额。会计准则规定，交易性金融资产的相关交易费用直接计入当期损益，而税法上则要求交易费用计入投资资产的计税基础。在投资当期的纳税申报时，这些因交易性金融资产的初始投资而在会计上确认的当期损益，是不允许税前扣除的，应做纳税调整。

2.收入类纳税调整减少项目

按权益法核算长期股权投资，对初始投资成本调整确认收益，是指纳税人采取权益法核算方法下，初始投资成本小于取得投资时应享有被投资单位可辨认净资产公允价值份额的，两者之间的差额在会计核算中计入取得投资当期的营业外收入的金额，税收规定对这部分收入不征税，调减应纳税所得额。

【做中学5-3】

A企业于20×5年1月取得B公司30%的股权，支付价款9 000万元。取得投资时被投资单位净资产账面价值为40 000万元(假定被投资单位各项可辨认资产、负债的公允价值与其账面价值相同)。在B公司的生产经营决策过程中，所有股东均按持股比例行使表决权。A企业在取得B公司的股权后，派人参与了B公司的生产经营决策，因能够对B公司施加重大影响，A企业对该投资应当采用权益法核算。

要求：进行会计和税务处理。

解析：（1）取得投资时，A企业应进行以下账务处理。

享有B公司可辨认净资产公允价值份额=40 000×30%=12 000(万元)

12 000-9 000=3 000(万元)，投资成本<享有净资产份额，差额3 000万元属于负商誉，应调整长期股权投资账面价值并计入当期损益。

借：长期股权投资——投资成本	90 000 000
贷：银行存款	90 000 000
借：长期股权投资——投资成本	30 000 000
贷：营业外收入	30 000 000

（2）税务处理：长期股权投资的计税基础为支付的价款，即9 000万元，和长期股权投资的账面价值12 000万元存在差异，在处置时需考虑它们之间的不同。当期会计确认的营业外收入为3 000万元，应调整减少3 000万元。

3.收入类纳税调整视情况增减项目

（1）未按权责发生制原则确认的收入。

未按权责发生制原则确认的收入是指会计上按照权责发生制原则确认的收入，计税时未按权责发生制确认的收入，包括跨期收取的租金、利息、特许权使用费收入，分期确认销售收入等。税收规定的收入大于会计核算确认的收入，其差额应调整增加纳税所得额；反之，应调整减少纳税所得额。

企业提供固定资产、包装物或者其他有形资产的使用权取得的租

1.微课：收入类纳税调整视情况增减项目

2.收入类纳税调整视情况增减项目讲义

金收入,应按交易合同或协议规定的承租人应付租金的日期确认收入的实现。其中,如果交易合同或协议中规定租赁期限跨年度,且租金提前一次性支付的,根据收入与费用配比原则,出租人可对上述已确认的收入,在租赁期内,分期均匀计入相关年度收入。**利息收入,是**指企业将资金提供给他人使用但不构成权益性投资,或者因他人占用本企业资金取得的收入,包括存款利息、贷款利息、债券利息、欠款利息等收入。**利息收入,按照合同约定的债务人应付利息的日期确认收入的实现。**特许权使用费收入,是指企业提供专利权、非专利技术、商标权、著作权以及其他特许权的使用权取得的收入。**特许权使用费收入,按照合同约定的特许权使用人应付特许权使用费的日期确认收入的实现。**

采取赊销和分期收款方式销售货物,为书面合同约定的收款日期的当天,无书面合同的或者书面合同没有约定收款日期的,为货物发出的当天。

【做中学5-4】

20×5年1月1日,A公司支付价款1 000元(含交易费用)从活跃市场上购入某公司2年期债券,面值为1 250元,票面年利率为4.72%,实际利率为9.05%,到期一次还本付息。A公司在购买该债券时,预计发行方不会提前赎回。

要求:进行会计和税务处理。

解析:20×5年进行的会计处理如下。

(1)20×5年1月1日,购入债券。

借:债权投资——成本 1 250

贷:银行存款 1 000

债权投资——利息调整 250

(2)20×5年12月31日,确认利息收入。

应计利息=1 250×4.72%=59(元)

投资收益=1 000×9.05%=90.5(元)

借:债权投资——应计利息 59

——利息调整 31.5

贷:投资收益 90.5

20×5年进行的税务处理如下。

该债券约定到期一次还本付息,所以税务上只有到20×6年底才确认收入。企业所得税应纳税所得额调减90.5万元。

【做中学5-5】

20×5年1月1日,华北公司与华南公司签订了一项非专利技术使用权转让合同,合同期为3年,合同金额为30万元,华北公司在签订合同生效后,一次性支付款项30万元,按照合同约定,华南公司3年内需定期派专业技术人员到华北公司给予技术指导。

要求:进行会计和税务处理。

解析:华南公司的会计处理如下。

(1)收到华北公司一次性支付款项。

借:银行存款 318 000

贷:合同负债 300 000

　　应交税费——应交增值税(销项税额) 18 000

(2)20×5年、20×6年、20×7年分别确认收入。

借:合同负债 100 000

　　贷:其他业务收入 100 000

华南公司进行的税务处理如下。

华南公司应将30万元一次性确认为20×5年的应纳税所得额,假设不考虑成本,20×5年纳税调增20万元,20×6年、20×7年分别纳税调减10万元。

【做中学5-6】

A企业为制造业企业,属于增值税一般纳税人,适用税率为13%。20×5年1月15日采用分期收款方式销售设备,合同约定分期收款总价款为120万元,设备成本为75万元,具有融资的性质。设备的市场价格为100万元,客户分三年付清,每年末支付40万元。

要求:进行会计和税务处理。

解析:(1)20×5年1月15日,销售实现时,A企业进行的账务处理。

借:长期应收款 1 200 000

　　贷:主营业务收入 1 000 000

　　　　未确认融资收益 200 000

借:主营业务成本 750 000

　　贷:库存商品 750 000

(2)A企业进行的税务处理。

按照税法规定,以分期收款方式销售货物的,按照合同约定的收款日期确认收入的实现,题中合同约定每年末为付款日,所以税法确认的收入是40万元,确认的成本是25万元。

因此,会计在20×5年确认的收入为100万元,但税法上确定的是40万元,应纳税所得额应调减60万元。

(2)投资收益。

纳税人根据《企业所得税法》及其实施条例以及企业会计制度、企业会计准则核算投资项目的持有收益、处置收益时,会计核算与税收的差异金额,不包括国债利息收入。会计核算确认的投资收益大于税收规定的收入,其差额应调整减少纳税所得额;反之,则应调整增加纳税所得额。

税法实施条例规定,纳税人因收回、转让或清算处置股权投资发生的股权投资损失,可以在税前扣除,但在每一纳税年度扣除的股权投资损失,不得超过当年实现的股权投资收益和投资转让所得,超过部分可按规定向以后年度结转扣除。

(3)公允价值变动净收益。

公允价值变动净收益是指企业以公允价值计量且其变动计入当期损益的金融资产、金融负债以及投资性房地产的公允价值。

当纳税人所有的按照公允价值计量且其变动进入当期损益的金融资产、

思政园地:诚信纳税是企业的生命线

金融负债以及投资性房地产按照税收规定确认的期末与期初的差额大于根据会计准则核算的期末与期初的差额时,其差额应调整增加纳税所得额;反之,则应调整减少纳税所得额。

【做中学5-7】

华水公司于20×5年12月10日,以每股10元购入1 000股股票,作为交易性金融资产核算,持有期间公允价值发生变动。20×5年12月31日,股票价格变成每股11元。

要求:进行会计和税务处理。

解析:(1)20×5年12月31日,确认公允价值变动,华水公司进行的账务处理如下。

借:交易性金融资产——公允价值变动   1 000
    贷:公允价值变动损益   1 000

(2)华水公司进行的税务处理如下。

持有期间不确认股票价值变动所得或损失。

税法上不确认1 000元收益,应纳税所得额需调减1 000元。

(4)不征税收入。

不征税收入已在上述直接计算法中详细阐述,此处不再赘述。

【做中学5-8】

甲公司于20×5年12月15日收到一笔政府规定专项用途,并经国务院批准的财政性资金150万元,符合不征税收入确认条件,作为购置设备的补助,12月21日购置一批科研设备,该批设备不含税价为400万元,以直线法计提折旧,折旧年限为10年,不考虑残值。

要求:进行会计和税务处理。

解析:(1)甲公司进行的会计处理如下。

20×5年12月15日,收到政府补助。

借:银行存款   1 500 000
    贷:递延收益   1 500 000

20×5年12月21日,企业购置设备。

借:固定资产   4 000 000
    应缴税费——应交增值税(进项税额)   640 000
    贷:银行存款   4 640 000

20×6年共计提折旧40万元。

借:研发支出——费用化支出   400 000
    贷:累计折旧   400 000

并结转研发费用。

借:管理费用   400 000
    贷:研发支出——费用化支出   400 000

同时摊销递延收益15万元。

借:递延收益   150 000
    贷:其他收益   150 000

（2）甲公司进行的税务处理如下。

20×6年度会计上确认的其他收益为15万元，但税法规定该业务作为不征税收入处理，需在计算应纳税所得额时调减15万元。在固定资产折旧税会差异方面，财政性资金支出形成的固定资产折旧不得在税前扣除，但超过财政性资金对应的固定资产部分计提的折旧可以税前扣除，所以400万元固定资产中，150万元不征税收入形成的资产折旧，即15万元不得税前扣除。20×6年，会计确认的折旧为40万元，按税法规定允许税前扣除的折旧仅为25万元，因此应纳税所得额需调增15万元。

（5）销售折扣、折让和退回。

销售折扣、折让和退回是指不符合税收规定的销售折扣和折让应进行纳税调整的金额和发生的销售退回因会计处理与税法规定有差异须纳税调整的金额。现金折扣税会规定一致，不存在差异。商业折扣在一般情况下，税会不存在差异，但税法上规定销售额和折扣额要在同一张发票上的"金额"栏分别注明，才可按折扣后的销售额征收增值税；未在同一张发票"金额"栏注明折扣额，而仅在发票的"备注"栏注明折扣额的，折扣额不得从销售额中减除，企业所得税需要调增。销售退回如果属于资产负债表日后事项，会计要调整报告年度财务报表，而税法规定在商品退回年度处理，存在税会差异。

（6）其他。

其他是指纳税人其他因会计处理与税法规定有差异需要纳税调整的收入类项目金额。

（二）扣除类调整项目

1.扣除类纳税调整增加项目

（1）**业务招待费**，是指企业发生的与其生产经营业务直接相关的业务招待费支出，按照发生额的60%扣除，但最高不得超过当年销售（营业）收入的5‰，超过部分应调增纳税所得额。企业在筹建期间，发生的与筹办活动有关的业务招待费支出，可按实际发生额的60%计入企业筹办费，并按有关规定在税前扣除。

提示：上述营业收入包括了主营业务收入、其他业务收入以及所得税中的视同销售收入。

【做中学5-9】

东方公司20×5年的营业收入为5 000万元，所发生的业务招待费为50万元。

要求：进行应纳税所得额调整。

解析：50×60%=30（万元）

营业收入=5 000×5‰=25（万元）

两项的最低者，即25万元为税法允许扣除的金额，会计上实际发生了50万元，利润总额调成应纳税所得额应该调增25万元。

（2）**捐赠支出**，分为公益性捐赠支出和非公益性捐赠支出，非公益性捐赠支出不可以在企业所得税前扣除，需要调增纳税所得额。企业发生的公益性捐赠支出，是指企业通过公益

性社会团体或者县级以上人民政府及其部门,用于《中华人民共和国公益事业捐赠法》规定的公益事业的捐赠。

所以公益性捐赠必须要符合"对象条件"和"渠道条件":"对象条件"是符合列举的慈善活动、公益事业,如扶贫、济困,救助自然灾害、事故灾难和公共卫生事件等突发事件造成的损害等;"渠道条件"是通过县级及以上人民政府及其组成部门和直属机构或公益性社会组织。

公益性捐赠支出,捐赠额在不超过年度利润12%的部分准予扣除,超过年度利润12%的部分可以在以后的三年内计算应纳税所得额时扣除。

【做中学5-10】

20×4年,东方公司在营业外支出中,通过县民政局向灾区捐款30万元,直接向贫困小学捐赠5万元。20×4年东方公司利润总额为200万元。假设20×5年东方公司利润总额为300万元,公益性捐赠支出为10万元,20×4年结转的可抵扣捐赠额为6万元。

要求:进行会计和税务处理。

解析:(1)东方公司进行的会计处理如下。

20×4年,允许扣除30万元;20×5年,允许扣除10万元。

(2)东方公司进行的税务处理如下。

20×4年,扣除限额=200×12%=24(万元),税法上最多可以扣除24万元。

20×5年,扣除限额=300×12%=36(万元),20×5年发生的公益性捐赠支出10万元加上年度结转过来的6万元,总共本年度可扣除16万元,在限额36万元之内,所以这16万元均可以在20×5年度应纳税所得额中扣除。

税会差异:

20×4年直接向贫困小学捐赠5万元属于非公益性捐赠支出,需要纳税调增5万元;

20×5年公益性捐赠支出需纳税调增6万元,可结转以后年度扣除。

20×5年需纳税调减6万元。

(3)利息支出。企业在生产经营活动中发生的下列利息支出,准予扣除。

①非金融企业向金融企业借款的利息支出、金融企业的各项存款利息支出和同业拆借利息支出、企业经批准发行债券的利息支出。所谓金融企业,是指各类银行、保险公司及经中国人民银行批准从事金融业务的非银行金融机构,如从事信托投资、租赁等业务的专业和综合性非银行金融机构。

1. 微课:利息、佣金纳税调整
2. 利息、佣金纳税调整讲义

②非金融企业向非金融企业借款的利息支出,不超过按照金融企业同期同类贷款利率计算的数额部分,可税前扣除,超过部分应调增纳税所得额。

③关联企业利息费用的扣除。企业从其关联方接受的债权性投资与权益性投资的比例超过规定标准(金融企业为5:1,其他企业为2:1)而发生的利息支出,不得在计算应纳税所得额时扣除。企业如果能够按照税法及其实施条例的有关规定提供相关资料,并证明相关交易活动符合独立交易原则的;或者该企业的实际税负不高于境内关联方的,其实际支付给境内关联方的利息支出如果不超过金融企业同期同类贷款利率,在计算应纳税所得额时准

予扣除。

举例:有两家非金融关联企业A公司和B公司,A公司从其关联方B公司接受的债权性投资为1 000万元、权益性投资为200万元、当年A公司支付给B公司的年利率为5%,符合金融企业同期同类贷款利率的规定。根据规定,非金融企业的债权性投资与权益性投资的比例为2:1,即债权性投资超过400万元部分所产生的利息费用不可以税前扣除。

企业为购置、建造固定资产、无形资产和经过12个月以上的建造才能达到预定可销售状态的存货而发生的借款,在有关资产购置、建造期间发生的合理的借款费用,应当作为资本性支出计入有关资产的成本,不得在企业所得税税前扣除,后期通过折旧的方式予以分期摊销。

【做中学5-11】

鑫源公司20×5年"财务费用"账户中含有两笔利息支出:

(1)1月初以年利率8%的某经批准从事信托投资业务的公司借入的期限为1年的生产周转用资金300万元的借款费用,借款利息为24万元。

(2)1月向华北公司借入与第一笔借款同期的生产周转用资金100万元的借款利息10.5万元。

要求:请进行会计和税务处理。

解析:(1)鑫源公司20×5年进行的会计处理如下。

财务费用=240 000+105 000=345 000(元)

借:财务费用   345 000

  贷:银行存款   345 000

(2)鑫源公司20×5年进行的税法处理如下。

第一笔借款:经批准从事信托投资业务的公司属于金融企业范畴,鑫源公司向金融企业的借款利息24万元,可以在计算应纳税所得时全额扣除。

第二笔借款:鑫源公司向非金融企业的借款利息,不超过按照金融企业同期同类贷款利率计算的数额部分可以扣除,所以仅有8万元(100×8%)的利息可以税前扣除,剩余2.5万元需要调增应纳税所得额。

(4)手续费、佣金支出。企业发生的与生产经营有关的手续费、佣金支出,应符合下列条件。

第一,手续费、佣金有支付对象限制,企业应与具有合法经营资格中介服务企业或个人签订代办协议或合同,并按国家有关规定支付手续费及佣金。

第二,手续费和佣金支付方式限制,除委托个人代理外,企业以现金等非转账方式支付的手续费及佣金不得在税前扣除。

第三,权益化的手续费、佣金不得扣除,如企业为发行权益性证券支付给有关证券承销机构的手续费及佣金不得在税前扣除。

第四,计算基数和开支比例限制。企业发生与生产经营有关的手续费及佣金支出,不超过以下规定计算限额以内的部分,准予扣除;超过部分,不得扣除。

①保险企业:自2019年1月1日起,财产保险企业按当年全部保费收入扣除退保金等后

余额的18%计算限额。

②其他企业:按与具有合法经营资格中介服务机构或个人(不含交易双方及其雇员、代理人和代表人等)所签订服务协议或合同确认的收入金额的5%计算限额。

【做中学5-12】

甲公司(非保险企业)20×5年度分别与具有合法经营资格的中介服务企业、个人签订了3笔中介服务合同,并支付了相应的手续费及佣金,取得了合法有效的增值税专用发票,并已将其全部计入了当期损益,合同内容如下:

(1)A代理销售服务合同100万元,银行转账支付代理公司服务佣金8万元;

(2)B代理销售服务合同200万元,现金支付代理公司服务佣金6万元;

(3)C代理销售服务合同50万元,现金支付个人手续费及服务佣金3万元。

要求:针对每项业务进行纳税调整。

解析:(1)A代理销售服务合同允许税前扣除的佣金=100×5%=5(万元),银行转账实际支付8万元,应调增应纳税所得额3万元。

(2)由于是现金支付代理公司服务佣金6万元,按照相关规定不得税前扣除,应调增应纳税所得额6万元。

(3)C代理销售服务合同虽然是现金支付,但由于是委托个人代理的相关业务,因此允许按规定税前扣除相关佣金。允许税前扣除的佣金=50×5%=2.5(万元),现金实际支付3万元大于税前扣除限额,所以应调增应纳税所得额=3-2.5=0.5(万元)。

(5)不得税前扣除的支出。这些支出在计算应纳税所得额时均需要调增,具体包括:

①向投资者支付的股息、红利等权益性投资收益款项。由于股息、红利是对被投资者税后利润的分配,本质上不是企业取得经营收入的正常的费用支出,因此不允许在税前扣除。

②罚金、罚款和被没收财物的损失。纳税人的生产、经营因违反国家法律、法规和规章,被有关部门处以的罚款、被没收财物的损失以及因违反税法规定,被处以的滞纳金、罚金,不得扣除,应调增纳税所得额。

提示:纳税人按照经济合同规定支付的违约金(包括银行罚息)、罚款和诉讼费,不属于行政性罚款,允许在税前扣除。

③企业所得税税款。

④税收滞纳金,是指纳税人当期损益的税收滞纳金、加收利息,不得在税前扣除,应调增纳税所得额。

提示:税款滞纳金对企业的影响,还包括以下方面。①企业支付的税款滞纳金不允许税前扣除;②因未按期申报或未按期缴纳税款产生滞纳金,影响企业纳税信用等级;③在规定期限内未按税务机关处理结论缴纳或者足额缴纳税款、滞纳金和罚款的,该评价年度直接判为D级纳税人。

⑤不符合条件的捐赠支出,是指纳税人不符合税法规定的公益性捐赠支出和非公益性捐赠支出。

⑥赞助支出。如果是企业发生的与生产经营活动无关的各种非广告性质的赞助支出,

是不得税前扣除的;如果是广告宣传的赞助支出,可以并入广告费和业务宣传费按规定税前扣除。

⑦未经核定的准备金支出。基于资产的真实性和谨慎性原则考虑,坏账准备、存货跌价准备、理赔费用准备金等不允许在企业所得税前扣除。

⑧与取得收入无关的其他支出。

【做中学5-13】

天阳公司为居民企业,20×5年营业外支出50万元,其中支付税收滞纳金10万元,支付工商管理部门罚款5万元,支付合同违约金3万元。

要求:请进行纳税调整。

解析:支付的税收滞纳金、工商部门的罚款不允许税前扣除,需要纳税调增15万元,但是合同违约金不是由有关行政部门处罚,可以税前扣除,不用纳税调整。

2.扣除类纳税调整减少项目

视同销售成本,是指纳税人按税收规定计算的与视同销售收入对应的成本,每一笔被确认为视同销售的经济事项,在确认计算应税收入的同时,均有与此收入相配比的应税成本,主要包括非货币性交易视同销售成本、用于市场推广或销售视同销售成本、用于交际应酬视同销售成本、用于职工奖励或福利视同销售成本、用于股息分配视同销售成本、用于对外捐赠视同销售成本、用于对外投资项目视同销售成本、提供劳务视同销售成本和其他视同销售成本。

3.扣除类纳税调整视情况增减项目

(1)广告费和业务宣传费。企业发生的符合条件的广告费和业务宣传费支出,除国务院财政、税务主管部门另有规定外,不超过当年营业收入15%的部分,准予扣除;超过部分,准予以后纳税年度扣除。自2021年1月1日起至2025年12月31日止,对化妆品制造或销售、医药制造和饮料制造(不含酒类制造)企业发生的广告费和业务宣传费支出,不超过当年销售(营业)收入30%的部分,准予扣除;超过部分,准予在以后纳税年度结转扣除。

提示:计入开办费的广告费和业务宣传费,可以在开始经营之日的当年一次性扣除,也可以自开始经营的次月起分期摊销(摊销年限不得低于3年),但一经选定不得改变。

【做中学5-14】

南方公司20×5年取得的营业收入为5 000万元,销售费用中广告与业务宣传费为800万元,税法上规定广告与业务宣传费的扣除限额是营业收入的15%。

要求:进行会计和税务处理。

解析:(1)南方公司进行的会计处理如下。

借:销售费用——广告与业务宣传费　　　　　　　　　　　　　8 000 000

　　贷:银行存款　　　　　　　　　　　　　　　　　　　　　　　　8 000 000

(2)南方公司进行的税务处理如下。

扣除限额=5 000×15%=750(万元)

税会差异如下。

会计处理比税务处理上多扣50万元,需要纳税调增50万元,但这50万元可以结转以后年度税前继续扣除。

对签订广告费和业务宣传费分摊协议的关联企业,其中一方发生的不超过当年营业收入税前扣除限额比例内的广告费和业务宣传费支出可以在本企业扣除,也可以将其中的部分或全部按照分摊协议归集至另一方扣除。另一方在计算本企业广告费和业务宣传费支出企业所得税税前扣除限额时,可将按照上述办法归集至本企业的广告费和业务宣传费不计算在内。

【做中学5-15】

甲企业和乙企业是关联企业,根据分摊协议,乙企业在20×5年发生的广告费和业务宣传费的40%归集至甲企业扣除。假设20×5年乙企业销售收入为3 000万元,当年实际发生的广告费和业务宣传费为600万元;甲企业销售收入为2 000万元,实际发生的广告费用为400万元。(假设无以前年度广告费用结转)

要求:针对上述业务进行纳税调整。

解析:乙企业20×5年度销售收入为3 000万元,其广告费和业务宣传费的扣除比例为销售收入的15%,税前扣除限额为3 000×15%=450(万元)。则乙企业转移到甲企业扣除的广告费和业务宣传费应为450×40%=180(万元),在乙企业税前扣除的广告费和业务宣传费为450-180=270(万元),结转以后年度扣除的广告费和业务宣传费为600-450=150(万元)。

甲企业20×5年度销售收入为2 000万元,其广告费和业务宣传费的扣除比例为销售收入的15%,税前扣除限额为2 000×15%=300(万元),同时,可以再扣除乙企业未扣除而归集来的广告宣传费180万元。

(2)**职工薪酬**,包括工资薪金支出、职工福利费支出、工会经费支出、职工教育经费支出等各类基本社会保障性缴款、住房公积金、补充养老保险、补充医疗保险和其他。

①**工资薪金**,是指企业每一纳税年度支付给在本企业任职或者受雇的员工的所有现金形式或者非现金形式的劳动报酬,包括基本工资、奖金、津贴、补贴、年终加薪、加班工资,以及与员工任职或者受雇有关的其他支出。企业发生的合理的工资、薪金支出,可以据实扣除;对明显不合理的工资、薪金支出,则不予扣除。

1. 微课:职工薪酬纳税调整
2. 职工薪酬纳税调整讲义

提示:企业所得税前扣除工资薪金的标准是合理的工资薪金据实扣除。

企业因雇用季节工、临时工、实习生、返聘离退休人员以及接受外部劳务派遣用工所实际发生的费用,应区分为工资、薪金支出和职工福利费支出,其中属于工资、薪金支出的,准予计入企业工资、薪金总额的基数,作为计算其他各项相关费用扣除的依据。

企业接受外部劳务派遣用工所实际发生的费用,应分两种情况按规定在税前扣除:按照协议(合同)约定直接支付给劳务派遣公司的费用,应作为劳务费支出;直接支付给员工个人的费用,应作为工资、薪金支出和职工福利费支出。

②**职工福利费、工会经费、职工教育经费**。职工福利费按照工资薪金总额的14%计算限额扣除,超过部分应调增纳税所得额。工会经费按照工资薪金总额的2%,凭工会组织开具

的《工会经费收入专用收据》在企业所得税前扣除,超过部分应调增纳税所得额。职工教育经费按工资薪金总额的8%计算扣除,超过部分准予在以后纳税年度结转扣除,本年度应调增纳税所得额。软件生产企业发生的职工教育经费中的职工培训费用,可以全额在企业所得税税前扣除。

提示:企业发生的职工福利费,应该单独设置账册,进行准确核算。没有单独设置账册准确核算的,税务机关应责令企业在规定的期限内进行改正。逾期仍未改正的,税务机关可对企业发生的职工福利费进行合理的核定。

【做中学5-16】

A企业为居民企业,20×5年发生已计入成本、费用中的实发工资总额200万元、拨缴职工工会经费5万元、发生职工福利费30万元、发生职工教育经费17万元。

要求:(1)针对20×5年上述业务进行纳税调整。

(2)若20×6年工资薪金仍为200万元,职工教育经费仅发生了10万元,请进行纳税调整。

解析:(1)20×5年扣除限额计算如下。

工会经费为工薪总额的2%=200×2%=4(万元)

职工福利费为工薪总额的14%=200×14%=28(万元)

职工教育经费为工薪总额的8%=200×8%=16(万元)

与实际支出对比可知:

工会经费纳税调增金额=5-4=1(万元)

职工福利费纳税调增金额=30-28=2(万元)

职工教育经费纳税调增金额=17-16=1(万元),职工教育经费可在结转以后年度应纳税所得额前扣除。

(2)20×6年工资薪金仍为200万元,职工教育经费可税前扣除限额仍为16万元,但职工教育经费仅发生了10万元,所以加上20×5年未允许扣除的1万元,共11万元,均可以在20×6年度税前扣除。

③社会保险费。a.企业依照国务院有关主管部门或者省级人民政府规定的范围和标准为职工缴纳的四险一金,即基本养老保险、基本医疗保险(生育保险并入其中)、工伤保险和失业保险以及住房公积金,准予税前扣除。b.为本企业任职或者受雇的全体员工支付的补充养老保险费、补充医疗保险费,分别在不超过职工工资总额5%标准内的部分,在计算应纳税所得额时准予扣除;超过的部分,不予扣除。c.商业保险中企业财产保险,特殊工种职工人身安全保险,因公出差人员乘坐交通工具购买意外保险以及企业参加雇主责任险、公众责任险等责任险,可以税前扣除。除以上情况外,企业为投资者或者职工支付的商业保险,不得税前扣除,应调增纳税所得额。

【做中学5-17】

甲公司20×5年实际缴纳的特殊工种人身意外伤害险为20万元,为全体员工购买的团体人身意外伤害险为30万元。

要求：针对上述业务进行纳税调整。

解析：根据税法规定，特殊工种人身意外伤害险20万元可以税前扣除，但30万元的团体保险费不属于可税前扣除的商业保险费范围，不得税前扣除。

（3）**与未实现融资收益相关在当期确认的财务费用**。具有融资性质的分期收款销售的商品，根据会计准则企业应当按照应收的合同或协议价款的公允价值确定收入金额，即按照其未来现金流量现值或商品现销价格计算确定，合同或协议价款与其公允价值之间的差额，应当在合同或协议期间内，按照实际利率法摊销，分期冲减财务费用。税收规定分期收款销售商品，按合同或协议确定的时间确认收入，不存在未实现融资收益抵减当期财务费用的问题，企业发生与未实现融资收益相关在当期确认的财务费用时，应调增纳税所得额。

（4）**跨期扣除**，是指纳税人维简费（即专项用于维持简单再生产的资金）、安全生产费用、预提费用、预计负债等跨期扣除项目的调整情况。当纳税人按会计核算计入当期损益的跨期扣除项目金额大于按照税法规定允许税前扣除的金额时，其差额调增纳税所得额；反之，则调减纳税所得额。

（5）**其他**，这是指纳税人因会计处理与税法规定有差异而需要纳税调整的其他扣除类项目金额。

（三）资产类调整项目

1.固定资产

（1）固定资产初始计量。

税法规定，固定资产以历史成本为计税基础，企业会计准则规定固定资产一般应以历史成本为计量基础，因此两者一般不存在差异，但特殊情形下会存在差异。税法规定，准予税前扣除的固定资产折旧，是以按税法确定的固定资产计税基础为基数计算的计税折旧额，固定资产初始成本与计税基础的不同将直接导致会计折旧与计税折旧之间存在差异，从而导致应纳税所得额与会计利润的不同，必须进行纳税调整。导致固定资产初始成本与计税基础出现差异的常见情形如下。

1. 微课：固定资产纳税调整
2. 固定资产纳税调整讲义

①涉及佣金、手续费的外购固定资产。会计上的初始计量与计税基础相同，均以购买价款和支付的相关税费以及直接归属于使该资产达到预定用途发生的其他支出为原始成本计价。不同的是，企业外购固定资产或者工程物资发生的手续费及佣金应全额计入固定资产成本；税法规定，允许税前扣除的佣金及手续费不得超过合同金额的5%，除委托个人代理外，企业以现金等非转账方式支付的手续费及佣金不得在税前扣除。因此，固定资产计税基础等于会计入账价值减去不予税前扣除的佣金及手续费支出，与会计初始计量存在差异。

②超过正常信用条件购入固定资产。税法规定，外购固定资产以购买价款和支付的相关税费以及直接归属于使该资产达到预定用途发生的其他支出为计税基础；企业会计准则规定，超过正常信用条件购入固定资产，按应付购买价款的现值为固定资产的入账价值，应付购买价款与其现值之间的差额作为未确认融资费用。由此将造成固定资产的初始成本与计税基础之间的差异。

【做中学5-18】

甲公司于20×5年12月向乙公司采取分期付款的方式购买了一台管理用机器设备,乙公司负责安装、调试,调试合格后于12月31日移交给甲公司投入使用。合同约定,机器不含税价值为1 000万元,之后的5年中每年的12月31日支付200万元。长期应收款折合现值为800万元(不含税)。假定该设备使用期限为10年,无净残值。

要求:进行税务和会计处理。

解析:(1)甲公司进行的会计处理如下。

购买固定资产的价款超过正常信用条款延期支付的,实质上具有融资性质,固定资产的成本以购买价款的现值为基础确定。

借:固定资产	8 000 000
未确认融资费用	2 000 000
贷:长期应付款	10 000 000

20×6年折旧额=800÷10=80(万元)

(2)甲公司进行的税务处理如下。

外购的固定资产,以购买价款和支付的相关税费,以及直接对属于该资产达到预定可使用状态发生的其他支出,即总共支付的1 000万元为税务的取得成本。

税法折旧额=1000÷10=100(万元)

形成税会差异,应纳税所得额需调减20万元。

③融资租入固定资产。税法规定,融资租入的固定资产,以租赁合同约定的付款总额和承租人在签订租赁合同过程中发生的相关费用为计税基础,租赁合同未约定付款总额的,以该资产的公允价值和承租人在签订租赁合同过程中发生的相关费用为计税基础;企业会计准则规定,融资租入固定资产,以租赁开始日租赁资产的公允价值与最低租赁付款额的现值中的较低者为基础确定租入固定资产的入账价值,以最低租赁付款额为长期应付款,其差额作为未确认融资费用,由此将造成固定资产的初始成本与计税基础之间出现差异。

(2)固定资产折旧。

①折旧范围的差异。

企业会计准则规定,企业应对所有固定资产(包括融资租入的固定资产)计提折旧,但是,已提足折旧仍继续使用的固定资产和单独计价入账的土地除外。税法规定,下列固定资产不得计算折旧扣除:a.房屋、建筑物以外未投入使用的固定资产;b.以经营租赁方式租入的固定资产;c.以融资租赁方式租出的固定资产;d.已足额提取折旧仍继续使用的固定资产;e.与经营活动无关的固定资产;f.单独估价作为固定资产入账的土地;g.其他不得计算折旧扣除的固定资产。

税法规定的折旧范围与会计确定的折旧范围不一致时,必将造成计税折旧与会计折旧之间出现差异,从而需要进行纳税调整。

【做中学5-19】

同科公司于20×5年6月20日购买了一台设备,不含税金额为100万元,设备使用年限为

10年,残值为0,但购买后一直未投入使用,计划20×6年5月份再投入使用。

要求:请进行会计和税务处理。

解析:(1)20×5年进行会计处理如下。

折旧金额=100÷120×6=5(万元),计入"管理费用"。

(2)20×5年进行税务处理如下。

税法对除房屋、建筑物以外未投入使用的固定资产不计提折旧。

最终形成税会差异,应纳税所得额需调增5万元。

②折旧年限和预计净残值差异。

固定资产准则规定,企业应当根据固定资产的性质和使用情况,合理确定固定资产的使用寿命和预计净残值。固定资产的使用寿命、预计净残值一经确定,不得随意变更。但税法按不同种类固定资产规定了最低折旧年限:a.房屋、建筑物,为20年;b.飞机、火车、轮船、机器、机械和其他生产设备,为10年;c.与生产经营活动有关的器具、工具、家具等,为5年;d.飞机、火车、轮船以外的运输工具,为4年;e.电子设备,为3年。采取缩短折旧年限方法的,最低折旧年限不得低于规定折旧年限的60%。企业购置已使用过的固定资产,其最低折旧年限不得低于实施条例规定的最低折旧年限减去已使用年限后的剩余期限。

税法规定,企业应当根据固定资产的性质和使用情况,合理确定固定资产的预计净残值。固定资产的预计净残值一经确定,不得变更。一般计算税法折旧的预计净残值应与会计上保持一致。

【做中学5-20】

A企业20×4年12月以银行存款100万元购入设备一台,会计与税法折旧方法一致,均为直线法,无残值;折旧年限不一致,会计规定为5年,税法规定为10年。

要求:请计算税会差异。

解析:1~5年,每年需纳税调增10万元;6~10年,每年需纳税调减10万元。具体如表5-3所示。

表5-3 折旧差异明细 单位:万元

时间项目		1	2	3	4	5	6	7	8	9	10	合计
会计折旧	成本费用	20	20	20	20	20	0	0	0	0	0	50
税法折旧	允许扣除	10	10	10	10	10	10	10	10	10	10	50
纳税调整		10	10	10	10	10	-10	-10	-10	-10	-10	0

③折旧方法的差异。

固定资产准则规定,企业应当根据与固定资产有关的经济利益的预期实现方式,合理选择固定资产折旧方法。可选用的折旧方法包括年限平均法、工作量法、双倍余额递减法和年数总和法等。固定资产的折旧方法一经确定,不得随意变更。税法规定,固定资产应采用直线法计提折旧,但因特殊原因确需加速折旧的,可缩短折旧年限或采取加速折旧的方法。采取

固定资产加速折旧优惠总结图

缩短折旧年限方法的,最低折旧年限不得低于企业所得税法规定折旧年限的60%;采取加速折旧方法的,可以采取双倍余额递减法或年数总和法。所谓"特殊原因"是指由于技术进步,产品更新换代较快;常年处于强震动、高腐蚀状态的原因;企业会计准则规定,企业应根据固定资产所包含的经济利益预期实现方式,合理选择固定资产折旧方法,如年限平均法、工作量法、双倍余额递减法和年数总和法等。

提示:单位价值不超过500万元的固定资产可享受税前一次性扣除,执行期限截至2027年12月31日,不需要向税务局备案,留存资料备查即可。

【做中学5-21】

20×5年12月华北公司购入一台50万元的机器设备,折旧年限为10年,净残值为0,采用年限平均法,每年折旧5万元,但企业采用了税法的优惠政策,将50万元一次性税前扣除。

要求:针对上述业务进行应纳税额调整。

解析:政策规定,500万元以下的设备允许在税前扣除。因此,产生税会差异,应纳税所得额调减45万元。

2. 生产性生物资产

生产性生物资产,是指为产出农产品、提供劳务或出租等目的而持有的生物资产,包括经济林、薪炭林、产畜和役畜等。

生产性生物资产按照以下方法确定计税基础:①外购的生产性生物资产,以购买价款和支付的相关税费为计税基础。②通过捐赠、投资、非货币性资产交换、债务重组等方式取得的生产性生物资产,以该资产的公允价值和支付的相关税费为计税基础。

生产性生物资产按照直线法计算的折旧,最低年限为:①林木类生产性生物资产,为10年;②畜类生产性生物资产,为3年。企业应当自生产性生物资产投入使用月份的次月起计算折旧;停止使用的生产性生物资产,应当自停止使用月份的次月起停止计算折旧。企业应当根据生产性生物资产的性质和使用情况,合理确定生产性生物资产的预计净残值。生产性生物资产的预计净残值一经确定,不得变更。

3. 无形资产

无形资产,是指企业长期使用,但没有实物形态的资产,包括专利权、商标权、著作权、土地使用权、非专利技术、商誉等。

无形资产按照以下方法确定计税基础:①外购的无形资产,以购买价款和支付的相关税费以及直接归属于使该资产达到预定用途发生的其他支出为计税基础。②自行开发的无形资产,以开发过程中该资产符合资本化条件后至达到预定用途前发生的支出为计税基础。③通过捐赠、投资、非货币性资产交换、债务重组等方式取得的无形资产,以该资产的公允价值和支付的相关税费为计税基础。

无形资产的摊销,采取直线法计算。无形资产的摊销年限不得低于10年。作为投资或者受让的无形资产,有关法律规定或者合同约定了使用年限的,可以按照规定或者约定的使用年限分期摊销。外购商誉的支出,在企业整体转让或者清算时,准予扣除。

无形资产摊销的起止时间,当月增加的无形资产,当月开始摊销;当月减少的无形资产,当月不再摊销。下列无形资产不得计算摊销费用扣除：①自行开发的支出已在计算应纳税所得额时扣除的无形资产；②自创商誉；③与经营活动无关的无形资产；④其他不得计算摊销费用扣除的无形资产。

【做中学5-22】

A公司20×5年10月外购某非专利技术用于产品生产，实际成本为60万元。该非专利技术使用寿命期确定，但法律、合同或协议均未对其使用期限做出具体界定，A公司采用直线法按6年期限摊销，无净残值。

要求：针对上述业务进行应纳税额调整。

解析：（1）非专利技术购买后的前6年：

会计每年摊销额=60÷6=10（万元）；

税法每年摊销额=60÷10=6（万元）；

差异=10-6=4（万元），故应调增当期应纳税所得额。

（2）非专利技术购买后的后4年：

会计每年摊销额为0；

税法每年摊销额=60÷10=6（万元）；

差异6万元，故应调减当期应纳税所得额。

4.长期待摊费用

长期待摊费用，是指企业发生的应在1个年度以上或几个年度进行摊销的费用。在计算应纳税所得额时，企业发生的长期待摊费用包括：①已足额提取折旧的固定资产的改建支出；②租入固定资产的改建支出；③固定资产的大修理支出；④其他应当作为长期待摊费用的支出。按照规定摊销的，准予扣除。

已足额提取折旧的固定资产的改建支出，按照固定资产预计尚可使用年限分期摊销；租入固定资产的改建支出，按照合同约定的剩余租赁期限分期摊销；改建的固定资产延长使用年限的，除已足额提取折旧的固定资产、租入固定资产的改建支出外，其他的固定资产发生改建支出，应当适当延长折旧年限。

固定资产大修理支出，是指同时符合下列条件的支出：①修理支出达到取得固定资产时的计税基础50%以上；②修理后固定资产的使用年限延长2年以上。按照固定资产尚可使用年限分期摊销。

其他应当作为长期待摊费用的支出，自支出发生月份的次月起，分期摊销，摊销年限不得低于3年。

【做中学5-23】

20×4年11月某商贸公司以经营租赁方式租入临街商铺一间，租期为8年。20×6年11月该公司改建商铺发生改建支出20万元。

要求：计算长期待摊费用分摊期限。

解析：租入固定资产的改建支出，属于长期待摊费用，按照合同约定的剩余租赁期限分期摊销，分摊期限为6年。

5.资产减值准备

会计准则规定,资产的可收回金额小于账面价值,并存在某些减值迹象时,需要计提减值准备。但纳税人未经财政、税务部门核实的准备金,如坏账准备金、存货跌价准备金、固定资产减值准备金、长期股权投资减值准备金、无形资产减值准备金以及国家税收法规规定可提取的准备金之外的任何形式的准备金,不得税前扣除,应调增纳税所得额。企业按会计准则规定因价值恢复、资产转让等原因转回准备金时,调减纳税所得额。企业资产损失实际发生时,在实际发生年度按其发生额扣除。

1.微课:资产减值、资产损失纳税调整
2.资产减值、资产损失的纳税调整讲义

提示:目前仅针对一些特定行业,如金融、保险、证券、期货、中小企业信用担保机构、小额贷款公司等按规定计提的准备金可准予税前扣除。

【做中学5-24】

华北公司有一批存货,20×5年末该存货成本为150元,可变现净值为50元,计提存货跌价准备100元。20×6年底该批存货仍未出售,可变现净值为70元,20×6年底,暴雨导致该批存货霉烂变质。经报批后,由公司承担损失责任。

要求:汇算清缴时,上述业务是否会产生税会差异。

解析:20×5年末计提减值准备100万元,账务处理如下。

借:资产减值损失   1 000 000

  贷:存货跌价准备   1 000 000

汇算清缴时,应纳税所得额调增100万元。

20×6年末,可收回净值为70万元,存货跌价准备转回的会计分录。

借:存货跌价准备   200 000

  贷:资产减值损失   200 000

汇算清缴时,应纳税所得额调减20万元。

6.资产损失

资产损失,是指企业在生产经营活动中实际发生的、与取得应税收入有关的资产损失,包括现金损失、存款损失、坏账损失、贷款损失、股权投资损失、固定资产和存货的盘亏、毁损、报废、被盗损失,自然灾害等不可抗力因素造成的损失以及其他损失。企业资产损失税前扣除政策如下所示。

(1)现金损失。企业清查出的现金短缺减除责任人赔偿后的余额,作为现金损失在计算应纳税所得额时扣除。

(2)存款损失。企业将货币性资金存入法定具有吸收存款职能的机构,因该机构依法破产、清算,或者政府责令停业、关闭等原因,确实不能收回的部分,作为存款损失在计算应纳税所得额时扣除。

(3)坏账损失。企业除贷款类债权外的应收、预付账款符合下列条件之一的,减除可收回金额后确认的无法收回的应收、预付款项,可以作为坏账损失在计算应纳税所得额时扣除:①债务人依法宣告破产、关闭、解散、被撤销,或者被依法注销、吊销营业执照,其清算财

产不足清偿的。②债务人死亡,或者依法被宣告失踪、死亡,其财产或者遗产不足清偿的。③债务人逾期3年以上未清偿,且有确凿证据证明已无力清偿债务的。④与债务人达成债务重组协议或法院批准破产重整计划后,无法追偿的。⑤因自然灾害、战争等不可抗力导致无法收回的。⑥国务院财政、税务主管部门规定的其他条件。

(4)投资损失。企业的股权投资符合下列条件之一的,减除可收回金额后确认的无法收回的股权投资,可以作为股权投资损失在计算应纳税所得额时扣除:①被投资方依法宣告破产、关闭、解散、被撤销,或者被依法注销、吊销营业执照的。②被投资方财务状况严重恶化,累计发生巨额亏损,已连续停止经营3年以上,且无重新恢复经营改组计划的。③对被投资方不具有控制权,投资期限届满或者投资期限已超过10年,且被投资单位因连续3年经营亏损导致资不抵债的。④被投资方财务状况严重恶化,累计发生巨额亏损,已完成清算或清算期超过3年的。⑤国务院财政、税务主管部门规定的其他条件。

(5)固定资产、存货损失。对企业盘亏的固定资产或存货,以该固定资产的账面净值或存货的成本减除责任人赔偿后的余额,作为固定资产或存货盘亏损失在计算应纳税所得额时扣除;对企业毁损、报废的固定资产或存货,以该固定资产的账面净值或存货的成本减除残值、保险赔款和责任人赔偿后的余额,作为固定资产或存货毁损、报废损失在计算应纳税所得额时扣除;对企业被盗的固定资产或存货,以该固定资产的账面净值或存货的成本减除保险赔款和责任人赔偿后的余额,作为固定资产或存货被盗损失在计算应纳税所得额时扣除;企业因存货盘亏、毁损、报废、被盗等原因不得从增值税销项税额中抵扣的进项税额,可以与存货损失一起在计算应纳税所得额时扣除。

【做中学5-25】

20×5年末,暴雨导致一批存货霉烂变质,该批存货成本为150万元,计提存货跌价准备80万元,经报批后,由公司承担损失责任。

要求:进行会计处理和税务处理。

解析:20×5年报批前账务处理如下。

借:待处理财产损溢   700 000

  存货跌价准备   800 000

  贷:库存商品   1 500 000

20×5年报批后账务处理如下。

借:营业外支出   700 000

  贷:待处理财产损溢   700 000

存货发生损失时,会计上将计提存货跌价准备后的账面价值70万元作为损失,计入"营业外支出",但税法上之前不认可减值,所以认为损失的金额是未计提存货跌价准备的初始存货成本150万元,会存在税会差异80万元,应纳税调减80万元。

企业实际处置、转让资产过程中发生的合理损失,称为实际资产损失,应当在其实际发生且会计上已做损失处理的年度申报扣除,如果企业以前年度发生的实际资产损失未能在当年税前扣除,可以按照规定,向税务机关说明并进行专项申报,准予追补至该项损失发生年度扣除,其追补确认期限一般不得超过五年。

企业虽未实际处置、转让资产，但有足够的证据证明损失已经发生，即法定资产损失，应当在企业证明该项资产已符合法定资产损失确认条件，且会计上已做损失处理的年度申报扣除。企业以前年度发生的法定资产损失未能在当年税前扣除的，可以按照规定，向税务机关说明并进行专项申报，在申报年度扣除。

(四)特殊事项调整项目

1.企业重组

企业重组包括债务重组、股权收购、资产收购、企业合并、企业分立和其他等项目。发生企业重组的纳税人，按税法确认的损益与按会计核算确认的损益金额的差额若大于0，应调增纳税所得额，反之，则调减纳税所得额。对于发生债务重组业务且选择特殊性税务处理的纳税人，即债务重组所得可以在5个纳税年度均匀计入应纳税所得额，重组日所属纳税年度的以后纳税年度，也在本项目进行债务重组的纳税调整。

2.特殊行业准备金

特殊行业的准备金包括保险公司的准备金、证券行业的风险基金、期货行业的风险准备金、金融企业(包括政策性银行、商业银行、财务公司、城乡信用社和金融租赁公司等)的损失准备金、中小企业信用担保机构、小额贷款公司的赔偿准备金，以上行业计提的准备金可以企业所得税前扣除。

3.政策性搬迁

企业政策性搬迁，是指由于社会公共利益的需要，在政府主导下企业进行整体搬迁或部分搬迁。企业由于下列需要之一，提供相关文件证明资料的，属于政策性搬迁：①国防和外交的需要；②由政府组织实施的能源、交通、水利等基础设施的需要；③由政府组织实施的科技、教育、文化、卫生、体育、环境和资源保护、防灾减灾、文物保护、社会福利、市政公用等公共事业的需要；④由政府组织实施的保障性安居工程建设的需要；⑤由政府依照《中华人民共和国城乡规划法》有关规定组织实施的对危房集中、基础设施落后等地段进行旧城区改建的需要；⑥法律、行政法规规定的其他公共利益的需要。

搬迁收入、支出所得损失

二、加计扣除和减计收入

(一)加计扣除

1. 微课：企业所得税加计扣除
2. 企业所得税加计扣除讲义

1.研发费用加计扣除

企业开展研发活动中实际发生的研发费用，未形成无形资产计入当期损益的，在按规定据实扣除的基础上，再按照实际发生额的100%在税前加计扣除；形成无形资产的，按照无形资产成本的200%在税前摊销。研发活动，是指企业为获得科学与技术新知识，创造性运用科学技术新知识，或实质性改进技术、产品(服务)、工艺而持续进行的具有明确目标的系统性活动。

【做中学5-26】

20×5年A企业的新技术研究开发费用共5 000万元,其中研究阶段的支出为1 500万元,开发阶段符合资本化条件的支出为3 500万元,未形成无形资产的部分计入当期损益。

要求:计算纳税调整金额。

解析:可以税前扣除的金额=1 500+1 500×100%=3 000(万元)

20×5年9月1日,形成无形资产,除另有规定外,则至少要按10年摊销。

税法摊销金额=3 500×200%÷120×4=233.33(万元)

20×5年A企业税法比会计上多计提费用=1 500×100%+(233.33-116.67)=1 616.66(万元),需纳税调减。

允许加计扣除的研发费用包括:人员人工费用,直接投入费用,折旧费用,无形资产摊销,新产品设计费、新工艺规程制定费、新药研制的临床试验费、勘探开发技术的现场试验费,其他相关费用。其中,人员人工费用包括直接从事研发活动人员的工资薪金、四险一金和外聘研发人员的劳务费用。其他费用包括与研发活动相关的专家咨询费、代理费、会议费、差旅费、职工福利费、补充养老保险、补充医疗保险等,其他相关费用不得超过可加计扣除研发费用总额的10%。

【做中学5-27】

20×5年A公司研发人员的职工薪酬共计120万元,其中工资薪金86万元、四险一金17万元、补充养老保险4万元、职工福利费11万元、职工教育经费1万元、工会经费1万元。

要求:计算税前可扣除的金额。

解析:可加计扣除的职工薪酬=工资薪金+四险一金=86+17=103(万元)

另外,享受研究开发费用加计扣除优惠政策的,还需要满足以下条件。

(1)核算方式。①研发费用加计扣除政策首先适用于会计核算健全、实行查账征收并能够准确归集研发费用的居民企业,所以核定征收、非居民企业不能享受研发费用加计扣除。②企业在一个纳税年度内进行多项研发活动的,应按照不同研发项目分别归集可加计扣除的研发费用;企业应对研发费用和生产经营费用分别核算,准确、合理归集各项费用支出,对划分不清的,不得实行加计扣除。

(2)行业类型。下列行业不适用研发税前加计扣除政策:①烟草制造业;②住宿和餐饮业;③批发和零售业;④房地产业;⑤租赁和商务服务业;⑥娱乐业;⑦财政部和国家税务总局规定的其他行业。

(3)研发项目条件。研发项目不属于如下系列活动:①企业产品(服务)的常规性升级;②对某项科研成果的直接应用,如直接采用公开的新工艺、材料、装置、产品、服务或知识等;③企业在商品化后为顾客提供的技术支持活动;④对现存产品、服务、技术、材料或工艺流程进行的重复或简单改变;⑤市场调查研究、效率调查或管理研究;⑥作为工业(服务)流程环节或常规的质量控制、测试分析、维修维护;⑦社会科学、艺术或人文学方面的研究。

2.残疾人员工资加计扣除

企业安置残疾人员所支付的工资的加计扣除,是指在按照支付给残疾职工工资据实扣除的基础上,按照支付给残疾职工工资的100%加计扣除。

企业享受安置残疾职工工资100%加计扣除,应同时具备以下条件:①依法与安置的每位残疾人签订了1年及以上的劳动合同或服务协议,并且安置的每位残疾人在企业实际上岗工作;②为安置的每位残疾人按月足额缴纳了企业所在区县人民政府根据国家政策规定的基本养老保险、基本医疗保险、失业保险和工伤保险等社会保险;③定期通过银行等金融机构向安置的每位残疾人实际支付了不低于企业所在区县适用的经省级人民政府批准的最低工资标准的工资;④具备安置残疾人上岗工作的基本设施。

提示:企业享受安置残疾职工工资100%加计扣除,需要通过银行等金融机构向残疾职工支付工资,通过现金方式支付给残疾职工的工资不能享受加计扣除优惠。

(二)减计收入优惠

1.综合利用资源

企业以《资源综合利用企业所得税优惠目录(2021年版)》规定的资源作为主要原材料,生产国家非限制和禁止并符合国家和行业相关标准的产品取得的收入,减按90%计入收入总额。原材料占生产产品材料的比例不得低于优惠目录中规定的标准。

资源综合利用企业所得税优惠目录

减计收入实行自行判别、申报享受、相关资料留存备查,主要留存备查资料包括:①企业实际资源综合利用情况,如综合利用的资源、技术标准、产品名称等的说明;②综合利用资源生产产品取得的收入核算情况说明。

【做中学5-28】

A制造企业利用煤矸石生产新型墙体材料,符合资源综合利用相关政策条件,20×5年取得销售收入15 600万元,发生可税前扣除的成本费用为10 000万元。

要求:假设不考虑其他因素,请计算A企业当年应纳税所得额。

解析:应纳税所得额=15 600×90%-10 000=4 040(万元)

2.支持农村金融发展

金融机构向农户提供小额贷款的利息收入,在计算应纳税所得额时,按90%计入收入总额;保险公司为种植业、养殖业提供保险业务取得的保费收入,在计算应纳税所得额时,按90%计入收入总额。优惠截止日期至2027年12月31日。

三、企业所得税应纳税额计算

企业所得税按年计征,分月或者分季预缴,年终汇算清缴,多退少补。实行查账征收方式的居民企业及在中国境内有机构场所的非居民企业需在月(季)度预缴企业所得税。

(一)企业所得税预缴

企业分月(季)预缴所得税时,应当按季度的实际利润计算应纳税额预缴;按季度实际利润额计算应纳税额预缴有困难的,可以按上一年度应纳税所得额的1/4计算应纳税额预缴或

者经主管国税机关认可的其他方法计算应纳税额预缴。

1.按实际利润预缴

月(季)度预缴企业所得税税额=实际利润累计额×税率-减免所得税税额-已累计预缴的所得税额

实际利润累计额是指纳税人按会计制度核算的利润总额,平时预缴时,先按会计利润计算,暂不做纳税调整,待会计年度终了再做纳税调整。

减免所得税额是指纳税人当期实际享受的减免所得税额,包括享受减免税优惠过渡期的税收优惠、小型微利企业的税率优惠、高新技术企业的税率优惠及经税务机关审批或备案的其他减免税优惠。

2.按上一年度应纳税所得额预缴

月(季)度预缴企业所得税税额=上一年度应纳税所得额×1/12(或1/4)×适用税率

税率统一按25%的税率计算应纳税所得额,上一年度应纳税所得额中不包括纳税人的境外所得。

(二)企业所得税汇算清缴

1.查账征收

应纳税额=应纳税所得额×适用税率-减免税额-抵免税额

公式中的减免税额和抵免税额,是指依照企业所得税法和国务院的税收优惠规定减征、免征和抵免的应纳税额。

【做中学5-29】

假定A企业为居民企业,20×5年发生经营业务如下。

(1)取得销售收入2 500万元。

(2)销售成本1 100万元。

(3)发生销售费用670万元(其中广告费450万元);管理费用480万元(其中业务招待费15万元);财务费用60万元。

(4)销售税金160万元(含增值税120万元)。

(5)营业外收入70万元,营业外支出50万元(含通过公益性社会团体向贫困山区捐款30万元,支付税收滞纳金6万元)。

(6)计入成本、费用中的工资薪金总额150万元,拨缴职工工会经费3万元,支出职工福利费22万元,职工教育经费10万元。

要求:(1)计算利润总额;

(2)每一项调增、调减了多少金额,并写明调整原因;

(3)计算20×5年度实际应纳的企业所得税额。

解析:(1)会计利润总额=2 500+70-1100-670-480-60-40-50=170(万元)

(2)纳税调整如下。

①广告和业务宣传费调增=450-2 500×15%=75(万元)

②业务招待费调增=15-15×60%=6(万元)

当年营业收入的5‰限额=2 500×5‰=12.5(万元)

业务招待费的60%=15×60%=9(万元)

比较上面两个金额,取较小值作为税前扣除标准:12.5万元>9万元。因此,允许税前扣除的金额为9万元,需纳税调增9万元。

③捐赠支出应调增所得额=30-170×12%=9.6(万元)

④工会经费扣除限额=150×2%=3(万元),均可以扣除。

职工福利费扣除限额=150×14%=21(万元),需调增1万元。

职工教育经费扣除限额=150×8%=12(万元),无须调整。

⑤滞纳金调增6万元。

(3)应纳税所得额=170+75+6+9.6+6+1=267.6(万元)

20×5年应缴企业所得税额=267.6×25%=66.9(万元)

2.核定征收

核定征收办法适用于居民企业纳税人,纳税人具有下列情形之一的,税务机关可核定征收企业所得税:①依照法律、行政法规的规定可以不设置账簿的;②依照法律、行政法规的规定应当设置但未设置账簿的;③擅自销毁账簿或者拒不提供纳税资料的;④虽设置账簿,但账目混乱或者成本资料、收入凭证、费用凭证残缺不全,难以查账的;⑤发生纳税义务,未按照规定的期限办理纳税申报,经税务机关责令限期申报,逾期仍不申报的;⑥申报的计税依据明显偏低,又无正当理由的。

税务机关应根据纳税人具体情况,对核定征收企业所得税的纳税人,核定应税所得率(见表5-4)或者应纳税所得额。具有下列情形之一的,核定其应税所得率。

(1)能正确核算收入总额,但不能正确核算成本费用总额的。

(2)能正确核算成本费用总额,但不能正确核算收入总额的。

(3)通过合理方法,能计算和推定纳税人收入总额或成本费用总额的。

表5-4　应税所得率的幅度标准

单位:%

行业	应税所得率
农、林、牧、渔业	3～10
制造业	5～15
批发和零售贸易业	4～15
交通运输业	7～15
建筑业	8～20
饮食业	8～25
娱乐业	15～30
其他行业	10～30

纳税人不属于以上情形的,核定其应纳所得税额。采用应税所得率方式核定征收企业

所得税的,应纳所得税额计算公式为:

应纳所得税额=应纳税所得额×适用税率

应纳税所得额=应税收入额×应税所得率

或:应纳税所得额=成本(费用)支出额÷(1−应税所得率)×应税所得率

【做中学5−30】

20×5年某居民企业向税务机关申报收入总额120万元,成本费用支出总额140万元,全年亏损20万元,经税务机关检查,成本费用支出核算准确,但收入总额不能确定。税务机关对该企业采取核定征收办法,应税所得率为10%。

要求:计算20×5年度该企业应缴纳企业所得税。

解析:由于该居民企业申报的成本费用支出核算准确而收入总额不准确,因此该企业应纳税所得额=成本费用支出额÷(1−应税所得率)×应税所得率=140÷(1−10%)×10%=15.56(万元)

应纳企业所得税额=应纳税所得额×25%=15.56×25%=3.89(万元)

3.非居民企业所得税核定

在中国境内未设立机构、场所的,或者虽设立机构、场所但取得的所得与其所设机构、场所没有实际联系的非居民企业的所得,实行源泉扣缴,按照下列方法计算应纳税所得额。

(1)股息、红利等权益性投资收益和利息、租金、特许权使用费所得,以收入全额为应纳税所得额。

(2)转让财产所得,以收入全额减除财产净值后的余额为应纳税所得额。

(3)其他所得,参照前两项规定的方法计算应纳税所得额。

扣缴企业所得税应纳税额计算公式:

扣缴企业所得税应纳税额=应纳税所得额×实际征收率

扣缴义务人应当按照扣缴义务发生之日人民币汇率中间价折合成人民币,计算非居民企业应纳税所得额。扣缴义务发生之日为相关款项实际支付或者到期应支付之日。

【做中学5−31】

境外A公司在中国境内未设立机构、场所,20×5年取得境内B上市公司分配的股息、红利100万元,同时取得境内C上市公司分配的股息、红利50万元。已知连续持有B上市公司股票10个月,持有C上市公司股票15个月。取得D公司支付境内不动产转让收入160万元(不含增值税),该项不动产原值100万元,已计提折旧30万元。取得E公司非专利技术使用权转让收入21.2万元(含增值税),发生成本10万元。

要求:计算A企业应纳企业所得税。

解析:A公司在我国境内未设立机构、场所,所以股息、红利等权益性投资收益不免税,应纳企业所得税=(100+50)×10%=15(万元)

不动产净值=100−30=70(万元)

境内不动产转让所得应纳企业所得税=(160−70)×10%=9(万元)

职教出海:境外所得抵免规则

作业题:企业所得税税额计算

183

转让非专利技术部分应缴纳的企业所得税=21.2÷(1+6%)×10%=2(万元)

A企业应纳企业所得税合计=15+9+2=26(万元)

任务三 企业所得税会计核算

📝 任务引例

新远公司20×5年的利润总额为1 000万元,20×5年发生的有关交易中,会计处理和税务处理存在差异的事项如下。

(1)20×5年12月份购买的一台管理用设备,成本为200万元,会计上使用年限为5年,税法规定使用年限为10年,税法和会计均按直线法折旧,净残值为0。

(2)20×5年5月购入了华水公司5万股股票,成本价为70万元,作为交易性金融资产核算,20×5年末公允价值为85万元。

(3)对持有的存货计提50万元的存货跌价准备。

(4)因违反相关规定,被工商局处以12万元罚款。

(5)销售给大同公司商品一批,因销售商品承诺提供3年的保修服务,在当年度利润表中确认了100万元的销售费用,同时确认为预计负债,当年度未发生任何保修支出。

请进行企业所得税账务处理。

任务三 引例解析

W 知识储备与业务操作

所得税会计采用资产负债表债务法核算所得税,资产负债表债务法是从资产负债表出发,通过比较资产负债表上列示的资产、负债,按照企业会计准则规定确定的账面价值与按照税法规定确定的计税基础,对于两者之间的差异分别确认应纳税暂时性差异与可抵扣暂时性差异,确认相关的递延所得税负债与递延所得税资产,并在此基础上确定每一会计期间利润表中的所得税费用。

一、资产、负债的计税基础

(一)资产的计税基础

资产的计税基础,是指企业收回资产账面价值的过程中,计算应纳税所得额时,按照税法规定可以从应税经济利益中抵扣的金额。

资产的计税基础=未来可税前列支的金额

通常情况下,资产在取得时其入账价值与计税基础是相同的,后续计量过程中因企业会计准则规定与税法规定不同,可能造成计税基础与其账面价值不同,常见的有以下资产项目。

1.固定资产

以各种方式取得的固定资产,初始确认时入账价值除特殊情形外,基本是被税法认可的,即取得时其入账价值一般等于计税基础。但固定资产在持有期间进行后续计量时,会计与税务处理在折旧方法、折旧年限的不同以及固定资产减值准备的提取等方面会产生差异。

账面价值=实际成本-会计累计折旧-固定资产减值准备

计税基础=实际成本-税法累计折旧

【做中学5-32】

A企业于20×3年12月20日取得的某项固定资产,原价为750万元,使用年限为10年,会计上采用年限平均法计提折旧,净残值为零。税法规定该类(技术进步、产品更新换代较快的)固定资产采用加速折旧法计提的折旧可予税前扣除,该企业在计税时采用双倍余额递减法计提折旧,净残值为零。20×5年12月31日,企业估计该项固定资产的可收回金额为550万元,故提取50万元减值准备。

要求:计算上述业务账面价值和计税基础,并判断未来纳税调整金额。

解析:20×5年12月31日,该项固定资产的账面价值=750-75×2-50=550(万元)

计税基础=750-750×20%-600×20%=480(万元)

该项固定资产的账面价值550万元与其计税基础480万元之间的70万元差额,将于未来期间计入企业的应纳税所得额。

2.无形资产

(1)无形资产加计扣除形成的差异。对于内部研究开发形成的无形资产,企业会计准则规定有关研究开发支出分为两个阶段,研究阶段的支出应当费用化计入当期损益,而开发阶段符合资本化条件以后发生的支出应当资本化作为无形资产的成本;税法规定,企业研究开发费用,未形成无形资产计入当期损益的,在按照规定据实扣除的基础上,按照研究开发费用的100%加计扣除;形成无形资产的,按照无形资产成本的200%摊销。这样,两者就会造成其账面价值与计税基础的差异。

(2)无形资产后续计量形成的差异。无形资产在后续计量时,会计与税务上的差异主要产生于对无形资产是否需要摊销、无形资产摊销方法、摊销年限、预计净残值的不同以及无形资产减值准备的计提。

①对于使用寿命有限的无形资产:

账面价值=实际成本-会计累计摊销-无形资产减值准备

计税基础=实际成本-税法累计摊销

②对于使用寿命不确定的无形资产:

账面价值=实际成本-无形资产减值准备

计税基础=实际成本-税法累计摊销

【做中学5-33】

A企业于20×5年1月1日取得某项无形资产,取得成本为2 000万元,取得该项无形资产后,根据各方面情况判断,A企业无法合理预计其使用期限,将其作为使用寿命不确定的无形资产。20×5年12月31日,对该项无形资产进行减值测试,发生400万元减值。企业在计税时,对该项无形资产按照10年的期限采用直线法摊销,摊销金额允许税前扣除。

要求:计算上述业务账面价值和计税基础,并判断未来纳税调整金额。

解析:20×5年12月31日,该无形资产的账面价值=2 000-100=1 900(万元)

计税基础=2 000-2 000÷10=1 800(万元)

该无形资产的账面价值1 900万元与其计税基础1 800万元之间的差额100万元将计入未来期间企业的应纳税所得额。

3.以公允价值计量且其变动计入当期损益的金融资产

(1)以公允价值计量且其变动计入当期损益的金融资产,其账面价值按期末公允价值计量,公允价值变动计入当期损益;其计税基础按取得时的成本计量。

【做中学5-34】

20×5年9月20日,A公司自公开市场取得一项权益性投资,支付价款2 000万元,作为交易性金融资产核算。20×5年12月31日,该投资的市价为2 300万元。

要求:计算上述业务账面价值和计税基础,并判断未来纳税调整金额。

解析:20×5年12月31日,该项交易性金融资产的账面价值为2 300万元,计税基础为2 000万元。

该交易性金融资产的账面价值2 300万元与其计税基础2 000万元之间产生了300万元的暂时性差异,该暂时性差异在未来期间转回时会增加未来期间的应纳税所得额。

(2)可供出售金融资产,其账面价值按期末公允价值计量,公允价值变动计入其他综合收益,减值损失计入资产减值损失。其计税基础按取得时的成本计量。

4.其他资产

因企业会计准则规定与税收法规规定不同,企业持有的其他资产,可能造成其账面价值与计税基础之间存在差异。

(1)采用公允价值模式进行后续计量的投资性房地产。其账面价值按期末公允价值计量,计税基础以历史成本为基础确定。

(2)其他各种资产减值准备。有关资产计提减值准备以后,其账面价值会随之下降,而税法规定资产的减值准备在转化为实质性损失之前,不允许税前扣除,即其计税基础不会因减值准备的提取而发生变化,从而造成资产的账面价值与其计税基础之间的差异。

(二)负债的计税基础

负债的计税基础,是指负债的账面价值减去未来期间计算应纳税所得额时按照税法规定可予抵扣的金额。

负债的计税基础=账面价值-未来期间按照税法规定可予税前扣除的金额

1.企业因销售商品提供售后服务等原因确认的预计负债

企业应将预计提供售后服务发生的支出满足有关确认条件时,在销售当期确认为费用,同时确认预计负债。但税法规定,销售产品有关的支出可于实际发生时税前扣除。由于该类事项产生的预计负债在期末的计税基础为其账面价值与未来期间可税前扣除的金额之间的差额,因此其计税基础为0。

因其他事项确认的预计负债,应按照税法规定的计税原则确定其计税基础。某些情况下,因某些事项确认的预计负债,如果税法规定无论是否实际发生均不允许税前扣除,即未来期间按照税法规定可予抵扣的金额为0,其账面价值与计税基础相同。

【做中学5-35】

A企业20×5年因销售产品承诺提供3年的保修服务,在当年度利润表中确认了500万元的销售费用,同时确认为预计负债,当年度未发生任何保修支出。假定按照税法规定,与产品售后服务相关的费用在实际发生时允许税前扣除。

要求:计算上述业务的账面价值和计税基础,并判断未来纳税调整的金额。

解析:20×5年12月31日,该项预计负债的账面价值为500万元。

计税基础=账面价值-未来期间计算应纳税所得额时按照税法规定可以抵扣的金额= 500-500=0。

2.预收账款

企业在收到客户预付款项时,因不符合收入确认条件,会计上将其确认为负债。税法中对于收入的确认原则一般与会计规定相同,即会计上未确认收入时,计税时一般也不计入应纳税所得额,该部分经济利益在未来期间计税时可予税前扣除的金额为零,计税基础等于账面价值。

如果不符合企业会计准则规定的收入确认条件,但按照税法规定应计入当期应纳税所得额时,预收账款的计税基础为零,即因其产生时已经计算缴纳所得税,未来期间可全额税前扣除,计税基础为账面价值减去在未来期间可全额税前扣除的金额,即其计税基础为零。

3.递延收益

(1)对于确认为递延收益的政府补助,如果按税法规定,该政府补助为免税收入,则并不构成收到当期的应纳税所得额,未来期间会计上确认为收益时,也同样不会作为应纳税所得额,因此不会产生递延所得税影响。

(2)对于确认为递延收益的政府补助,如果按税法规定,应作为当期的应纳税所得额计缴企业所得税,则该递延收益的计税基础为0。资产负债表日,该递延收益的账面价值与其计税基础0之间将产生可抵扣暂时性差异。如期末递延收益账面价值为100万元,则产生100万元的可抵扣暂时性差异。

4.其他负债

其他负债如企业应交的罚款和滞纳金等,在尚未支付之前按照会计规定确认为费用,同时作为负债反映。税法规定,行政性的罚款和滞纳金不得税前扣除,其计税基础为账面价值减去未来期间计税时可予税前扣除的金额0之间的差额,即计税基础等于账面价值减去这部分的金额。

【做中学5-36】

A公司20×5年12月因违反当地有关环保法规的规定,接到环保部门的处罚通知,要求其支付罚款500万元。税法规定,企业因违反国家有关法律法规支付的罚款和滞纳金,计算应纳税所得额时不允许税前扣除。至20×5年12月31日,该项罚款尚未支付。

要求:计算上述业务的账面价值和计税基础,并判断未来纳税调整的金额。

解析:应支付罚款产生的负债账面价值为500万元。

该项负债的计税基础=账面价值−未来期间计算应纳税所得额时按照税法规定可予抵扣的金额=500−0=500万元。

二、暂时性差异

暂时性差异,是指资产或负债的账面价值与其计税基础之间的差额。根据暂时性差异对未来期间应纳税所得额影响的不同,分为应纳税暂时性差异和可抵扣暂时性差异。

(一)应纳税暂时性差异

应纳税暂时性差异,是指在确定未来收回资产或清偿负债期间的应纳税所得额时,将导致产生应税金额的暂时性差异。

(1)应纳税暂时性差异通常产生于资产的账面价值>计税基础;

(2)负债的账面价值<计税基础。

【做中学5-37】

要求:接【做中学5-32】,计算20×5年该业务形成的暂时性差异。

解析:20×5年12月31日,该项固定资产的账面价值550万元>计税基础480万元。

形成应纳税暂时性差异=550−480=70(万元)。

1. 微课:企业所得税暂时性差异
2. 企业所得税暂时性差异及账务处理讲义

(二)可抵扣暂时性差异

可抵扣暂时性差异,是指在确定未来收回资产或清偿负债期间的应纳税所得额时,将导致产生可抵扣金额的暂时性差异。

(1)可抵扣暂时性差异一般产生于资产的账面价值<计税基础;

(2)负债的账面价值>计税基础。

【做中学5-38】

要求:接【做中学5-35】,计算20×5年该业务形成的暂时性差异。

解析:20×5年12月31日,该项预计负债的账面价值500万元>计税基础0万元,形成可抵扣暂时性差异为500万元。

(三)特殊项目产生的暂时性差异

1.未作为资产、负债确认的项目产生的暂时性差异

某些交易或事项发生以后,因为不符合资产、负债的确认条件而未体现为资产负债表中的资产或负债,但按照税法规定能够确定其计税基础的,其账面价值与计税基础之间的差异也构成暂时性差异。如企业发生的符合条件的广告费和业务宣传费支出,除另有规定外,不超过当期销售收入15%的部分准予扣除;超过部分准予在以后纳税年度结转扣除。该类费用在发生时按照会计准则规定计入当期损益,不形成资产负债表中的资产,但按照税法规定可以确定其计税基础的,两者之间的差额会形成可抵扣暂时性差异。再例如企业发生的职工教育经费支出,也会产生可抵扣暂时性差异。

【做中学5-39】

A公司为电脑销售企业,20×5年发生了1 800万元广告费支出,发生时已作为销售费用计入当期损益,A公司20×5年实现销售收入10 000万元。

要求:计算上述业务形成的暂时性差异。

解析:当期可予税前扣除的广告费=10 000×15%=1 500(万元)

当期未予税前扣除的金额=1 800-1 500=300(万元),可以向以后年度结转产生300万元的暂时性差异,该暂时性差异在未来期间可减少企业的应纳税所得额,属于可抵扣暂时性差异。

2.可抵扣亏损及税款抵减产生的暂时性差异

按照税法规定可以结转以后年度的未弥补亏损及税款抵减,虽然不是因为资产、负债的账面价值与计税基础不同而产生的,但与可抵扣暂时性差异具有同样的作用,均能减少未来期间的应纳税所得额和应交所得税,会计处理上视同可抵扣暂时性差异,在符合确认条件的情况下,应确认与其相关的递延所得税资产。

三、递延所得税负债及递延所得税资产

(一)递延所得税负债的确认和计量

除所得税准则中明确规定可不确认递延所得税负债的情况以外,企业对于所有的应纳税暂时性差异均应确认相关的递延所得税负债。除直接计入所有者权益的交易或事项以及企业合并中取得资产、负债相关的以外,在确认递延所得税负债的同时,应增加利润表中的所得税费用。

递延所得税负债应以相关应纳税暂时性差异转回期间适用的所得税税率计量。无论应纳税暂时性差异的转回期间如何,递延所得税负债的确认不要求折现。

递延所得税负债的计算公式如下:

递延所得税负债=该时点应纳税暂时性差异×当时的所得税税率

当期"递延所得税负债"变动额=年末应纳税暂时性差异×新的所得税税率-年初应纳税暂时性差异×旧的所得税税率

【做中学5-40】

A企业于20×4年12月15日购入某项设备,取得成本为500万元,会计上采用年限平均法计提折旧,使用年限为10年,净残值为零,因该资产长年处于强震动状态,计税时按双倍余额递减法计列折旧,使用年限及净残值与会计相同。A企业适用的所得税税率为25%。假定该企业不存在其他会计与税收处理的差异。

要求:根据上述业务进行账务处理。

解析:20×5年12月31日A企业资产账面价值=500-500÷10=450(万元)

资产计税基础=500-500×20%=400(万元)

递延所得税负债余额=(450-400)×25%=12.5(万元)

借:所得税费用 125 000

　　贷:递延所得税负债 125 000

(二)递延所得税资产的确认和计量

(1)递延所得税资产的确认应以未来期间可能取得的应纳税所得额为限。资产、负债的账面价值与其计税基础不同产生可抵扣暂时性差异的,在估计未来期间能够取得足够的应纳税所得额用以利用该可抵扣暂时性差异时,应当以很可能取得用来抵扣可抵扣暂时性差异的应纳税所得额为限,确认相关的递延所得税资产。

(2)适用税率的确定。确认递延所得税资产时,应估计相关可抵扣暂时性差异的转回时间,采用转回期间适用的所得税税率为基础进行计算确定。无论相关的可抵扣暂时性差异转回期间如何,递延所得税资产均不予折现。

递延所得税资产的余额=该时点可抵扣暂时性差异×当时的所得税税率

当期"递延所得税资产"变动额=年末可抵扣暂时性差异×新的所得税税率-年初可抵扣暂时性差异×旧的所得税税率

【做中学5-41】

要求:接【做中学5-38】,请计算递延所得税金额。

解析:形成可抵扣暂时性差异为500万元,递延所得税资产余额=500×25%=125(万元)。

(3)按照税法规定可以结转以后年度的未弥补亏损和税款抵减,应视同可抵扣暂时性差异处理。在预计可利用未弥补亏损或税款抵减的未来期间内能够取得足够的应纳税所得额时,除准则中规定不予确认的情况外,应当以很可能取得的应纳税所得额为限,确认相应的递延所得税资产,同时减少确认当期的所得税费用。与可抵扣亏损和税款抵减相关的递延所得税资产,其确认条件与可抵扣暂时性差异产生的递延所得税资产相同。

(4)与直接计入所有者权益的交易或事项相关的可抵扣暂时性差异,相应的递延所得税资产应计入所有者权益。

(5)某些情况下,如果企业发生的某项交易或事项不是企业合并,并且交易发生时既不影响会计利润也不影响应纳税所得额,且该项交易中产生的资产、负债的初始确认金额与其计税基础不同,产生可抵扣暂时性差异的,所得税准则中规定在交易或事项发生时不确认相应的递延所得税资产。其原因在于,如果确认递延所得税资产,则需调整资产、负债的入账价值,对实际成本进行调整将有违会计核算中的历史成本原则,影响会计信息的可靠性,该种情况下不确认相应的递延所得税资产。

【做中学5-42】

A企业于20×5年度发生研发支出共计200万元,其中研究阶段支出为10万元,开发阶段不符合资本化条件支出为70万元,符合资本化条件支出为120万元,假定该项研发于20×5年7月30日达到预定用途,采用直线法按5年摊销。该企业20×5年税前会计利润为800万元,适用的所得税税率为25%。不考虑其他纳税调整事项。假定无形资产摊销计入管理费用。

要求:计算形成的暂时性差异并判断其对递延所得税的影响。

解析:无形资产20×5年按准则规定计入管理费用的金额=10+70+120÷5÷12×6=92(万元)

20×5年纳税调减金额=92×100%=92(万元)

20×5年应交所得税=(800-46)×25%=188.5(万元)

20×5年12月31日无形资产账面价值=120-120÷5÷12×6=108(万元)

计税基础=108×200%=216(万元)

可抵扣暂时性差异=216-108=108(万元),但不能确认递延所得税资产。

(三)所得税费用的确认

采用资产负债表债务法核算所得税的情况下,利润表中的所得税费用由两个部分组成:当期所得税和递延所得税。

1.当期所得税

当期所得税,是指企业按照税法规定计算确定的针对当期发生的交易和事项,应缴纳给税务部门的所得税金额,即应交所得税,应以适用的税收法规为基础计算确定。

应交所得税=应纳税所得额×所得税税率

应纳税所得额=税前会计利润+纳税调整增加额-纳税调整减少额

2.递延所得税

递延所得税,是指企业在某一会计期间确认的递延所得税资产及递延所得税负债的综合结果。即按照企业会计准则规定应予确认的递延所得税资产和递延所得税负债在期末应有的金额相对于原已确认金额之间的差额,即递延所得税资产及递延所得税负债的当期发生额,但不包括计入所有者权益的交易或事项及企业合并的所得税影响。

递延所得税=递延所得税费用-递延所得税收益

递延所得税费用=当期递延所得税负债增加额+当期递延所得税资产减少额

递延所得税收益=当期递延所得税资产增加额+当期递延所得税负债减少额

3.所得税费用

计算确定了当期所得税及递延所得税以后,利润表中应予确认的所得税费用为两者之和,即:所得税费用=当期应交所得税+递延所得税。

4.账务处理

企业应设置"递延所得税负债""递延所得税资产""所得税费用""应交税费——应交所得税"等科目核算,账务处理过程如下。

借:所得税费用
　　递延所得税资产
　　贷:递延所得税负债
　　　　应交税费——应交所得税

作业题:企业所得税会计核算

任务四　企业所得税征收管理及税收优惠

任务引例

达科公司总部位于杭州,达科公司分别在北京、天津、合肥设有分公司,20×4年第一季度总分机构汇总应纳所得税为800万元,应纳税额为200万元,上年度各分公司的营业收入、职工薪酬、资产总额如表5-5所示,请计算第一季度总分机构需要预缴企业所得税的金额。

任务四　引例解析

表5-5　各分机构财务数据明细　　　　　　单位:万元

分公司	营业收入	职工薪酬	资产总额
天津分公司	400	80	1 000
北京分公司	500	80	1 500
合肥分公司	100	40	500
总计	1 000	200	3 000

知识储备与业务操作

一、企业所得税征收管理

1.微课:企业所得税征收管理
2.企业所得税征收管理讲义

(一)征收方式

企业所得税的征收方式包括查账征收和核定征收。

查账征收是指账簿、凭证、财务会计核算制度比较健全的企业,可以准确核算收入总额和成本费用支出,按照收入减去成本费用后的利润乘以适用税率,计算缴纳企业所得税。

核定征收是指由于纳税人的会计账簿不健全,资料残缺难以查账,或者其他原因难以准确确定纳税人应纳税额时,由税务机关采用合理的方法依法核定纳税人应纳税款的一种征收方式。

(二)纳税期限

企业所得税按年计征,分月或者分季预缴,年终汇算清缴,多退少补。企业所得税的纳税年度,自公历1月1日起至12月31日止。企业在一个纳税年度的中间开业,或者终止经营活动,使该纳税年度的实际经营期不足12个月的,应当以其实际经营期为1个纳税年度。企业清算时,应当以清算期间作为1个纳税年度。企业可自年度终了之日起5个月内,向税务机关报送年度企业所得税纳税申报表,并汇算清缴。

企业在年度中间终止经营活动的,应当自实际经营终止之日起60日内,向税务机关办理当期企业所得税汇算清缴。

(三)纳税地点

(1)除税收法律、行政法规另有规定外,居民企业以企业登记注册地为纳税地点;但登记注册地在境外的,以实际管理机构所在地为纳税地点。企业注册登记地是指企业依照国家有关规定登记注册的住所地。

(2)居民企业在中国境内设立不具有法人资格的营业机构的,应当汇总计算并缴纳企业所得税。企业汇总计算并缴纳企业所得税时,应当统一核算应纳税所得额,具体办法由国务院财政、税务主管部门另行制定。

(3)非居民企业在中国境内设立机构、场所的,应当就其所设机构、场所取得的来源于中国境内的所得,以及发生在中国境外但与其所设机构、场所有实际联系的所得,以机构、场所所在地为纳税地点。非居民企业在中国境内设立两个或者两个以上机构、场所的,符合国务院税务主管部门规定条件的,可以选择由其主要机构、场所汇总缴纳企业所得税。

(4)非居民企业在中国境内未设立机构、场所的,或者虽设立机构、场所但取得的所得与其所设机构、场所没有实际联系的所得,以扣缴义务人所在地为纳税地点。

(四)跨地区经营汇总纳税

属于中央与地方共享范围的跨省市总分机构企业缴纳的企业所得税,实行"统一计算、分级管理、就地预缴、汇总清算、财政调库"的处理办法。总分机构统一计算的当期应纳税额的地方分享部分中,25%由总机构所在地分享,50%由各分支机构所在地分享,25%按一定比例在各地间进行分配。

统一计算,是指居民企业应统一计算包括各个不具有法人资格营业机构在内的企业全部应纳税所得额、应纳税额。总机构和分支机构适用税率不一致的,应分别按适用税率计算应纳所得税额。

分级管理,是指居民企业总机构、分支机构,分别由所在地主管税务机关进行监督和管理。

就地预缴,是指居民企业总机构、分支机构,应按规定的比例分别就地按月或者按季向所在地主管税务机关申报、预缴企业所得税。

汇总清算,是指在年度终了后,总分机构企业根据统一计算的年度应纳税所得额、应纳所得税额,抵减总机构、分支机构当年已就地分期预缴的企业所得税款后,多退少补。

财政调库,是指财政部定期将金库的跨省市总分机构企业所得税待分配收入,按照核定的系数调整至地方国库。

1.税款预缴

(1)分支机构预缴。

总机构在每月或每季终了之日起10日内,按照上年度各省市分支机构的营业收入、职工薪酬和资产总额三个因素,将统一计算的企业当期应纳税额的50%在各分支机构之间进行分摊,三个因素的权重依次为0.35、0.35和0.30。总机构所在省区市同时设有分支机构的,同样按三个因素分摊,各分支机构根据分摊税款就地办理缴库。当年新设立的分支机构自第二年起参与分摊;当年撤销的分支机构自办理注销税务登记之日起不参与分摊。

各分支机构分摊预缴额按下列公式计算:

某分支机构分摊税款=所有分支机构分摊税款总额×该分支机构分摊比例

所有分支机构分摊税款总额=汇总纳税企业当期应纳所得税额×50%

该分支机构分摊比例=(该分支机构营业收入/各分支机构营业收入之和)×0.35+(该分支机构职工薪酬/各分支机构职工薪酬之和)×0.35+(该分支机构资产总额/各分支机构资产总额之和)×0.30

(2)总机构预缴。

总机构应将统一计算的企业当期应纳税额的25%,就地办理缴库;将统一计算的企业当期应纳税额的剩余25%,就地全额缴入中央国库。

2.汇总清算

企业总机构汇总计算企业年度应纳所得税额时,按照预缴的分配比例,扣除总机构和各境内分支机构已预缴的税款,计算出应补应退税款,分别由总机构和各分支机构就地办理税款缴库或退库。

二、企业所得税优惠政策

(一)免征与减征优惠

(1)企业从事农、林、牧、渔业项目的所得,包括免征和减征两部分,具体项目如表5-6所示。

表5-6　企业所得税减免税项目

免征收企业所得税	减半征收企业所得税
(1)蔬菜、谷物、薯类、油料、豆类、棉花、麻类、糖料、水果、坚果的种植。 (2)农作物新品种的选育。 (3)中药材的种植。 (4)林木的培育和种植。 (5)牲畜、家禽的饲养。 (6)林产品的采集。 (7)灌溉、农产品初加工、兽医、农技推广、农机作业和维修等农、林、牧、渔服务业项目。 (8)远洋捕捞	(1)花卉、茶以及其他饮料作物和香料作物的种植。 (2)海水养殖、内陆养殖

　　(2)企业从事国家重点扶持的公共基础设施项目的投资经营的所得,自项目取得第一笔生产经营收入所属纳税年度起,第一年至第三年免征企业所得税,第四年至第六年减半征收(简称"三免三减半")企业所得税。

　　提示:国家重点扶持的公共基础设施项目,参照《公共基础设施项目企业所得税优惠目录》规定的港口码头、机场、铁路、公路、城市公共交通、电力、水利等项目。

　　(3)环境保护、节能节水项目的所得,自项目取得第一笔生产经营收入所属纳税年度起,享受企业所得税"三免三减半"优惠。

　　(4)符合条件的技术转让所得免征、减征企业所得税,是指一个纳税年度内,居民企业转让技术所得不超过500万元的部分,免征企业所得税;超过500万元的部分,减半征收企业所得税。技术转让中所称技术的范围,包括居民企业转让专利技术、计算机软件著作权、集成电路布图设计权、植物新品种、生物医药新品种、5年(含)以上非独占许可使用权,以及财政部和国家税务总局确定的其他技术。

思政园地:税收政策是"双碳"战略的护航者

　　技术转让所得=技术转让收入-技术转让成本-相关税费

　　上述技术转让收入是指当事人履行技术转让合同后获得的价款,不包括销售或转让设备、仪器、原材料等非技术性收入。与技术转让项目密不可分且一并收取的技术咨询、技术服务、技术培训等收入,可计入技术转让收入。上述技术转让成本是指转让的无形资产的净值。

　　提示:享受优惠的技术转让主体为居民企业,境内技术转让需经省级以上科技部门认定,向境外转让技术需经省级以上商务部门认定。

　　【做中学5-43】

　　A公司为居民企业,20×5年将自行开发的一项专利权转让,取得转让收入900万元,与该项技术转让有关的成本和费用为300万元。假设A公司适用的企业所得税税率为25%。

　　要求:计算A公司该项业务应纳的企业所得税。

　　解析:技术转让所得=900-300=600(万元)

　　其中500万元以内的部分免征企业所得税,超过500万元的部分,减半征收企业所得税:

　　企业所得税=(900-300-500)×25%×50%=12.5(万元)。

(二)特殊企业优惠

(1)高新技术企业、技术先进型服务企业减按15%的税率征收企业所得税。

(2)符合条件的从事污染防治的第三方企业,自2024年1月1日起至2027年12月31日止减按15%的税率征收企业所得税。第三方防治企业是指受排污企业或政府委托,负责环境污染治理设施运营维护的企业。

(3)小型微利企业2023年1月1日至2027年12月31日减按25%计算应纳税所得额,按20%的税率缴纳企业所得税。小型微利企业是指从事国家非限制和禁止行业,且同时符合年度应纳税所得额不超过300万元、从业人数不超过300人、资产总额不超过5000万元三个条件的企业。

从业人数,包括与企业建立劳动关系的职工人数和企业接受的劳务派遣用工人数。从业人数和资产总额指标,应按企业全年的季度平均值确定。具体计算公式如下:

季度平均值=(季初值+季末值)÷2

全年季度平均值=全年各季度平均值之和÷4

年度中间开业或者终止经营活动的,以其实际经营期作为一个纳税年度确定上述相关指标。

【做中学5-44】

2025年A企业建立了劳动关系的职工人数为160人,接受劳务派遣用工人员125人,应纳税所得额为240万元,资产总额如表5-7所示。

表5-7 资产总额季度明细

第一季度平均值	900万元
第二季度平均值	1000万元
第三季度平均值	1200万元
第四季度平均值	1300万元

要求:判断A企业是否为小微企业,计算2025年应纳税额。

解析:(900+1 000+1 200+1 300)÷4=1 100(万元)

A企业2025年的从业人数小于300人,资产总额小于5 000万元,应纳税所得额小于300万元,属于小微企业。

2025年应纳税额=240×25%×20%=12(万元)

(4)创业投资企业采取股权投资方式直接投资于初创科技型企业满2年的,可以按照其投资额的70%在股权持有满2年的当年抵扣该创业投资企业的应纳税所得额;当年不足抵扣的,可以在以后纳税年度结转抵扣。

(三)特殊行业优惠

(1)软件企业和集成电路企业。国家鼓励集成电路设计、装备、材料、封装、测试企业和软件企业,自获利年度起,享受"两免三减半"的企业所得税优惠待遇,按照25%的法定税率减半征收企业所得税。国家鼓励的重点集成电路设计企业和软件企业,自获利年度起,第一年至第五年免征企业所得税,接续年度减按10%的税率征收企业所得税。

（2）证券投资基金税收优惠。对证券投资基金从证券市场中取得的收入,包括买卖股票、债券的差价收入,股权的股息、红利收入,债券的利息收入及其他收入,暂不征收企业所得税。对投资者从证券投资基金分配中取得的收入,暂不征收企业所得税。对证券投资基金管理人运用基金买卖股票、债券的差价收入,暂不征收企业所得税。

任务五　企业所得税纳税申报

任务引例

请根据下列资料预缴杭州蓝天科技有限公司第二季度企业所得税,该企业为高新技术企业,预缴方式:按实际利润额预缴纳,第二季度利润表如表5-8所示,一、二季度从业人数、资产总额、应纳税所得额如表5-9所示。

任务五　引例解析

表5-8　利润表

编制单位:杭州蓝天科技有限公司　　　　　　20×5年4—6月　　　　　　单位:元

项目	本期金额	本年累计
一、营业收入	36 978 000.00	72 723 400.00
减:营业成本	15 441 000.00	30 367 300.00
税金及附加	2 559 717.00	5 034 110.10
销售费用	17 150 415.00	33 729 149.50
管理费用	5 393 460.00	10 607 138.00
研发费用	4 720 116.00	9 282 894.80
财务费用	104 520.00	205 556.00
其中:利息费用		
利息收入		
资产减值损失		
信用减值损失		
加:其他收益		
投资收益(损失以"-"号填列)	9 639 387.00	18 957 461.10
其中:对联营企业和合营企业的投资收益		
净敞口套期收益(损失以"-"号填列)		
公允价值变动收益(损失以"-"号填列)		
资产处置收益(损失以"-"号填列)		

项目	本期金额	本年累计
二、营业利润(亏损以"–"号填列)	1 248 159.00	2 454 712.70
加:营业外收入		
减:营业外支出		
三、利润总额(亏损总额以"–"号填列)	1 248 159.00	2 454 712.70
减:所得税费用	187 223.85	368 206.91
四、净利润(净亏损以"–"号填列)	1 060 935.15	2 086 505.80
(一)持续经营净利润(净亏损以"–"号填列)		
(二)终止经营净利润(净亏损以"–"号填列)		
五、其他综合收益的税后净额		
(一)不能重分类进损益的其他综合收益		
1.重新计量设定受益计划变动额		
2.权益法下不能转损益的其他综合收益		
……		
(二)将重分类进损益的其他综合收益		

表5-9　一、二季度相关数据

项目	一季度		二季度	
	季初	季末	季初	季末
从业人数/人	875	878	878	869
资产总额/元	153 210 037	154 217 697	154 217 697	154 765 889
应纳税所得额/元	1 206 553.7		2 454 712.7	

Ⓦ 知识储备与业务操作

一、企业所得税预缴

企业按月或按季预缴企业所得税的,应当自月份或者季度终了之日起15日内,向税务机关报送预缴企业所得税纳税申报表,预缴税款。企业在报送企业所得税纳税申报表时,应当按照规定附送财务会计报告和其他有关资料。

适用于实行查账征收企业所得税的居民企业纳税人,填写《中华人民共和国企业所得税月(季)度预缴纳税申报表(A类)》;适用于实行核定征收企业所得税的居民企业纳税人,填写《中华人民共和国企业所得税月(季)度预缴纳税申报表(B类)》。

1.微课:企业所得税汇算清缴填报概述

2.企业所得税月(季)度预缴纳税申报表(A类)(B类)

二、企业所得税汇算清缴

年度内从事生产、经营（包括试生产、试经营），或在纳税年度中间终止经营活动的纳税人，无论是否在减税、免税期间，也无论盈利或亏损，均应按照企业所得税法及其实施条例的有关规定进行企业所得税汇算清缴。申报表类型如下所示。

1. 企业所得税纳税申报表（A类）
2. 拓展：企业清算所得税申报表

（1）《中华人民共和国企业所得税年度纳税申报表（A类）》及相关附表，适用的纳税人类型为查账征收居民企业及实行按比例就地预缴汇总（合并）纳税办法的分支机构。

《中华人民共和国企业所得税年度纳税申报表（A类，2017年版）（2022年修订）》由一套报表、七大模块、三十七张表格组成。按内容分，包括综合性表单2张、基本财务情况表6张、纳税调整情况表13张、弥补亏损情况表1张、税收优惠情况表9张、境外税收情况表5张、汇总纳税情况表2张。按层级分，共包括基础信息表1张、主表1张、一级明细表6张、二级明细表25张、三级明细表5张。

（2）《中华人民共和国企业所得税年度纳税申报表（B类）》及相关附表，适用的纳税人类型为核定征收居民企业。

（3）《分支机构企业所得税年度纳税申报表（A类）》及相关附表（表样同《中华人民共和国企业所得税月（季）度预缴纳税申报表（A类）》），适用的纳税人类型为跨地区经营汇总纳税企业的分支机构。

🖥 工作实例解析

1. 20×3年度企业所得税纳税调整。

（1）职工福利费纳税调整：

①工资实际支付金额小于账载金额。

纳税调增：38 138 271.63−37 138 271.63=1 000 000.00（元），不产生暂时性差异。

②职工福利费为3 448 553.79元，

扣除限额=37 138 271.63×14%=5 199 358.03（元）

未达到限额，故不需要调整。

③职工教育经费为3 183 280.43元，

扣除限额=37 138 271.63×8%=2 971 061.73（元）

纳税调增：3 183 280.43−2 971 061.73=212 218.70（元），产生可抵扣暂时性差异。

④工会经费为1 326 366.84元，

扣除限额=37 138 271.63×2%=742 765.43（元）

纳税调增：1 326 366.84−742 765.43=583 601.41（元），不产生暂时性差异。

（2）广宣费纳税调整：

收入总额=主营业务收入+其他业务收入+视同收入=142 000 000+380 300+679 000+115 000=143 174 300（元）

扣除限额=143 174 300×15%=21 476 145(元)

广宣费实际发生额为9 069 020元,小于扣除限额,不需要纳税调整。

(3)捐赠支出:

①直接捐赠10万元,需要纳税调增;

②通过市人民政府向灾区捐赠40元。

扣除限额=4 396 772.00×12%=527 612.64(元),无须调整。

(4)固定资产、无形资产纳税调整:

企业拟对新购进的电子设备采用一次性扣除税收优惠政策。

税法折旧金额=17 423.5-4 120.35+(2 830×5+2 500×2)=32 453.15(元)

税法累计折旧金额=48 245.16-17 423.5+32 453.15=63 274.81(元)

电子设备纳税调减=32 453.15-17 423.5=15 029.65(元)

生产设备纳税调减=155 000-105 000=50 000(元)

固定资产纳税调减=50 000+15 029.65=65 029.65(元)

固定资产账面价值=1 050 000+600 000+117 650-(483 000+399 000+48 245.16)=837 404.84(元)

固定资产计税基础=1 050 000+600 000+117 650-(697 500+399 000+63 274.81)=1 107 875.19(元)

形成可抵扣暂时性差异=1 107 875.19-837 404.84=270 470.35(元)

(5)业务招待费纳税调整:

扣除限额=143 174 300×0.5%=715 871.50(元)

业务招待费发生额的60%=1 964 800×60%=1 178 880(元)

纳税调增=1 964 800.00-715 871.50=1 248 928.50(元),不产生暂时性差异。

(6)税务机关罚款20 000元,纳税调增,不产生暂时性差异。

(7)赞助支出60 000元,纳税调增,不产生暂时性差异。

(8)国债利息收入1 176 589.32元,免税,纳税调减,不产生暂时性差异。

(9)研发费用加计扣除。

①其他研发费用扣除限额=(6 926 632.50+623 396.93+1 108 261.20+4 155 979.50+374 038.16+387 891.42)÷(1-10%)×10%=1 508 466.63(元)

其他研发费用实际发生额277 065.30元小于扣除限额,可以扣除。

②费用化支出13 853 265.01元加计100%扣除,纳税调减。

(10)视同销售收入115 000.00元,纳税调增。

(11)视同销售成本85 000.00元,纳税调减。

(12)存货跌价准备发生额=369 782.00(元),应纳税调增,形成可抵扣暂时性差异。

(13)居民企业之间的股息红利2 036 539.68元,免税,纳税调减。

收入类纳税调整=115 000.00(元)

扣除类纳税调整=1 795 820.11+1 248 928.50+100 000+20 000+60 000-85 000=3 139 748.61(元)

资产类纳税调整=369 782-65 029.65=304 752.35(元)

免税收入=1 176 589.32+2 036 539.68=3 213 129(元)

加计扣除=13 853 265.01(元)

应纳税所得额=14 396 772+115 000+3 139 784.61+304 752.35-3 213 129-13 853 265.01=889 878.95(元)

应交企业所得税=889 878.5×25%=222 469.74(元)

2.账务处理过程如下。

递延所得税资产=(212 218.70+270 470.35+369 782.00)×25%=213 117.76(元)

借:所得税费用 128 936.85

　　递延所得税资产 213 117.76

　　贷:应交税费——应交企业所得税 342 054.61

3.填写企业所得税纳税申报表。

本案例中需填写的企业所得税年度纳税申报表包括《中华人民共和国企业所得税年度纳税申报表(A类)》(A100000)、《一般企业收入明细表》(A101010)、《一般企业成本支出明细表》(A102010)、《期间费用明细表》(A104000)、《纳税调整项目明细表》(A105000)、《视同销售和房地产开发企业特定业务纳税调整明细表》(A105010)、《职工薪酬支出及纳税调整明细表》

企业所得税纳税申报明细表

(A105050)、《广告费和业务宣传费等跨年度纳税调整明细表》(A105060)、《捐赠支出及纳税调整明细表》(A105070)、《资产折旧、摊销及纳税调整明细表》(A105080)、《免税、减计收入及加计扣除优惠明细表》(A107010)、《符合条件的居民企业之间的股息、红利等权益性投资收益优惠明细表》(A107011)、《研发费用加计扣除优惠明细表》(A107012)。这里仅列举A100000报表(见表5-10),其余报表请扫码查看。

表5-10　中华人民共和国企业所得税年度纳税申报表(A类)　　　　单位:元

行次	类别	项目	金额
1	利润总额计算	一、营业收入(填写A101010\101020\103000)	143 059 300.00
2		减:营业成本(填写A102010\102020\103000)	71 594 243.00
3		减:税金及附加	10 019 912.00
4		减:销售费用(填写A104000)	19 173 650.00
5		减:管理费用(填写A104000)	16 282 540.00
6		减:财务费用(填写A104000)	113 265.00
7		减:资产减值损失	369 782.00
8		加:公允价值变动收益	0.00
9		加:投资收益	3 213 129.00
10		二、营业利润(1-2-3-4-5-6-7+8+9)	14 865 772.00
11		加:营业外收入(填写A101010\101020\103000)	182 000.00
12		减:营业外支出(填写A102010\102020\103000)	651 000.00
13		三、利润总额(10+11-12)	14 396 772.00
14	应纳税所得额计算	减:境外所得(填写A108010)	0.00
15		加:纳税调整增加额(填写A105000)	3 709 530.61
16		减:纳税调整减少额(填写A105000)	150 029.65

续表

行次	类别	项目	金额
17	应纳税所得额计算	减:免税、减计收入及加计扣除(填写A107010)	17 066 394.01
18		加:境外应税所得抵减境内亏损(填写A108000)	0.00
19		四、纳税调整后所得(13-14+15-16-17+18)	889 878.95
20		减:所得减免(填写A107020)	0.00
21		减:弥补以前年度亏损(填写A106000)	0.00
22		减:抵扣应纳税所得额(填写A107030)	0.00
23		五、应纳税所得额(19-20-21-22)	889 878.95
24	应纳税额计算	税率(25%)	25%
25		六、应纳所得税额(23x24)	222 469.74
26		减:减免所得税额(填写A107040)	0.00
27		减:抵免所得税额(填写A107050)	0.00
28		七、应纳税额(25-26-27)	222 469.74
29		加:境外所得应纳所得税额(填写A108000)	0.00
30		减:境外所得抵免所得税额(填写A108000)	0.00
31		八、实际应纳所得税额(28+29-30)	222 469.74
32		本年累计实际已缴纳的所得税额	213 815.26
33		九、本年应补(退)所得税额(31-32)	8 654.48
34		其中:总机构分摊本年应补(退)所得税额(填写A109000)	0.00
35		财政集中分配本年应补(退)所得税额(填写A109000)	0.00
36		总机构主体生产经营部门分摊本年应补(退)所得税额(填写A109000)	0.00
FZ1	实际缴纳企业所得税计算	中央级收入实际应补(退)所得税额(一般企业33×60%;总机构(34+36)×60%+35	0.00
FZ2		地方级收入应补(退)所得税额(一般企业33×40%;总机构(34+36)×40%)	0.00
37		本年民族自治地区地方分享部分优惠方式	免征　减征　✓否
37		优惠幅度(0为不减免,100%为免征)	0.00
37.1		本年应减免金额(一般企业31行×40%×37.0行"优惠幅度";总机构A109000表第18行)	0.00
37.2		本年累计已减免金额(本年度4季度预缴申报表23.1行,总机构A109000表第19行)	0.00
37.3		因优惠产生的地方级收入应补(退)金额(一般企业37.1-37.2;总机构A109000第20行)	0.00
37.4		总机构及分支机构地方级收入全年减免总额(37.1+A109010第12列合计)	0.00
FZ3		地方级收入实际应补(退)所得税额(FZ2-37.3)	0.00
38		十、实际应补(退)所得税额(一般企业FZ1+FZ3;总机构A109000第21行)	8 654.48

⌨ 实战演练

杭州瑞鑫商贸有限责任公司主营商品批发和零售,为增值税一般纳税人,查账征收企业所得税按照实际利润预缴方式预缴企业所得税,非跨地区经营企业,非上市公司。公司资产总额300万元,从业人数36人,无残疾人员、无国家鼓励安置的其他就业人员。

(一)企业基本信息

股东信息:李胜(中国国籍,身份证330101198610150220)投资比例为70%;王晓(中国国籍,身份证330101198705060110)投资比例为30%。

法人:李胜,会计主管:周舟

适用的会计准则:企业会计准则(一般企业)

记账本位币:人民币

会计政策和估计是否发生变化:否

所得税计算方法:资产负债表债务法

现进行该公司20×3年度企业所得税汇算清缴,季度已经预缴所得税额547 974.4元。

(二)相关业务资料

相关业务资料请扫码查看。

实战演练业务资料

📋 项目小结

企业所得税思维导图

📋 项目测试

项目五 测试题

项目六　个人所得税会计实务

◎ 职业能力目标

1.掌握个人所得税基础知识,能判断居民个人、非居民个人。

2.掌握个人所得税征税对象,会根据具体情况确定应税所得额并选择适用税率。

3.会根据各项应税所得计算应纳个人所得税额。

4.能根据业务资料进行代扣代缴个人所得税的账务处理。

5.会运用个人所得税优惠政策进行简单税收筹划。

6.熟悉自行申报和源泉扣缴两种个人所得税的申报方式,会根据个人所得资料填制个人所得税纳税申报表,会办理代(预)扣代(预)缴和汇算清缴业务。

◎ 典型工作任务

1.个人所得税纳税人、扣缴义务人的判定。

2.个人所得税征税对象的确定及税率的选择。

3.个人所得税各项所得应纳税额的计算。

4.个人所得税应纳税款代(预)扣代(预)缴的账务处理。

5.个人所得税优惠政策的运用。

6.代(预)扣代(预)缴个人所得税申报纳税业务办理。

7.居民个人所得税综合所得年度汇算清缴申报办理。

◎ 素养提升

课程思政:社会公平　以人为本　　　专创融合:智能家居创业项目中的个人所得税筹划与创新实践

🖳 实战案例导入

(一)纳税人基础信息

公司名称:杭州云冉出版社有限公司

电话:0571-56688101　邮编:330000

公司地址:浙江省杭州市萧山区南环路610号

（二）业务资料

杭州云冉出版社有限公司2025年7月有4名境内员工。

1.2025年8月新增员工：王小小。

2.2025年8月聘请张盼兼任独立董事，聘请刘兆为公司员工和客户开展讲座。

3.2025年8月陈勇、王凯之在出版社出版著作，获得稿酬。

杭州云冉出版社的个人所得相关资料包括员工基础信息（见表6-1）、8月公司工资薪金收入明细（表6-2）、7月公司发放工资代扣个人所得税明细（见表6-3）、劳务报酬发放明细（见表6-4）、稿酬发放明细（见表6-5）。

表6-1　员工基础信息

工号	姓名	性别	身份证号	联系电话	任职日期	任职受雇从业类型	国籍（地区）
Y01	周洋	女	1305821987703030026	18124329009	2017—08—15	雇员	中国
Y02	徐若冉	女	3408011920006010024	17523929009	2019—05—20	雇员	中国
Y03	卢西	女	3408011999607020125	15867123567	2019—06—12	雇员	中国
Y04	陈萌	男	2301011988905230017	14789320980	2020—01—17	雇员	中国
Y05	王小小	女	2301011997705231265	17890654762	2025—08—01	雇员	中国
L01	张盼	男	46010119850715007X	13867143719		其他	中国
L02	刘兆	男	2301011980005040542	19012763621		其他	中国
W01	陈勇	男	2301021966607230482	15978654392		其他	中国
W02	王凯之	男	2301031977804230112	16699278210		其他	中国

表6-2　2025年8月杭州云冉出版社有限公司职工工资保险明细　　单位：元

工号	姓名	应发工资合计	基本养老保险金	基本医疗保险金	失业保险金	住房公积金
Y01	周洋	15 000	1 200	300	75	1 500
Y02	徐若冉	16 000	1 280	320	80	1 600
Y03	卢西	21 000	1 680	420	105	2 100
Y04	陈萌	13 000	1 040	260	65	1 300
Y05	王小小	9 000	720	180	45	900

表6-3　2025年7月杭州云冉出版社有限公司职工工资保险明细　　单位：元

工号	姓名	累计应税收入	累计减除费用	累计专项扣除	累计专项附加扣除	累计应纳税所得额	税率	速算扣除数	累计应纳税额	已扣缴税额	应补税额
001	周洋	105 000	35 000	21 525	14 000	34 475	10%	2 520	927.5	742	185.5
002	徐若冉	112 000	35 000	22 960	7 000	47 040	10%	2 520	2 184	1 747.2	436.8
003	卢西	147 000	35 000	30 135	21 000	60 865	10%	2 520	3 566.5	2 853.2	713.3
004	陈萌	91 000	35 000	18 655	14 000	23 345	3%		700.35	560.28	140.07
005	王小小	9 000	5 000	1 845	0	2 155	3%		64.65	0	64.65

表6-4 劳务报酬发放明细   单位:元

姓名	收入项目	所得项目	收入额
张盼	兼任独立董事收入	一般劳务报酬所得	10 596.42
刘兆	讲座收入	一般劳务报酬所得	96 050.36

表6-5 稿酬发放明细   单位:元

姓名	所得项目	收入额
陈勇	稿酬所得	3 600.00
王凯之	稿酬所得	159 000.00

1—7月员工专项附加扣除项目:

(1)周洋有一个女儿(姓名:周益,身份证:330103201506070221),在读小学三年级,子女教育专项附加扣除完全在周洋一方扣除。

(2)徐若冉,未婚,有一套商品房(坐落于杭州市拱墅区潮王园3—2—1501,房屋买卖合同编号:5287390,公积金贷款编号:783672378),属于首套房贷款,月供5 000元。

(3)卢西,已婚(妻子:王雨;身份证号:150221199709123562),与太太育有二子,分别读小学五年级和大学二年级,子女教育专项附加扣除:一子由卢西全部扣除,一子由卢西和太太共同扣除。

(4)陈萌有一个2岁的儿子(姓名:陈立,身份证号:330103202302031420),婴幼儿照护专项附加扣除由陈萌一人承担。

8月员工专项附加扣除项目:

(1)【新增】周洋家庭情况:已婚(丈夫:谢雨;身份证号:130582198703030025),独生子女,父亲(姓名:周洪工,身份证号:330103196508101670)2025年8月年龄刚满60周岁,母亲未满60周岁。

(2)【新增】陈萌家庭情况:现居杭州,独生子女,已婚(妻子:谢欣;身份证号:230201198611220346),8月女儿刚出生(姓名:陈均,身份证:330103202508101230),婴幼儿照护专项附加扣除由陈萌一人全额扣除。

(3)王小小,未婚,无其他专项附加扣除。

(4)其余专项附加扣除项目与7月相同。

其他情况如下:

(1)王小小、陈萌为销售部门员工,周洋、徐若冉为采编部门员工,卢西为管理人员。

(2)公司分别按职工工资总额的2%、8%计提工会经费和职工教育经费。

(3)公司分别按20%、10%、10%计提养老保险、医疗保险和住房公积金,其中这三项的个人缴费比例分别为8%、2%、10%。

(三)任务要求

1.根据上述资料计算8月员工应代扣代缴的个人所得税并进行账务处理。

2.根据上述资料计算劳务报酬项目应代扣代缴的个人所得税并进行账务处理。

3.根据上述资料计算稿酬项目应代扣代缴的个人所得税并进行账务处理。

4.代扣代缴工资薪金个人所得税申报。

任务一　个人所得税基础知识

📑 任务引例

20×5年4月,王女士从本单位领取工资收入17 500元,担任评审专家获得的报酬为5 000元,出版一部学术著作,取得所得30 000元,同时将自己专利技术转让,获得8 000元。

王女士4月的四笔所得,是否可以合并计算个人所得税应纳税额? 由谁来代扣代缴?

任务一　引例解析

ⓦ 知识储备与业务操作

1.微课:个人所得税纳税义务人
2.个人所得税纳税义务人讲义

一、纳税人确定

个人所得税的纳税义务人,包括中国公民、个体工商户、个人独资企业、合伙企业投资者、在中国境内有所得的外籍人员(包括无国籍人员,下同)和香港、澳门、台湾同胞。上述纳税义务人依据住所和居住时间两个标准,区分为居民个人和非居民个人,分别承担不同的纳税义务。

(一)居民个人

居民个人,是指在中国境内有住所,或者无住所而一个纳税年度内在中国境内居住累计满183天的个人。居民个人负有无限纳税义务,应就其来自中国境内和境外的应纳税所得额缴纳个人所得税。所谓在中国境内有住所的个人,是指因户籍、家庭、经济利益关系而在中国境内习惯性居住的个人。习惯性居住是指个人消除学习、工作、探亲等原因之后,没有理由在其他地方继续居留时要回原地方居住的情形。如因学习、工作、探亲等原因在中国境外居住,但在这些原因消除之后,必须回到中国境内居住的,则中国为该纳税人的习惯性居住地。

一个纳税年度在境内居住累计满183天,是指在一个纳税年度(即公历1月1日起至12月31日止,下同)内,在中国境内居住累计满183天。在计算居住天数时,取消了原有的临时离境规定,按纳税人一个纳税年度内在境内的实际居住时间确定。即境内无住所的个人在一个纳税年度内无论出境多少次,只要在我国境内累计住满183天,就可判定为我国的居民个人。综上所述,个人所得税的居民个人包括以下两类:

（1）在中国境内定居的中国公民和外国侨民。但不包括虽具有中国国籍，却并没有在中国大陆定居，而是侨居海外的华侨和居住在香港、澳门、台湾的同胞。

（2）从公历1月1日起至12月31日止，在中国境内累计居住满183天的外国人、海外侨胞和香港、澳门、台湾同胞。

（二）非居民个人

非居民个人，是指在中国境内无住所又不居住，或无住所且居住不满183天的个人。非居民个人负有限纳税义务，仅就其来源于中国境内的所得，向中国缴纳个人所得税。在现实生活中，非居民个人，实际上只能是在一个纳税年度中，没有在中国境内居住，或者在中国境内居住累计不满183天的外籍人员或我国香港、澳门、台湾同胞。

二、征税对象的确认

（一）工资、薪金所得

工资、薪金所得，是指个人因任职或者受雇取得的工资、薪金、奖金、年终加薪、劳动分红、津贴、补贴以及与任职或者受雇有关的其他所得。

个人取得的津贴、补贴，不计入工资、薪金所得的项目，这些项目包括：①独生子女补贴；②执行公务员工资制度，未纳入基本工资总额的补贴、津贴差额和家属成员的副食品补贴；③托儿补助费；④差旅费津贴、误餐补助。其中，误餐补助是指按照财政部规定，个人因公在城区、郊区工作，不能在工作单位或返回就餐的，根据实际误餐顿数，按规定的标准领取的误餐费；⑤外国来华留学生，领取的生活津贴费、奖学金，不属于工资、薪金范畴，不征收个人所得税。

（二）劳务报酬所得

劳务报酬所得是指个人从事劳务所取得的所得，包括从事设计、装潢、安装制图、化验、测试、医疗、法律、会计、咨询、讲学、翻译、审稿、书画、雕刻、影视、录音、录像、演出、表演、广告、展览、技术服务、介绍服务、经纪服务、代办服务以及其他劳务取得的所得。

个人不在公司任职、受雇，仅在公司担任董事、监事职务而取得的董事费、监事费按"劳务报酬所得"项目征税；个人在公司任职、受雇同时兼任董事、监事职务的，应将取得的董事费、监事费与个人工资收入合并，按"工资、薪金所得"项目征税。

劳务报酬所得与工资、薪金所得的区别：劳务报酬所得是个人独立从事自由职业或独立提供某种劳务取得的所得，不存在雇佣与被雇佣的关系；工资、薪金所得则是个人从事非独立劳动，从所在单位领取的报酬，存在雇佣与被雇佣的关系。如个人由于担任董事职务所取得的董事费收入，属于劳务报酬所得性质，按照"劳务报酬所得"项目征收个人所得税，但仅适用于个人担任公司董事、监事，且不在公司任职、受雇的情形。个人在公司（包括关联公司）任职、受雇，同时兼任董事、监事的，应将董事费、监事费与个人工资收入合并，统一按"工资、薪金所得"项目缴纳个人所得税。

(三)稿酬所得

稿酬所得是指个人因其作品以图书、报刊形式出版、发行而取得的所得。作者去世后，财产继承人取得的遗作稿酬，亦应征收个人所得税。

提示：受出版社委托进行审稿的报酬应作为劳务报酬所得征税，不作为稿酬所得。

(四)特许权使用费所得

特许权使用费所得是指个人提供专利权、商标权、著作权、非专利技术以及其他特许权的使用权取得的所得。提供著作权的使用权取得的所得，不包括稿酬的所得，对于作者将自己的文字作品手稿原件或复印件公开拍卖(竞价)取得的所得，应按特许权使用费所得征收个人所得税。

(五)经营所得

经营所得具体包括以下内容：

(1)个体工商户从事生产、经营活动取得的所得，个人独资企业投资人、合伙企业的个人合伙人来源于境内注册的个人独资企业、合伙企业生产、经营的所得。

(2)个人依法从事办学、医疗、咨询以及其他有偿服务活动取得的所得。

(3)个人对企业、事业单位承包经营、承租经营以及转包、转租取得所得。

(4)个人从事其他生产、经营活动取得的所得。例如，个人因从事彩票代销业务而取得的所得，或者从事个体出租车运营的出租车驾驶员取得的收入，都应按照"经营所得"项目计征个人所得税。

(六)利息、股息、红利所得

利息、股息、红利所得是指个人拥有债权、股权而取得的利息、股息、红利所得。

纳税年度内个人投资者从其投资企业(个人独资企业、合伙企业除外)借款，在该纳税年度终了后既不归还又未用于企业生产经营的，其未归还的借款可视为企业对个人投资者的红利分配，依照"利息、股息、红利所得"项目计征个人所得税。

(七)财产租赁所得

财产租赁所得是指个人出租不动产、机器设备、车船以及其他财产取得的所得。个人取得的财产转租收入，属于"财产租赁所得"的征税范围，由财产转租人缴纳个人所得税。

提示：适用税率有两档。基本税率为20%；对于个人按市场价格出租的居民住房取得的所得，减按10%的税率征收个人所得税。

(八)财产转让所得

财产转让所得是指个人转让有价证券、股权、合伙企业中的财产份额、不动产、机器设备、车船以及其他财产取得的所得。对股票转让所得征收个人所得税的办法，由国务院另行规定,并报全国人民代表大会常务委员会备案。

个人发生非货币性资产交换以及将财产用于捐赠、偿债、赞助、投资等用途的除国务院财政、税务主管部门另有规定外,应当视同转让财产,对转让方按"财产转让所得"征税。

(九)偶然所得

偶然所得是指个人得奖中奖、中彩以及其他偶然性质的所得。偶然所得应缴纳的个人所得税税款,一律由发奖单位或机构代扣代缴。

居民个人取得前面第一项至第四项所得(以下称综合所得),按纳税年度合并计算个人所得税;非居民个人取得前面第一项至第四项所得,按月或者按次分项计算个人所得税。纳税人取得前面第五项至第九项所得,分项计算个人所得税。

三、所得来源地的确定

除国务院财政、税务主管部门另有规定外,下列所得不论支付地点是否在中国境内,均为来源于中国境内的所得。

(1)因任职、受雇、履约等而在中国境内提供劳务取得的所得。

(2)将财产出租给承租人在中国境内使用而取得的所得。

(3)转让中国境内的不动产等财产或者在中国境内转让其他财产取得的所得。

(4)许可各种特许权在中国境内使用而取得的所得。

(5)从中国境内企业、事业单位、其他组织以及居民个人取得的利息、股息、红利所得。

作业题:个人所得税基础知识

任务二　个人所得税税款计算

📖 任务引例

引例一:

王涛20×5年1月工资为1.5万元,三险一金为3 500元,2月工资为2万元,三险一金为3 500元,无免税收入。他正在还首套房贷款。王涛为独生子女,父母都超过60岁,有一儿一女都在上学。以上均按规定在他工资内扣除。

请计算王涛20×5年1月、2月分别应缴纳的个人所得税。

引例二:

王涛20×5年工资薪金为20万元,劳务报酬3万元,稿酬所得2万元,三险一金是4万元,无其他免税收入,今年1月开始偿还首套住房贷款,王涛是独生子女,父母都超过60岁,有一儿一女还在上

任务二　引例解析

小学,他当年接受了职业教育并取得中级证书。以上均按规定在他的工资内扣除。

请计算王涛20×5年应缴纳的个人所得税。

ⓦ 知识储备与业务操作

一、个人所得税一般情形应纳税额计算

我国的个人所得税自2019年1月1日起,采用综合与分类相结合的所得税制,对纳税义务人的征税方法有三种:

(1)按年计征,如经营所得,居民个人取得的工资、薪金所得、劳务报酬所得、稿酬所得和特许权使用费所得等四项所得按纳税年度合并计算个人所得税,有扣缴义务人的,由扣缴义务人按月或者按次预扣预缴税款,需要办理汇算清缴的,在取得所得的次年规定时间内办理汇算清缴。

(2)按月计征,如非居民个人取得的工资、薪金所得。

(3)按次计征,如利息、股息、红利所得,财产租赁所得,偶然所得,非居民个人取得的劳务报酬所得,稿酬所得,特许权使用费所得等6项所得。

(一)居民个人综合所得应纳税额计算

1.居民个人预扣预缴应纳税所得额的计算

1 微课:工资薪金累计预扣预缴法
2 工资薪金累计预扣预缴法讲义

(1)工资薪金所得累计预扣预缴计算。

扣缴义务人向居民个人支付工资、薪金所得时,应当按照累计预扣法计算预扣税款,并按月办理扣缴申报。居民个人取得全年一次性奖金、半年奖、季度奖、加班奖、先进奖、考勤奖等各种名目奖金时,也须与当月工资、薪金收入合并,按税法规定缴纳(扣缴)个人所得税。

累计预扣法,是指扣缴义务人在一个纳税年度内预扣预缴税款时,以纳税人在本单位截至当前月份工资、薪金所得累计收入减除累计免税收入、累计减除费用、累计专项扣除、累计专项附加扣除和累计依法确定的其他扣除后的余额为累计预扣预缴应纳税所得额,适用居民个人工资、薪金所得预扣预缴率表(见表6-6),计算累计应预扣预缴税额,再减除累计减免税额和累计已预扣预缴税额,其余额为本期应预扣预缴税额。余额为负值时,暂不退税。纳税年度终了后余额仍为负值时,由纳税人通过办理综合所得年度汇算清缴,税款多退少补。

具体计算公式为:

本期应预扣预缴税额=(累计预扣预缴应纳税所得额×预扣率-速算扣除数)-累计减免税额-累计已预扣预缴税额

累计预扣预缴应纳税所得额=累计收入-累计免税收入-累计减除费用-累计专项扣除-累计专项附加扣除-累计依法确定的其他扣除

表6-6　个人所得税预扣税率
（居民个人工资、薪金所得预扣预缴适用）

级数	累计预扣预缴应纳税所得额	税率/%	速算扣除数
1	不超过36 000元的	3	0
2	超过36 000元至144 000元的部分	10	2 520
3	超过144 000元至300 000元的部分	20	16 920
4	超过300 000元至420 000元的部分	25	31 920
5	超过420 000元至660 000元的部分	30	52 920
6	超过660 000元至960 000元的部分	35	85 920
7	超过960 000元的部分	45	181 920

注：个人所得税预扣税率表与综合所得个人所得税税率表一致。

①收入额的确定。工资薪金收入为个人因任职或者受雇而取得的工资、薪金、奖金、年终加薪、劳动分红、津贴、补贴以及与任职或者受雇有关的其他所得，但不包括免税收入。

②减除费用，按照5 000元/月乘以纳税人当年截至本月在本单位的任职受雇月份数计算。

③专项扣除，包括居民个人按照国家规定的范围和标准缴纳的基本养老保险、基本医疗保险、失业保险等社会保险费和住房公积金等（即"三险一金"）。

1.专项附加扣除详细解读

2.专项附加扣除标准总结

④专项附加扣除。专项附加扣除目前包含了3岁以下婴幼儿照护、子女教育、继续教育、大病医疗、住房贷款利息、住房租金、赡养老人等7项支出，并将根据教育、医疗、住房、养老等民生支出变化情况，适时调整专项附加扣除的范围和标准。取得综合所得和经营所得的居民个人可以享受专项附加扣除。

专项扣除、专项附加扣除和依法确定的其他扣除，以居民个人一个纳税年度的应纳税所得额为限额。一个纳税年度扣除不完的，不结转以后年度扣除。

思政园地：税收优惠是民生改善的"及时雨"

【做中学6-1】

中国公民李某及其妻子在20×4年均发生了与基本医保相关的医药费用支出。李某的医药费用支出扣除医保报销后个人负担（医保目录范围内的自付部分，下同）20 000元，其妻子的医药费用支出扣除医保报销后个人负担100 000元。李某夫妇选择在李某一方扣除大病医疗支出。

要求：计算李某在20×5年办理个人所得税汇算清缴时，一共可以扣除的大病医疗支出的金额。

解析：李某本人发生支出超出15 000元的部分=20 000-15 000=5 000（元）

5 000元<80 000元限额，超出部分可以扣除；

其妻子发生的支出超出15 000元的部分=100 000-15 000=85 000（元）

85 000元>80 000元限额,只能扣除8万元。

所以李某可以扣除的大病医疗支出=5 000+80 000=85 000(元)。

【做中学6-2】

陈晨1月的工资为20 000元,2月的工资为21 000元,"三险一金"每月均为2 060元,从1月起享受的专项附加扣除为4 500元,无减免税额的情况。

要求:分别计算陈晨1月、2月个人所得税预缴金额。

解析:

1月个人所得税预缴金额=(20 000-5 000-2 060-4 500)×3%=253.2(元)

2月个人所得税预缴金额=(20 000+21 000-5 000×2-2 060×2-4 500×2)×3%-253.2=283.2(元)

(2)劳务报酬所得预扣预缴计算。

扣缴义务人向居民个人支付劳务报酬所得,按次或者按月预扣预缴个人所得税,适用居民个人劳务报酬所得预扣预缴税率表(见表6-7)。属于一次性收入的,以取得该项收入为一次;属于同一项目连续性收入的,以一个月内取得的收入为一次。在预扣预缴环节,每次收入不超过4 000元的,减除费用按800元计算;每次收入4 000元以上的,减除费用按收入的20%计算。具体计算公式如下:

①每次收入不超4 000元,应纳税所得额=每次收入-800

②每次收入超过4 000元,应纳税所得额=每次收入×(1-20%)

③劳务报酬所得应预扣预缴税额=预扣预缴应纳税所得额×预扣率-速算扣除数

表6-7　个人所得税预扣税率表

(居民个人劳务报酬所得预扣预缴适用)

级数	预扣预缴应纳税所得额	税率/%	速算扣除数
1	不超过20 000元的	20	0
2	超过20 000元至50 000元的部分	30	2 000
3	超过50 000元的部分	40	7 000

【做中学6-3】

陈晨20×5年3月取得一般劳务报酬所得6 050.36元。

要求:计算预扣预缴的税额。

解析:应预扣预缴税额=6 050.36×(1-20%)×20%=968.06(元)

(3)稿酬所得、特许权使用费预扣预缴计算。

稿酬所得、特许权使用费所得按次或者按月预扣预缴个人所得税,适用20%的预扣率。属于一次性收入的,以取得该项收入为一次;属于同一项目连续性收入的,以一个月内取得的收入为一次。在预扣预缴环节,每次收入不超过4 000元的,减除费用按800元计算;每次收入4 000元以上的,减除费用按收入的20%计算。稿酬所得、特许权使用费所得以收入减除费用后的余额为收入额。其中,稿酬所得的收入额减按70%计算。

【做中学6-4】

陈晨5月出版了一本著作,取得税前稿酬所得为30 000元。

要求:计算出版社应预扣预缴的税额。

解析:应预扣预缴税额=30 000×(1-20%)×(1-30%)×20%=3 360(元)

【做中学6-5】

20×5年2月居民个人王某将自己拥有的一项发明专利使用权许可给一家高新技术企业使用,取得不含增值税许可收入20万元。

要求:计算王某应预缴的个人所得税金额。

解析:应预缴个人所得税=200 000×(1-20%)×20%=32 000(元)

2.居民个人综合所得应纳税所得额的汇算清缴

首先,年度终了后,居民个人需要汇总上年度取得的工资薪金、劳务报酬、稿酬、特许权使用费等四项综合所得的收入额。工资、薪金所得全额计入收入额;劳务报酬所得、特许权使用费所得的收入额为实际取得劳务报酬、特许权使用费收入的80%;稿酬所得的收入额在扣除20%费用的基础上,再减按70%计算,即稿酬所得的收入额为实际取得稿酬收入的56%。

1.微课:年度综合所得应纳税额计算
2.年度综合所得应纳税额计算讲义

其次,居民个人的综合所得,以每一纳税年度的收入额减除费用6万元以及专项扣除、专项附加扣除、依法确定的其他扣除和符合条件的公益慈善事业捐赠后,适用综合所得个人所得税税率并减去速算扣除数(税率见表6-1)。

最后,计算最终应纳税额,再减去上年度已预缴税额,得出应退或应补税额,向税务机关申报并办理退税或补税。具体计算公式如下:

应退或应补税额=[(综合所得收入额-60 000元-"三险一金"等专项扣除-子女教育等专项附加扣除-依法确定的其他扣除-符合条件的公益慈善事业捐赠)×适用税率-速算扣除数]-已预缴税额

纳税人在上年度已依法预缴个人所得税且符合下列情形之一的,无须办理汇算:①汇算需补税但综合所得收入全年不超过12万元的;②汇算需补税金额不超过400元的;③已预缴税额与汇算应纳税额一致的;④符合汇算退税条件但不申请退税的。

【做中学6-6】

李某为独生子女,20×4年缴完社保和住房公积金后共取得工资收入30万元,劳务报酬1万元,稿酬1万元。该纳税人有两个小孩且均由其扣除子女教育专项附加,纳税人的父母健在且均已年满60周岁。

要求:计算其当年应纳个人所得税税额。

解析:(1)全年应纳税所得额=300 000+10 000×(1-20%)+10 000×(1-20%)×70%-60 000-24 000×2-36 000=313 600-144 000=169 600(元)

(2)应纳税额=169 600×20%-16 920=17 000(元)

3.全年一次性奖金所得应纳税额的计算

居民个人取得全年一次性奖金,在 2027 年 12 月 31 日前,可不并入当年综合所得,以全年一次性奖金收入除以 12 个月得到的数额,以综合所得按月换算后的金额,确定适用税率(见表 6-8)和速算扣除数,单独计算纳税。计算公式为:

应纳税额=全年一次性奖金收入×适用税率-速算扣除数

思政园地:从年终奖税改看共富理念

表 6-8 按月换算后综合所得税率表

级数	累计预扣预缴应纳税所得额	税率/%	速算扣除数
1	不超过 3 000 元的	3	0
2	超过 3 000 元至 12 000 元的部分	10	210
3	超过 12 000 元至 25 000 元的部分	20	1 410
4	超过 25 000 元至 35 000 元的部分	25	2 660
5	超过 35 000 元至 55 000 元的部分	30	4 410
6	超过 55 000 元至 80 000 元的部分	35	7 160
7	超过 80 000 元的部分	45	15 160

在一个纳税年度内,对每一个纳税人,该计税办法只允许采用一次。雇员取得除全年一次性奖金以外的其他各种名目奖金,如半年奖、季度奖、加班奖、先进奖、考勤奖等,一律与当月工资、薪金收入合并,按综合所得缴纳个人所得税。居民个人取得全年一次性奖金,也可以选择并入当年综合所得计算纳税。

【做中学6-7】

假定中国居民个人李某 20×5 年在我国境内 1—12 月每月的税后工资为 8 100 元,当年度 12 月 31 日又一次性领取年终含税奖金 60 000 元。

要求:计算李某取得年终奖金应缴纳的个人所得税。

解析:(1)年终奖金适用的税率和速算扣除数为:按 12 个月分摊后,每月的奖金=60 000÷12=5 000(元),根据工资、薪金七级超额累进税率的规定,适用的税率和速算扣除数分别为 10%、210 元。

(2)该笔年终奖应缴纳的个人所得税为:

应纳税额=年终奖金收入×适用的税率-速算扣除数=60 000×10%-210=5 790(元)

(二)财产租赁所得应纳税额计算

财产租赁所得包括个人出租不动产、机器设备、车船以及其他财产取得的所得,以 1 个月内取得的收入为一次,以每次收入额为应纳税所得额。按税法规定,财产租赁所得以每次取得的收入减除规定费用后的余额为应纳税所得额。此处所指的规定费用特指以下三项内容:

1.微课:财产租赁、财产转让所得应纳税额计算
2.财产租赁、财产转让所得应纳税额计算讲义

(1)财产租赁过程中缴纳的税费。该项税费必须提供完税凭证,才能从其财产租赁收入中扣除。

(2)由纳税人负担的出租财产实际开支的修缮费用。该费用必须提供有效、准确的凭证,并且其扣除额以每次800元为限,一次扣除不完的,准予在下一次继续扣除,直到扣完为止。

(3)税法规定的费用扣除标准:每次收入不超过4 000元的,减除费用为800元;4 000元以上的,减除费用为收入额的20%。

计算公式如下:

①每次(月)收入不超过4 000元的:应纳税所得额=每次(月)收入额-准予扣除项目-修缮费用(800元为限)-800元

②每次(月)收入超过4 000元的:应纳税所得额=[每次(月)收入额-准予扣除项目-修缮费用(800元为限)]×(1-20%)

财产租赁所得适用20%的比例税率。但对个人按市场价格出租的居民住房取得的所得,自2001年1月1日起暂减按10%的税率征收个人所得税。

应纳税额=应纳税所得额×适用税率

【做中学6-8】

张女士于20×5年8月将一套面积98平方米的居民住房按市场价出租给刘女士居住,租期3年,张女士每月取得的租金收入为4 500元,9月,因下水道堵塞,张女士找人修理,发生修理费1 000元,取得了修理收据。

要求:计算张女士20×5年8月、9月、10月应缴的个人所得税。

解析:8月应纳税额=4 500×(1-20%)×10%=360(元)

9月应纳税额=(4 500-800)×(1-20%)×10%=290(元)

10月应纳税额=(4 500-200)×(1-20%)×10%=344(元)

个人将承租房屋转租取得的租金收入,属于个人所得税应税所得,应按"财产租赁所得"项目计算缴纳个人所得税。有关财产租赁所得个人所得税税前扣除税费的扣除次序为:①财产租赁过程中缴纳的税费。②向出租方支付的租金。③由纳税人负担的租赁财产实际开支的修缮费用。④税法规定的费用扣除标准。

【做中学6-9】

王女士将租入的一套住房转租,原租入租金2 000元,有相关凭据,转租收取租金4 500元,出租房产每月实际缴纳租金180元,并取得完税凭证。

要求:计算个人所得税。

解析:王女士每个月要缴的个人所得税=(4 500-180-2 000-800)×10%=152(元)

(三)财产转让所得应纳税额计算

财产转让所得,以转让财产的收入额减除财产原值和合理费用后的余额,为应纳税所得额,适用20%的税率。

应纳税所得额=每次收入额-财产原值-合理费用

财产原值不仅包括买价,还包括买入时按规定缴纳的各项税费,如果纳税人未提供完整、准确的财产原值凭证,不能正确计算财产原值的,由主管税务机关核定其财产原值。对有价证券为买入价以及买入时按照规定缴纳的有关费用;对建筑物为建造费用或者购进价格以及其他有关费用;对土地使用权为取得土地使用权所支付的金额、开发土地的费用以及其他有关费用;对机器设备、车船为购进价格、运输费、安装费以及其他有关费用;其他财产参照上述方法确定。纳税人未提供完整、准确的财产原值凭证,不能正确计算财产原值的,由主管税务机关核定其财产原值。上式所指的合理费用是指卖出财产过程中按规定支付的有关税费。

【做中学6-10】

王先生取得A公司股权时支付人民币100万元,现与刘先生签订股权转让协议,要将其所持有的A公司股权作价人民币200万元转让给刘先生。税法规定,对于股权转让时所订立的股权转让协议属产权转移书据,立据双方还应按协议价格的万分之五缴纳印花税,假设转让过程中未支付其他费用。

要求:计算应缴纳的个人所得税。

解析:该股权转让应缴交印花税=200×0.000 5×10 000=1 000(元)

应缴交个人所得税=(2 000 000-1 000 000-1 000)×20%=199 800(元)

个人转让住房,以实际成交价格为转让收入。纳税人未提供完整、准确的房屋原值凭证,不能正确计算房屋原值和应纳税额的,税务机关可根据相关规定,对其实行核定征税,即按纳税人住房转让收入的一定比例核定应纳个人所得税额。具体比例由省级税务局或者省级税务局授权的地市级税务局根据纳税人出售住房的所处区域、地理位置、建造时间、房屋类型、住房平均价格水平等因素,在住房转让收入1%~3%的幅度内确定。

【做中学6-11】

陈晨个人建房一幢,造价36万元,支付其他费用5万元,建成后,陈晨将房屋出售,售价60万元,在出售过程中按规定支付交易费等相关税费35 000万元。

要求:针对上述业务计算应缴纳的个人所得税。

解析:应纳税所得额=600 000-(360 000+50 000)-35 000=155 000(元)

应纳税额=155 000×20%=31 000(元)

个人受赠的住房转让时,应按财产转让收入减除原捐赠人取得该房屋的实际购置成本以及赠与和转让过程中受赠人支付的相关税费后的余额,为应纳税所得额,按20%的适用税率计算缴纳个人所得税,不得采用核定征收方式。

【做中学6-12】

陈晨20×5年8月以160万元的价格转让一套两年前无偿受赠获得的房产,原捐赠人取得该套房产的实际购置成本为100万元,受赠及转让房产过程中已缴纳的税费为20万元。

要求:针对上述业务计算应缴纳的个人所得税。

解析:应缴纳的个税为=(1 600 000-1 000 000-200 000)×20%=80 000(元)

(四)利息、股息、红利所得、偶然所得应纳税额计算

利息、股息、红利所得和偶然所得按次纳税,适用20%的税率。利息、股息、红利所得以支付利息、股息、红利时取得的收入为一次;偶然所得以每次收入为一次。上述所得均应以每次收入额为应纳税所得额,不做任何费用扣除。其应缴纳个人所得税计算公式如下:

应纳税额=每次收入额×20%

在利息相关规定中,国债、地方政府债券利息、居民储蓄存款利息免征个人所得税。在股息红利方面,个人从上市公司取得的股息红利,个人持有全国中小企业股份转让系统挂牌公司股票分得的股息红利,适用差别化个税规定,具体为:持股期限≤1个月,股息红利所得全额计入应纳税所得额;1个月<持股期限≤1年,暂减按50%计入应纳税所得额;持股期限>1年,暂免征收个人所得税。

外籍个人从外商投资企业取得的股息、红利所得,暂免征收个人所得税;企业以未分配利润、盈余公积、资本公积向个人股东转增股本时,应按照"利息、股息、红利所得"项目征收个人所得税。

【做中学6-13】

陈晨20×5年3月取得财政部发行国债的利息1 200元,取得某国内上市公司发行的公司债券利息750元。

要求:计算陈晨3月取得的各项利息收入应缴纳的个人所得税。

解析:陈晨只针对上市公司债券利息收入缴纳个税,即750×20%=150(元)。

偶然所得,包括中奖、中彩及其他偶然性所得,偶然所得以每次收入额为一次应纳税所得额,适用20%的税率。在个人中奖所得中,单张有奖发票奖金所得不超过800元的,暂免征收个人所得税,如果超过800元,则需要全额征收个人所得税。购买社会福利有奖募捐奖券、体育彩票一次中奖收入不超过1万元的暂免征收个人所得税,对一次中奖收入超过1万元的,全额征税。

(五)经营所得应纳税额计算

经营所得应以其每一纳税年度的收入总额减除成本、费用以及损失后的余额为应纳税所得额。其中,经营所得收入总额是指个体工商户、个人独资企业、合伙企业以及个人从事其他生产、经营活动所取得的各项收入。

成本、费用是指生产、经营活动发生的各项直接支出和分配计入成本的间接费用以及销售费用、管理费用、财务费用;所称损失是指生产经营活动发生的固定资产和存货的盘亏、毁损、报废损失,转让财产损失,坏账损失,自然灾害等不可抗力因素造成的损失以及其他损失。

从事其他生产、经营活动,未提供完整、准确的纳税资料,不能正确计算应纳税所得额的,由主管税务机关核定应纳税所得额或者应纳税额。

1.微课:利息、股息、红利所得、偶然所得应纳税额计算
2.利息、股息、红利所得、偶然所得应纳税额计算讲义

1.微课:经营所得应纳税额计算
2.经营所得应纳税额计算讲义

1.查账征收应纳税额的计算

经营所得应纳个人所得税额实行按年计算,分月或分季预缴,年终汇算清缴,多退少补的方法,以每一纳税年度的收入总额,减除成本、费用以及损失后的余额作为应纳税所得额,按适用税率(见表6-9)计算应纳税额,其应纳税额可按下列公式计算:

应纳税额=应纳税所得额×适用税率-速算扣除数

表6-9　个人所得税税率

(经营所得适用)

级数	全年应纳税所得额	税率/%	速算扣除数
1	不超过30 000元的	5	0
2	超过30 000元至90 000元的部分	10	1 500
3	超过90 000元至300 000元的部分	20	10 500
4	超过300 000元至500 000元的部分	25	40 500
5	超过500 000元的部分	30	65 500

实际使用上述公式时应注意以下规定:

(1)取得经营所得的个人,没有综合所得的,计算其每一纳税年度的应纳税所得额时,应当减除费用60 000元、专项扣除、专项附加扣除以及依法确定的其他扣除。专项附加扣除在办理汇算清缴时减除;个体工商户、个人独资企业和合伙企业向其从业人员实际支付的合理的工资、薪金支出,允许在税前据实扣除。

(2)个体工商户、个人独资企业、合伙企业以及从事其他生产、经营活动的个人,拨缴的工会经费、发生的职工福利费、职工教育经费支出分别在工资薪金总额2%、14%、2.5%的标准内据实扣除。

(3)个体工商户、个人独资企业、合伙企业以及从事其他生产、经营活动的个人,每一纳税年度发生的广告费和业务宣传费用不超过当年销售(营业)收入15%的部分,可据实扣除;超过部分,准予在以后纳税年度结转扣除。

(4)个体工商户、个人独资企业、合伙企业以及从事其他生产、经营活动的个人,每一纳税年度发生的与其生产经营业务直接相关的业务招待费支出,按照发生额的60%扣除,但最高不得超过当年销售(营业)收入的5‰。

(5)个体工商户、个人独资企业、合伙企业以及从事其他生产、经营活动的个人,在生产、经营期间借款的利息支出,凡有合法证明的,不高于按金融机构同类、同期贷款利率计算的部分,准予扣除。

(6)个人所得税税款,税收滞纳金,罚金、罚款和被没收财物的损失,不符合扣除规定的捐赠支出,赞助支出,用于个人和家庭的支出,与取得生产经营收入无关的其他支出,国家税务总局规定不准扣除的支出。

(7)个体工商户业主、个人独资企业投资者、合伙企业个人合伙人以及从事其他生产、经营活动的个人及其家庭发生的生活费用不允许在税前扣除;企业在生产经营投资中与投资者及其家庭生活共用的固定资产,难以划分的,个体工商户40%视为与生产经营有关的费用,准予扣除。

(8)个体工商户业主、个人独资企业投资者、合伙企业个人合伙人以及从事其他生产、经营活动的个人,自行购买符合条件的商业健康保险产品的,在不超过2 400元/年的标准内据实扣除。一年内保费金额超过2 400元的部分,不得税前扣除。

(9)自2023年1月1日至2027年12月31日,对个体工商户年应纳税所得额不超过200万元的部分,减半征收个人所得税。个体工商户在享受现行其他个人所得税优惠政策的基础上,可叠加享受本条优惠政策。个体工商户不区分征收方式,均可享受。

(10)个体工商户纳税年度发生的亏损,准予向以后年度结转,用以后年度的生产经营所得弥补,但结转年限最长不得超过5年。

【做中学6-14】

某餐馆是个体工商户,账证健全,20×5年12月取得经营收入35万元,其业主张某每月从个体工商户领取工资3 000元,餐馆共雇佣8名工人,12月份的工资总额为6万元,其他准予扣除的成本、费用及相关税金共计20万元,1—11月累计应纳税所得额10万元(这10万元未扣除业主费用减除标准),1—11月累计已预缴个人所得税1万元。除经营所得外,业主张某本人没有其他收入,张某有一个6岁的孩子,20×5年全年均享受"子女教育"这一项专项附加扣除,不考虑专项附加扣除和符合税法规定的其他扣除。

要求:计算该个体工商户20×5年汇算清缴时应补缴的个人所得税。

解析:全年应纳税所得额=100 000+350 000-260 000-60 000-24 000=106 000(元)

应纳税额=106 000×20%-10 500=10 700(元)

该个体工商户20×5年应补税额=10 700-10 000=700(元)

2.核定征收应纳税额的计算

核定征收方式,包括定额征收、核定应税所得率征收以及其他合理的征收方式。有下列情形之一的,主管税务机关应采取核定征收方式征收个人所得税:①企业依照国家有关规定应当设置但未设置账簿的;②企业虽设置账簿,但账目混乱或者成本资料、收入凭证、费用凭证残缺不全,难以查账的;③纳税人发生纳税义务后,未按照规定的期限办理纳税申报,经税务机关责令限期申报,逾期仍不申报的。

实行核定应税所得率征收方式的,应纳所得税额的计算公式为:

应纳所得税额=应纳税所得额×适用税率

应纳税所得额=收入总额×应税所得率

或:应纳税所得额=成本费用支出额÷(1-应税所得率)×应税所得率。

应税所得率应按规定的标准执行(见表6-10)。

表6-10　个人所得税核定征收应税所得率

行业	应税所得率/%
工业、交通运输业、商业	5～20
建筑业、房地产开发业	7～20
饮食服务业	7～25
娱乐业	20～40
其他行业	10～30

企业经营多业的,无论其经营项目是否单独核算,均应根据其主营项目确定其适用的应税所得率。实行核定征收的投资者,不能享受个人所得税的优惠政策。实行查账征收方式的个人独资企业和合伙企业改为核定征收方式后,在查账征收方式下认定的年度经营亏损未弥补完的部分,不得再继续弥补。

另外,个人独资企业和合伙企业对外投资分回的利息或者股息、红利,不并入企业的收入,而应单独作为投资者个人取得的利息、股息、红利所得,按"利息、股息、红利所得"项目计算缴纳个人所得税。

职教出海:外派员工与跨境自由职业者的税务处理

(六)非居民个人综合所得应纳税额的计算

非居民个人的工资、薪金所得,以每月收入额减除费用5 000元后的余额为应纳税所得额;劳务报酬所得、稿酬所得、特许权使用费所得,以每次收入额为应纳税所得额。对于劳务报酬、稿酬和特许权使用费所得,应纳税所得额的计算方式是先从收入中减去20%的费用,然后以剩余的余额作为收入额。稿酬所得的收入额按70%计算。非居民个人工资、薪金所得,劳务报酬所得,稿酬所得,特许权使用费所得适用税率如表6-11所示。

非居民个人工资、薪金所得,劳务报酬所得,稿酬所得,特许权使用费所得应纳税额=应纳税所得额×税率-速算扣除数

表6-11　非居民个人工资、薪金所得,劳务报酬所得,稿酬所得,特许权使用费所得适用税率

级数	应纳税所得额	税率/%	速算扣除数/元
1	不超过3 000元的	3	0
2	超过3 000元至12 000元的部分	10	210
3	超过12 000元至25 000元的部分	20	1 410
4	超过25 000元至35 000元的部分	25	2 660
5	超过35 000元至55 000元的部分	30	4 410
6	超过55 000元至80 000元的部分	35	7 160
7	超过80 000元的部分	45	15 160

【做中学6-15】

Lucy就职于某外商投资企业,为非居民纳税人,20×5年2月取得由该企业发放的含税工资收入19 500元人民币,此外还从别处取得劳务报酬5 000元人民币。

要求:计算当月其应纳个人所得税税额。

解析:(1)该非居民个人当月工资、薪金所得应纳税额=(19 500-5 000)×20%-1 410=1 490(元)

(2)该非居民个人当月劳务报酬所得应纳税额=5 000×(1-20%)×10%-210=190(元)

二、个人所得税特殊情形应纳税额计算

(一)个人发生公益、救济性捐赠个人所得税的计算

个人通过中华人民共和国境内公益性社会组织、县级以上人民政府及其部门等国家机关,向教育、扶贫、济困等公益慈善事业的捐赠,发生的公益捐赠支出,可以按照有关规定在计算应纳税所得额时扣除。境内公益性社会组织,包括依法设立或登记并按规定条件和程序取得公益性捐赠税前扣除资格的慈善组织、其他社会组织和群众团体。

(1)居民个人发生的公益捐赠支出可以在财产租赁所得,财产转让所得,利息、股息、红利所得,偶然所得(统称分类所得),综合所得或者经营所得中扣除。在当期一个所得项目扣除不完的公益捐赠支出,可以按规定在其他所得项目中继续扣除。

(2)居民个人发生的公益捐赠支出,在综合所得、经营所得中扣除的,扣除限额分别为当年综合所得、当年经营所得应纳税所得额的30%;在分类所得中扣除的,扣除限额为当月分类所得应纳税所得额的30%。

(3)居民个人根据各项所得的收入、公益捐赠支出、适用税率等情况,自行决定在综合所得、分类所得、经营所得中扣除的公益捐赠支出的顺序。

另外,对公益性青少年活动场所的捐赠、对老年服务机构的捐赠、对农村义务教育的捐赠、对红十字事业的捐赠、对非关联的科研机构和高等学校用于研发的捐赠等特定事项的捐赠及对特定公益组织的捐赠可以全额扣除。

【做中学6-16】

王某20×5年个人所得税应纳税所得额为12.2万元,他通过红十字会向灾区捐赠5万元。

要求:计算王某20×5年应缴纳的个人所得税。

解析:公益性捐赠扣除限额=12.2×30%=3.66(万元),最高可扣除金额为3.66万元

20×5年应纳税所得额=12.2-3.66=8.54(万元)

20×5年应缴个人所得税=85 400×10%-2 520=6 020(元)

(二)两个以上的纳税人共同取得同一项所得应纳税额的计算

两个或两个以上的纳税人共同取得同一项所得的,可以对每一个人分得的收入分别减除费用,并计算各自的应纳税额。

【做中学6-17】

甲、乙两人合著一本书,共得稿费收入3 000元,甲分得2 000元,乙分得1 000元。

要求:计算甲、乙两人应纳个人所得税税额。

解析:甲应缴个人所得税额=(2 000-800)×20%×(1-30%)=168(元)

乙应缴个人所得税额=(1 000-800)×20%×(1-30%)=28(元)

(三)个人因解除劳动合同取得经济补偿金应纳税额的计算

对个人因解除劳动合同取得经济补偿金按以下规定处理:

(1)企业依照国家有关法律规定宣告破产,企业职工从该破产企业取得的一次性安置费收入,免征个人所得税。

(2)个人因与用人单位解除劳动关系而取得的一次性补偿收入,包括用人单位发放的经济补偿金、生活补助费和其他补助费用,其收入在当地上年职工平均工资3倍数额以内的部分,免征个人所得税;超过3倍数额的部分,不并入当年综合所得,单独计算纳税。

提示:个人在解除劳动合同后又再次任职、受雇的,已纳税的一次性补偿收入不再与再次任职、受雇的工资、薪金所得合并计算补缴个人所得税。

【做中学6-18】

20×5年1月,员工王某与A公司签订解除劳务合同,王某取得一次性补偿收入400 000元,当月实际缴纳基本养老保险费4 000元,基本医疗保险费2 000元,失业保险费1 000元,住房公积金3 000元,无专项附加扣除项目金额。当地20×4年度职工平均工资为90 000元。

要求:计算A公司针对上述业务代扣代缴的个人所得税。

解析:当地上年职工平均工资3倍数额以内的部分270 000元(90 000×3),免征个人所得税;超过3倍数额的部分,不计入当年综合所得。

王某2022年1月取得收入计算应纳税所得额=400 000-270 000-(4 000+2 000+1 000+3 000)=120 000(元)

应纳税额=120 000×10%-2 520=9 480(元)

(3)个人领取一次性补偿收入时按照国家和地方政府规定的比例实际缴纳的住房公积金、医疗保险费、基本养老保险费、失业保险费,可以在计征其一次性补偿收入的个人所得税时予以扣除。

(四)个人提前退休取得补贴收入应纳税额的计算

个人办理提前退休手续而取得的一次性补贴收入,应按照办理提前退休手续至法定退休年龄之间实际年度数平均分摊,确定适用税率和速算扣除数,单独适用综合所得税率表,计算纳税。计算公式为:

应纳税额={[(一次性补贴收入÷办理提前退休手续至法定退休年龄的实际年度数)-费用扣除标准]×适用税率-速算扣除数}×办理提前退休手续至法定退休年龄的实际年度数

【做中学6-19】

王某现年57岁,于20×5年6月提前办理退休手续,取得一次性补偿36万元,正常应于20×8年7月退休。

要求:计算王某提前退休取得的一次性补偿收入的应纳税额。

解析:办理提前退休手续至法定退休年龄跨越了3个纳税年度,年应纳税所得额=360 000÷3-60 000=60 000(元)

年应纳税额=60 000×10%-2 520=3 480元(元)

总应纳税额=3 480×3=10 440(元)

(五)无住所个人工资薪金所得应纳税额的计算

1.无住所个人为非居民个人

(1)非居民个人境内居住时间累计不超过90天。

在一个纳税年度内,在境内累计居住不超过90天的非居民个人,仅就归属于境内工作期间并由境内雇主支付或者负担的工资薪金所得计算缴纳个人所得税。当月工资薪金收入额的计算公式如下:

$$当月工资薪金收入额 = 当月境内外工资薪金总额 \times \frac{当月境内支付工资薪金数额}{当月境内外工资薪金总额} \times \frac{当月工资薪金所属工作期间境内工作天数}{当月工资薪金所属工作期间公历天数}$$

提示:在判定无住所纳税人的身份时,根据的是在中国境内居住的天数,在境内停留的当天不足24小时的,不计入中国境内居住天数。当计算纳税人本月应纳税额时,在境内停留的当天不足24小时的,按照半天计算工作天数。

【做中学6-20】

大卫是在华工作的外籍人,在中国境内无住所,其所在国与中国未签订税收协定。大卫20×5年8月15日来华工作,9月12日离开中国,在华期间无离境记录。在中国工作期间,每月从境内任职企业取得工资30 000元,境外取得工资折合人民币15 000元。

要求:计算大卫20×5年9月在中国应缴纳的个人所得税。

解析:第一步,计算大卫在中国居住天数。8月15日当天不足24小时,不算;8月16日—30日,合计15天;9月12日离境当天不足24小时,不算;1日—11日,合计11天,合计在中国境内累计居住26日。

第二步,9月境内实际工作天数=11+0.5=11.5(天)

第三步,计算9月工资薪金收入额=30 000×11.5÷30=11 500(元)

第四步:计算9月应纳税额=(11 500-5 000)×10%-210=440(元)

(2)非居民个人境内居住时间累计超过90天不满183天。

在一个纳税年度内,在境内累计居住超过90天但不满183天的非居民个人,取得归属于境内工作期间的工资薪金所得,均应当计算缴纳个人所得税;其取得归属于境外工作期间的

工资薪金所得,不征收个人所得税。当月工资薪金收入额的计算公式如下:

$$当月工资薪金收入额 = \frac{当月境内外}{工资薪金总额} \times \frac{当月工资薪金所属工作期间境内工作天数}{当月工资薪金所属工作期间公历天数}$$

【做中学6-21】

要求:若【做中学6-20】中大卫是20×5年4月15日来华工作的,其他条件不变,请计算大卫20×5年9月在中国应缴纳的个人所得税。

解析:第一步,计算居住天数。4月:15日当天不足24小时,不算;16日—30日,合计15天。5月:合计31天。6月:合计30天。7月:合计31天。8月:合计31天。9月12日离境当天不足24小时,不算;1日—11日。大卫合计11天合计在中国境内累计居住149日。

第二步,计算9月境内实际工作天数=11+0.5=11.5(天)

第三步,计算9月工资薪金收入额=(30 000+15 000)×11.5÷30=17 250(元)

第四步,计算9月应纳税额=(17 250-5 000)×20%-1 410=1 040(元)

2.无住所个人为居民个人

(1)无住所居民个人在境内居住累计满183天的年度连续不满六年。

无住所居民个人在境内居住累计满183天的年度连续不满六年的情形,其取得的全部工资薪金所得,除归属于境外工作期间且由境外单位或者个人支付的工资薪金所得部分外,均应计算缴纳个人所得税。工资薪金所得收入额的计算公式如下:

$$当月工资薪金收入额 = 当月境内外工资薪金总额 \times \left[1 - \frac{当月境外支付工资薪金数额}{当月境内外工资薪金总额} \times \frac{当月工资薪金所属工作期间境外工作天数}{当月工资薪金所属工作期间公历天数} \right]$$

【做中学6-22】

要求:若【做中学6-20】中大卫是20×5年4月15日来华工作,20×5年12月15日离开中国。

要求:其他条件不变,请计算大卫20×5年4月在中国应缴纳的个人所得税。

解析:第一步,计算居住天数。4月:15日当天不足24小时,不算;16日—30日,合计15天。5月:合计31天。6月:合计30天。7月:合计31天。8月:合计31天。9月:合计30天。10月:合计31天。11月:合计30天。12月15日离境当天不足24小时,不算;1日—14日,合计14天。大卫合计在中国境内累计居住243日。

第二步,计算工作天数:

4月境内实际工作天数=0.5+15=15.5(天)

第三步,计算4月工资薪金收入额=(30 000+15 000)×[1-15 000÷(30 000+15 000)×(30-15.5)÷30]=37 750(元)

第四步,计算预扣预缴应纳税额=(37 750-5 000)×3%=982.5(元)

提示:无住所居民个人为外籍个人的,计算工资、薪金收入额时,已经按规定减除住房补贴、子女教育费、语言训练费等8项津补贴的,不能同时享受专项附加扣除。

(2)无住所居民个人在境内居住累计满183天的年度连续满六年。

在境内居住累计满183天的年度连续满六年后,其从境内、境外取得的全部工资薪金所得均应计算缴纳个人所得税。

非居民个人和无住所居民个人工资薪金所得额确定

(六)税务机关有权进行纳税调整的情形

有下列情形之一的,税务机关有权按照合理方法进行纳税调整:

(1)居民个人控制的,或者居民个人和居民企业共同控制的设立在实际税负明显偏低的国家(地区)的企业,无合理经营需要,对应当归属于居民个人的利润不做分配或者减少分配。

(2)个人与其关联方之间的业务往来不符合独立交易原则而减少本人或者其关联方应纳税额,且无正当理由。关联方,是指与个人有下列关联关系之一的个人、企业或者其他经济组织:①夫妻、直系血亲、兄弟姐妹,以及其他抚养、赡养、扶养关系;②资金、经营、购销等方面的直接或者间接控制关系;③其他经济利益关系。

作业题:个人所得税税款计算

(3)个人实施其他不具有合理商业目的的安排而获取不当税收利益。税务机关依照前款规定进行纳税调整,需要补征税款的,应当补征税款,并依法加收利息。

任务三　个人所得税会计核算

🗨 任务引例

20×5年11月,甲公司当月应发工资2 000万元,其中,生产部门直接生产人员工资1 000万元,生产部门管理人员工资300万元,管理部门人员工资370万元,销售部门人员工资330万元。根据当地政府规定,甲公司分别按职工工资总额的2%、8%计提工会经费和职工教育经费,按工资总额的20%、10%、12%计提养老保险、医疗保险和住房公积金,另外,这三项的个人缴费比例分别为8%、2%、12%,单位预扣预缴的个人所得税为15万元。请进行相关账务处理。

任务三　引例解析

Ⓦ 知识储备与业务操作

一、会计科目的设置

对采用自行申报缴纳个人所得税的纳税人,除实行查账征收的个体工商户外(个人独资企业、合伙企业参照个体工商户执行),一般不需要进行会计核算。实行查账征收的个体工商户,应设置"应交税费——应交个人所得税"科目,核算其应缴纳的个人所得税;一般企业涉及的代扣代缴个人所得税业务,应设置"应交税费——代扣个人所得税"科目,核算其代扣代缴情况。

二、会计科目的设置

(一)个体工商户生产、经营所得个人所得税的会计核算

实行个体工商户会计制度的个体工商户,其应缴纳的个人所得税会计核算应通过"留存利润"和"应交税费——应交个人所得税"等科目进行。个体户按月预交个人所得税时,借记"应交税费——应交个人所得税",贷记"银行存款";年度终了,将全年应交的个人所得税额,借记"留存利润",贷记"应交税费——应交个人所得税"。

【做中学6-23】

要求:对【做中学6-14】进行账务处理。

解析:

(1)个体户按月预缴个人所得税时的账务处理。

借:应交税费——应交个人所得税　　　　　　　　　　　　　　　10 000

　　贷:银行存款　　　　　　　　　　　　　　　　　　　　　　10 000

(2)年度终了,计算全年应缴的个人所得税额。

借:留存利润　　　　　　　　　　　　　　　　　　　　　　　　700

　　贷:应交税费——应交个人所得税　　　　　　　　　　　　　700

(二)代扣代缴个人所得税会计核算

实际工作中,一般可在"应交税费"总账下设置"代扣个人所得税"明细账进行核算。同时,根据所代扣税款的具体项目不同,将代扣的税额冲减"应付职工薪酬""应付账款"和"其他应付款"等科目。

1.支付工资、薪金所得的单位代扣代缴个人所得税核算

企业对支付给职工的工资、薪金代扣个人所得税时,借记"应付职工薪酬"和"应付账款"等科目,贷记"应交税费——代扣个人所得税"科目;实际缴纳个人所得税税款时,借记"应交税费——代扣个人所得税"科目,贷记"银行存款"科目。

1. 微课:个人所得税账务处理

2. 个人所得税账务处理讲义

2.支付其他所得的单位代扣代缴个人所得税

企业代扣除工资薪金所得以外的个人所得税时,根据个人所得项目不同,应分别借记"无形资产""管理费用"或"应付账款""其他应付款"等科目,贷记"应交税费——代扣个人所得税"科目,实际缴纳个人所得税税款时,借记"应交税费——代扣个人所得税"科目,贷记"银行存款"科目。

【做中学6-24】

A企业11月与张某签订购入一项非专利技术,支付技术转让费10万元,根据个人所得税法规定,应按"特许权使用费"税目征税。

要求:计算张某技术转让收入应预扣预缴的个人所得税。

解析:A企业应预扣预缴张某技术转让应交的个人所得税=100 000×(1-20%)×20%×10 000=16 000(元)

(1)购入非专利技术时的账务处理。

借:无形资产	100 000
贷:其他应付款	100 000

(2)支付转让款,并代扣个人所得税时的账务处理。

借:其他应付款	100 000
贷:应交税费——代扣个人所得税	16 000
银行存款	84 000

【做中学6-25】

陈晨20×5年3月取得一般劳务报酬所得6 050.36元,应预扣预缴个人所得税额968.06元。

要求:进行预扣预缴个人所得税账务处理。

解析:(1)支付劳务报酬时的账务处理。

借:管理费用	6 050.36
贷:银行存款	5 082.30
应交税费——应交个人所得税	968.06

作业题:个人所得税会计核算

(2)实际申报缴纳个税税款时的账务处理。

借:应交税费——应交个人所得税	968.06
贷:银行存款	968.06

任务四　个人所得税征收管理及税收优惠

💬 任务引例

20×5年,张某在A公司工作一年,每月工资薪金50 000元整,A公司每月为其申报个人所得税,假设张某没有任何扣除项目。20×5年4月,张某为其他单位提供临时性劳务,取得劳务报酬2 000元,到税务代征点代开发票时,要求支付方代扣代缴个人所得税。

请完成以下任务:

1.计算张某20×5年的工资薪金所得应累计预扣预缴个税金额。

2.针对劳务报酬,支付方为其代扣代缴的个税金额。

3.判断张某是否需要进行20×5年个人所得税汇算清缴。

任务四 引例解析

知识储备与业务操作

一、个人所得税征收管理

1.微课:个人所得税征收管理
2.个人所得税征收管理讲义

(一)自行申报纳税规定

自行申报纳税,是由纳税人自行在税法规定的纳税期限内,向税务机关申报取得的应税所得项目和数额,如实填写个人所得税纳税申报表,并按照税法规定计算应纳税额,据此缴纳个人所得税的一种方法。

1.纳税人应当依法办理纳税申报的情形

(1)取得综合所得需要办理汇算清缴。

(2)取得应税所得没有扣缴义务人。

(3)取得应税所得,扣缴义务人未扣缴税款。

(4)取得境外所得。

(5)因移居境外注销中国户籍。

(6)非居民个人在中国境内从两处以上取得工资、薪金所得。

(7)国务院规定的其他情形。

2.取得综合所得需要办理汇算清缴的纳税申报

取得综合所得且符合下列情形之一的纳税人,应当依法办理汇算清缴:

(1)从两处以上取得综合所得,且综合所得年收入额减除专项扣除后的余额超过60 000元。

(2)取得劳务报酬所得、稿酬所得、特许权使用费所得中一项或者多项所得,且综合所得年收入额减除专项扣除的余额超过60 000元。

(3)纳税年度内预缴税额低于应纳税额。

(4)纳税人申请退税。

需要办理汇算清缴的纳税人,应当在取得所得的次年3月1日至6月30日内,向任职、受雇单位所在地主管税务机关办理纳税申报,并报送《个人所得税年度自行纳税申报表》。纳税人有两处以上任职、受雇单位的,选择向其中一处任职、受雇单位所在地主管税务机关办理纳税

思政园地:从个税改革看国家治理的智慧

申报;纳税人没有任职、受雇单位的,向户籍所在地或经常居住地主管税务机关办理纳税申报。

至2027年12月31日,居民个人取得的综合所得,年度综合所得收入不超过120 000元且需要汇算清缴补税的,或者年度汇算清缴补税金额不超过400元的,居民个人可免于办理个人所得税综合所得汇算清缴。居民个人取得综合所得时存在扣缴义务人未依法预扣预缴税款的情形除外。

(二)个人所得税扣缴申报纳税规定

扣缴申报是指按照税法规定负有扣缴税款义务的单位或者个人,在向个人支付应税款项时按照税法规定预扣或代扣税款,按时向税务机关报送扣缴个人所得税报告表,并专项记载备查。这种做法的目的是控制税源,防止偷漏税和逃税。

纳税人有中国公民身份证号码的,以中国公民身份证号码为纳税人识别号;纳税人没有中国公民身份证号码的,由税务机关赋予其纳税人识别号。扣缴义务人扣缴税款时,纳税人应当向扣缴义务人提供纳税人识别号。

1.扣缴义务人

税法规定凡是支付个人应纳税所得的企业(公司)、事业单位、机关单位、社团组织、军队、驻华机构、个体户等单位或者个人,都是个人所得税的扣缴义务人。扣缴义务人必须依法履行个人所得税全员全额扣缴申报义务。即扣缴义务人向个人支付应税所得时,不论其是否属于本单位人员、支付的应税所得是否达到纳税标准,扣缴义务人应当在预扣或代扣税款的次月内,向主管税务机关报送其支付应税所得个人的基本信息、支付所得项目和数额、扣缴税款数额以及其他相关涉税信息。同时向纳税人提供其个人所得和已扣缴税款等信息。

2.代扣代缴的范围

扣缴义务人向居民个人支付工资、薪金所得,劳务报酬所得,稿酬所得和特许权使用费所得时实行预扣个人所得税。扣缴义务人向个人支付经营所得、利息股息、红利所得、财产租赁所得、财产转让所得、偶然所得和向非居民个人支付工资、薪金所得、劳务报酬所得、稿酬所得和特许权使用费所得时实行代扣个人所得税。除大病医疗以外,子女教育、赡养老人、住房贷款利息、住房租金、继续教育、婴幼儿照护等,纳税人可以选择在单位发放工资薪金时,按月享受专项附加扣除政策。

一个纳税年度内,如果没有及时将扣除信息报送任职受雇单位,以致在单位预扣预缴工资、薪金所得税的未享受扣除或未足额享受扣除的,纳税人可以在当年剩余月份内向单位申请补充扣除,也可以在次年3月1日至6月30日内,向汇缴地主管税务机关进行汇算清缴申报时办理扣除。

税务机关应根据扣缴义务人所扣(预)缴的税款,付给2%的手续费,由扣缴义务人用于代(预)扣代(预)缴费用开支和奖励代(预)扣代(预)缴工作做得较好的办税人员。

(三)取得境外所得的纳税申报规定

居民个人从中国境外取得所得的,应当在取得所得的次年3月1日至6月30日内,向中国境内任职、受雇单位所在地主管税务机关办理纳税申报;在中国境内没有任职、受雇单位的,向户籍所在地或中国境内经常居住地主管税务机关办理纳税申报;户籍所在地与中国境内经常居住地不一致的,选择其中一地主管税务机关办理纳税申报;在中国境内没有户籍的,向中国境内经常居住地主管税务机关办理纳税申报。

二、个人所得税优惠政策

(一)减征个人所得税

(1)远洋船员个人所得税减半优惠。一个纳税年度内在船航行时间累计满183天的远洋船员,其取得的工资薪金收入减按50%计入应纳税所得额,依法缴纳个人所得税。

(2)残疾、孤老人员和烈属的所得,可以减征个人所得税,具体幅度和期限,由省、自治区、直辖市人民政府规定,并报同级人民代表大会常务委员会备案。

(3)依法批准设立的非营利性研究开发机构和高等学校,从职务科技成果转化收入中给予科技人员的现金奖励,可减按50%计入科技人员当月"工资、薪金所得",依法缴纳个人所得税。

(二)免征个人所得税

(1)省级人民政府、国务院部委和中国人民解放军军以上单位,以及外国组织、国际组织颁发的科学、教育、技术、文化、卫生、体育、环境保护等方面的奖金。

(2)国债和国家发行的金融债券利息。

(3)按照国家统一规定发给的补贴、津贴。国家统一规定发给的补贴、津贴,是指按照国务院规定发给的政府特殊津贴、院士津贴、资深院士津贴,以及国务院规定免纳个人所得税的其他补贴、津贴。

(4)福利费、抚恤金、救济金。福利费是指根据国家有关规定,从企业、事业单位、国家机关、社会组织提留的福利费或者工会经费中支付给个人的生活补助费。生活补助费,是指由于某些特定事件或原因而给纳税人本人或其家庭的正常生活造成一定困难,其任职单位按国家规定从提留的福利费或者工会经费中向其支付的临时性生活困难补助。救济金,是指各级人民政府民政部门支付给个人的生活困难补助费。

(5)保险赔款。

(6)军人的转业费、复员费、退役金。

(7)按照国家统一规定发给干部、职工的安家费、退职费、基本养老金或者退休费、离休费、离休生活补助费。

(8)依照有关法律规定应予免税的各国驻华使馆、领事馆的外交代表、领事官员和其他人员的所得。

(9)中国政府参加的国际公约、签订的协议中规定免税的所得。

(10)国务院规定的其他免税所得。

(三)特殊优惠情形

(1)境内上市公司授予个人的股票期权、限制性股票和股权奖励,经向主管税务机关备案,个人可自股票期权行权、限制性股票解禁或取得股权奖励(以下简称行权)之日起,在不超过36个月的期限内缴纳个人所得税。纳税人在此期间离职的,应在离职前缴清全部税款。

(2)科研机构、高等学校转化职务科技成果以股份或出资比例等股权形式给予科技人员个人奖励,经主管税务机关审核后,暂不征收个人所得税。

任务五　个人所得税纳税申报

一、个人所得税扣缴申报

扣缴义务人向居民个人支付工资薪金所得,劳务报酬所得,稿酬所得和特许权使用费所得的,个人所得税实行全员全额预扣预缴申报;向非居民个人支付工资、薪金所得,劳务报酬所得,稿酬所得和特许权使用费所得的,个人所得税实行全员全额扣缴申报;向纳税人(居民个人和非居民个人)支付利息、股息、红利所得,财产租赁所得,财产转让所得和偶然所得的,个人所得税实行全员全额扣缴申报。

微课:工资薪金所得代扣代缴申报

全员全额扣缴申报,是指扣缴义务人应当在代扣税款的次月15日内,向主管税务机关报送其支付所得的所有个人的有关信息、支付所得数额、扣除事项和数额、扣缴税款的具体数额和总额以及其他相关涉税信息资料。

扣缴义务人应当在每月或者每次预扣、代扣税款的次月15日内,将已扣税款缴入国库,并向税务机关报送《个人所得税扣缴申报表》。

二、汇算清缴办理渠道

为便利纳税人,税务机关为纳税人提供高效、快捷的网络办税渠道。纳税人可优先通过手机个人所得税App、自然人电子税务局网站办理汇算,税务机关将按规定为纳税人提供申报表预填服务;不方便通过上述方式办理的,也可以通过邮寄方式或到办税服务厅办理。

个人所得税年度自行纳税申报表(A表)(B表)

三、取得经营所得的纳税申报

个体工商户业主、个人独资企业投资者、合伙企业个人合伙人、承包承租经营者个人以及其他从事生产、经营活动的个人取得经营所得,包括以下情形:

(1)个体工商户从事生产、经营活动取得的所得,个人独资企业投资人、合伙企业的个人合伙人来源于境内注册的个人独资企业、合伙企业生产、经营的所得。

(2)个人依法从事办学、医疗、咨询以及其他有偿服务活动取得的所得。

（3）个人对企业、事业单位承包经营、承租经营以及转包、转租取得的所得。

（4）个人从事其他生产、经营活动取得的所得。

纳税人取得经营所得，按年计算个人所得税，由纳税人在月度或季度终了后15日内，向经营管理所在地主管税务机关办理预缴纳税申报，并报送《个人所得税经营所得纳税申报表（A表）》。在取得所得的次年3月31日前，向经营管理所在地主管税务机关办理汇算清缴，并报送《个人所得税经营所得纳税申报表（B表）》；从两处以上取得经营所得的，选择向其中一处经营管理所在地主管税务机关办理年度汇总申报，并报送《个人所得税经营所得纳税申报表（A表）》。

个人所得税经营所得纳税申报表（A表）

📖 工作实例解析

1.根据上述资料计算8月员工应代扣代缴的个人所得税并进行账务处理。

8月累计应税收入=7月累计应税收入+8月应付工资

8月累计减除费用=5 000×8=40 000（元）

8月累计专项扣除=7月累计专项扣除+8月养老保险、医疗保险、失业保险、住房公积金

8月累计专项附加扣除：

周洋=14 000+3 000=17 000（元）

徐若冉=7 000+1 000=8 000（元）

卢西=21 000+3 000=24 000（元）

陈萌=14 000+2 000=16 000（元）

2025年8月应纳个人所得税的计算，如表6-12所示。

表6-12　2025年8月应纳个人所得税计算　　　　　　单位:元

工号	姓名	累计应税收入	累计减除费用	累计专项扣除	累计专项附加扣除	累计应纳税所得额	税率	速算扣除数	累计应纳税额	已扣缴税额	应补(应退)税额
001	周洋	120 000	40 000	24 600	17 000	38 400	10%	2 520	1 320	927.5	392.5
002	徐若冉	128 000	40 000	26 240	8 000	53 760	10%	2 520	2 856	2184	672
003	卢西	168 000	40 000	34 440	24 000	69 560	10%	2 520	4 436	3 566.5	869.5
004	陈萌	104 000	40 000	21 320	16 000	26 680	3%		800.4	700.35	100.05

（1）计提工资薪金的账务处理：

单位缴纳的社保费=74 000×（8%+2.5%）=7 770（元）

单位缴纳的住房公积金=74 000×10%=7 400（元）

借：主营业务成本　　　　　　　　　　　　　　　　　40 455

　　管理费用　　　　　　　　　　　　　　　　　　　27 405

　　销售费用　　　　　　　　　　　　　　　　　　　28 710

　　贷：应付职工薪酬——工资　　　　　　　　　　　　74 000

——社保	7 770
——住房公积金	7 400
——工会经费	1 480
——职工教育经费	5 920

公司分别按8%、2.5%、10%计提养老保险、医疗保险和住房公积金,其中,这三项的个人缴费比例分别为8%、2%、10%。

(2)发放工资、计提个税的账务处理:

其他应付款中社保金额=74 000×(8%+2%)=7 400(元)

其他应付款中公积金金额=74 000×10%=7 400(元)

借:应付职工薪酬——工资 74 000

　　贷:其他应付款——社保 7 400

　　　　　　——公积金 7 400

　　　应交税费——代扣个人所得税 2 034.05

　　　银行存款 57 165.95

2.根据上述资料计算劳务报酬项目应代扣代缴的个人所得税并进行账务处理。

应代扣代缴张盼的个人所得税=10 596.42×(1-20%)×20%=1 695.43(元)

应代扣代缴刘兆的个人所得税=96 050.36×(1-20%)×20%=15 368.06(元)

应代扣代缴的个税=1 695.43+15 368.06=17 063.49(元)

实际支付金额=10 596.42+96 050.36-17 063.49=89 583.29(元)

(1)发放劳务报酬时的账务处理。

借:管理费用 106 646.78

　　贷:银行存款 89 583.29

　　　应交税费——应交个人所得税 17 063.49

(2)实际申报缴纳个税时的账务处理。

借:应交税费——应交个人所得税 17 063.49

　　贷:银行存款 17 063.49

3.请根据上述资料计算稿酬项目应代扣代缴的个人所得税并进行账务处理。

应代扣代缴陈勇的个人所得税=(3 600-800)×(1-30%)×20%=392(元)

应代扣代缴王凯之的个人所得税=159 000×(1-20%)×(1-30%)×20%=17 808(元)

应代扣代缴的个税=392+17 808=18 200(元)

实际支付金额=3 600+159 000-18 200=144 400(元)

(1)发放稿酬时的账务处理。

借:主营业务成本 162 600

　　贷:银行存款 144 400

　　　应交税费——应交个人所得税 18 200

（2）实际申报缴纳个税时的账务处理。

借：应交税费——应交个人所得税　　　　　　　　　　　　　18 200

　　贷：银行存款　　　　　　　　　　　　　　　　　　　　18 200

4.申报个人所得税。

第一步，登录"自然人电子税务局扣缴端"，点击"人员信息采集"，可导入《增减人员信息表》，请扫码查看。

增减人员信息表

第二步，在"专项附加扣除信息采集"中，员工可自行在个人所得税APP中对专项附加扣除信息进行采集、确认后，告知企业，企业可点击此模块的"下载更新—全部人员—报送"，完成数据导入。

第三步，点击"综合所得申报"，在"工资薪金所得""劳务报酬所得""稿酬所得"模块分别导入excel格式的数据明细表。

1.工资薪金所得明细表
2.劳务报酬所得明细表
3.稿酬所得明细表

第四步，点击"税款计算"—"附表填写"—"申报表报送"，完成个人所得税申报。

💻 实战演练

（一）纳税人基础信息

公司名称：杭州新能科技有限公司

纳税人识别号：87204892928100110

电话：0571-56666378

公司地址：浙江省杭州市滨江区江南大道510号

（二）业务资料

杭州新能科技有限公司2025年1月有5名境内人员。公司财务人员张兰负责计算并发放员工的工资薪金、奖金等，以及预扣预缴个人所得税，员工的个人所得资料包括员工基础信息表（见表6-13）、2025年1月杭州新能科技有限公司工资保险明细表（见表6-14）。

表6-13　员工基础信息

工号	姓名	性别	身份证号	任职日期	联系电话	任职受雇从业类型
001	王强	男	330103198205050020	2019-10-07	13678953462	雇员
002	张妮	女	330103199508070110	2019-10-20	13390875893	雇员
003	周刚	男	330103199201111501	2020-02-19	15088978996	雇员
004	陈晓晓	女	33010319830619003X	2020-06-12	14376890056	雇员
005	李影	女	330103199307170228	2025-01-02	15088776546	雇员

表6-14 2025年1月杭州新能科技有限公司工资保险明细   单位:元

工号	姓名	应发工资合计	基本养老保险金	基本医疗保险金	失业保险金	住房公积金	代扣个人所得税	实发工资
001	王强	15 372	768.6	153.72	76.86	922.32		
002	张妮	17 600	880	176	88	1 056		
003	周刚	13 500	675	135	67.5	810		
004	陈晓晓	10 200	510	102	51	612		
005	李影	9 800	490	98	49	588		

员工专项附加扣除项目如下所示。

(1)王强,独生子,未婚,在杭州有一套商品房(坐落于杭州市上城区文渊小区3-2-1501,房屋买卖合同编号:9283744,公积金贷款编号:230948952),属于首套房贷款,月供3 000元。

(2)张妮,独生女,父亲63周岁,2024年9月读在职研究生。6月工资薪金收入中包括出差取得的规定标准的差旅费津贴1 500元。

(3)周刚,已婚(妻子:王双;身份证号:230201199311220220),有一个女儿(姓名:周安,身份证:330103201906070230),在读幼儿园,子女教育专项附加扣除完全在周刚一方扣除。

(4)陈晓晓,已婚,杭州无房,租赁房屋居住(地址:杭州市滨江区文华小区3-6-1201,租赁期限:2024年12月至2026年12月)。

(三)任务要求

1.根据上述资料计算1月员工应代扣代缴的个人所得税并进行账务处理。

2.假设2月相关数据与1月完全相同,计算2月应代扣代缴的个人所得税。

3.代扣代缴工资薪金个人所得税申报。

📋 项目小结

个人所得税思维导图

📋 项目测试

项目六 测试题

项目七　财产和资源税类会计实务

◎ 职业能力目标

1.能根据相关业务资料计算房产税、契税、土地增值税、资源税、城镇土地使用税应纳税额。

2.能根据相关业务资料对房产税、契税、土地增值税、资源税、城镇土地使用税税款进行会计核算。

3.能熟练填制财产和行为税纳税申报表并正确进行纳税申报。

◎ 典型工作任务

1.房产税纳税人、征税范围的确定,适用税率的选择,应纳税额的计算和会计处理,优惠政策的运用及纳税申报、税款缴纳。

2.契税纳税人、征税范围的确定,适用税率的选择,应纳税额的计算和会计处理,优惠政策的运用及纳税申报、税款缴纳。

3.土地增值税纳税人、征税范围的确定,适用税率的选择,应纳税额的计算和会计处理,优惠政策的运用及纳税申报、税款缴纳。

4.资源税纳税人、征税范围的确定,适用税率的选择,应纳税额的计算和会计处理,优惠政策的运用及纳税申报、税款缴纳。

5.城镇土地使用税纳税人、征税范围的确定,适用税率的选择,应纳税额的计算和会计处理,优惠政策的运用及纳税申报、税款缴纳。

◎ 素养提升

课程思政:节约资源　保护环境

专创融合:智矿绿税

🖳 工作实例导入

杭州卓越木业有限责任公司(纳税人识别号:721301217600112569A),为增值税一般纳税人,非小型微利企业,按月申报增值税、消费税。公司有关资料如下。

1. 2025年6月购入价值200万元的仓库自用,不动产权证上注明土地使用权面积270平方米,建筑面积700平方米。其他信息如下所示。

土地坐落地址:杭州市萧山区宁围街道耕文路217号

土地编号:000201,不动产权证号:JJ8237990711,不动产单元代码:JJ765

纳税人类型:土地使用权人,土地取得方式:转让

土地取得时间:2025-06-05,土地性质:国有,土地用途:综合用地

占用土地面积:270平方米,土地等级:三级土地

税源有效期始:2025-07-01,税额标准:8

2.仓库相关信息如下:

房产名称:仓库,纳税人类型:产权所有人

不动产权证号:JJ892391827,不动产单元代码:JJ765

建筑面积:700,房产用途:其他,房产取得时间:2025-06-05

房产原值:2000000.00,纳税义务有效期始:2025-07-01

计税比例:0.70,出租房产原值(元):0,出租房产面积:0

任务要求:

1.计算2025年6月应纳城镇土地使用税并进行账务处理。

2.计算2025年6月应纳房产税并进行账务处理。

3.申报城镇土地使用税、房产税。

任务一　房产税

📝 任务引例

A企业拥有一间办公室,原值共200万元,20×5年初对该办公室进行装修,装修期间办公室一直在使用。20×5年9月底完工并办理验收手续,增加了房产原值40万元,另外对办公室安装了价值20万元的中央空调并单独做固定资产核算。已知省政府规定计算房产余值的扣除比例为20%。

请计算20×5年度A企业应缴纳房产税的税额。

任务一　引例解析

知识储备与业务操作

一、房产税纳税义务人及征税范围

1.微课:房产税
2.房产税讲义

(一)房产税纳税义务人

房产税是以房屋为征税对象,按照房屋的计税余值或租金收入,向产权所有人征收的一种财产税,房产税以在征税范围内的房屋产权所有人为纳税人。

(1)产权属国家所有的,由经营管理单位纳税;产权属集体和个人所有的,由集体单位和个人纳税。

(2)产权出典的,由承典人纳税。

提示:所谓产权出典,是指产权所有人将房屋、生产资料等产权,在一定期限内典当给他人使用而取得资金的一种融资业务。承典人向出典人交付一定的典价之后,在质典期内即获抵押物品的支配权,并可转典。因此,税法规定由对房屋具有支配权的承典人为纳税人。

(3)产权所有人、承典人不在房屋所在地的,或者产权未确定及租典纠纷未解决的,由房产代管人或者使用人纳税。

(4)无租使用其他单位房产的问题。无租使用其他单位房产的应税单位和个人,依照房产余值代缴纳房产税。

(二)征税范围

房产税以房产为征税对象。所谓房产,是指有屋面和围护结构(有墙或两边有柱),能够遮风避雨,可供人们在其中生产、学习、工作、娱乐、居住或储藏物资的场所。房地产开发企业建造的商品房,在出售前不征收房产税;但对出售前房地产开发企业已使用或出租、出借的商品房应按规定征收房产税。

房产税的征税范围为城市、县城、建制镇和工矿区。房产税的征税范围不包括农村,这有利于减轻农民负担,繁荣农村经济。

提示:凡在房产税征收范围内的具备房屋功能的地下建筑,包括与地上房屋相连的地下建筑以及完全建在地面以下的建筑、地下人防设施等,均应当依照有关规定征收房产税。

二、房产税计算

(一)房产税计税依据

房产税的计税依据是房产的计税余值或房产的租金收入。按照房产计税余值征税的,称为从价计征;按照房产租金收入计征的,称为从租计征。

1.从价计征

从价计征房产税的计税余值,是指依照税法规定按房产原值一次减除10%~30%损耗价值以后的余值。具体减除幅度由当地省、自治区、直辖市人民政府确定。

房产原值,是指纳税人按照会计制度规定,在会计核算账簿"固定资产"科目中记载的房屋原价。自2009年1月1日起,对依照房产原值计税的房产,不论是否记载在会计账簿固定资产科目中,均应按照房屋原价计算缴纳房产税。房产原值具体规定如下:

(1)对按照房产原值计税的房产,无论会计上如何核算,房产原值均应包含地价,包括为取得土地使用权支付的价款、开发土地发生的成本费用等。

(2)房产原值应包括与房屋不可分割的各种附属设备或一般不单独计算价值的配套设施。

(3)纳税人对原有房屋进行改建、扩建的,要相应增加房屋的原值。

(4)自用的地下建筑,按以下方式计税:①工业用途房产,以房屋原价的50%~60%作为应税房产原值;②商业和其他用途房产,以房屋原价的70%~80%作为应税房产原值。具体比例由各省、自治区、直辖市和计划单列市财政和地方税务部门在上述幅度内自行确定。

2.从租计征

房产出租的,以房产租金收入为房产税的计税依据。如果是以劳务或其他形式为报酬抵付房租收入的,应根据当地同类房产的租金水平,确定一个标准租金额从租计征。对出租房产,租赁双方签订的租赁合同约定有免收租金期限的,免收租金期间由产权所有人按照房产原值缴纳房产税。出租的地下建筑,按照出租地上房屋建筑的有关规定计算征收房产税。

提示:对于以房产投资联营、投资者参与投资利润分红、共担风险的,按房产余值作为计税依据计征房产税;对于以房产投资收取固定收入、不承担联营风险的,按租金收入计缴房产税。

(二)房产税税率

我国现行房产税采用的是比例税率。依其计税依据不同,房产税的税率分为两种:一种是依照房产原值一次减除10%~30%后的余值计算缴纳,税率为1.2%;另一种是依照房产出租的租金收入计算缴纳,税率为12%。

提示:对个人出租住房,不区分用途的,均按4%的税率征收房产税。

(三)房产税应纳税额计算

房产税的计税依据有两种,与之相适应的应纳税额计算也分为两种:一是从价计征的计算;二是从租计征的计算。

1.从价计征应纳税额计算

从价计征是按房产的原值减除一定比例后的余值计征,其计算公式为:

应纳税额=应税房产原值×(1-原值减除比例)×1.2%

对于与地上房屋相连的地下建筑,如房屋的地下室、地下停车场、商场的地下部分等,应将地下部分与地上房屋视为一个整体,按照地上房屋建筑的有关规定计算征收房产税。

2.从租计征应纳税额计算

从租计征是按房产的租金收入计征,其计算公式为:

应纳税额=租金收入×12%(或4%)

三、房产税会计核算

房产税通过"税金及附加""应交税费——应交房产税"科目核算,账务处理如下所示。

(1)房产税计提时的账务处理。

借:税金及附加

　　贷:应交税费——应交房产税

(2)缴纳房产税时的账务处理。

借:应交税费——应交房产税

　　贷:银行存款

【做中学7-1】

20×5年6月1日,A公司将自用的原值600万元、已计提折旧300万元的房产出租,每月收取不含增值税固定租金2万元。A公司所在地政府规定计算房产余值的扣除比例为20%。

要求:计算20×5年A公司应缴纳的房产税并进行7月房产税账务处理。

解析:

应纳房产税=600×(1-20%)×1.2%×5÷12+2×7×12%=4.08(万元)

7月房产税=2×12%×10 000=2 400(元)

7月房产税账务处理过程。

借:税金及附加　　　　　　　　　　　　　　　　　　　　　　　　　　　2 400

　　贷:应交税费——应交房产税　　　　　　　　　　　　　　　　　　　　2 400

四、房产税优惠政策

(1)国家机关、人民团体、军队自用的房产免征房产税。以上免税单位的出租房产以及非自身业务使用的生产、营业用房不属于免税范围。

(2)由国家财政部门拨付事业经费的单位,如学校、医疗卫生单位、托儿所、幼儿园、敬老院、文化、体育、艺术等实行全额或差额预算管理的事业单位所有的,本身业务范围内使用的房产免征房产税。

(3)宗教寺庙、公园、名胜古迹自用的房产免征房产税。宗教寺庙、公园、名胜古迹中附设的营业单位,如影剧院、饮食部等所使用的房产及出租的房产,不属于免税范围,应照章纳税。

(4)个人所有非营业用的房产免征房产税。

(5)对非营利性医疗机构、疾病控制机构和妇幼保健机构等卫生机构自用的房产,免征房产税。

(6)企业办的各类学校、医院、托儿所、幼儿园自用的房产,免征房产税。

(7)经有关部门鉴定,对毁损不堪居住的房屋和危险房屋,在停止使用后,可免征房产税。

(8)纳税人因房屋大修导致连续停用半年以上的,在房屋大修期间免征房产税。

(9)纳税单位与免税单位共同使用的房屋,按各自使用的部分分别征收或免征房产税。

(10)房地产开发企业建造的商品房,在出售前不征收房产税。但出售前房地产开发企业已使用或出租、出借的商品房,应按规定征收房产税。

(11)自2023年1月1日至2027年12月31日,对增值税小规模纳税人、小型微利企业和个体工商户减半征收房产税。

房产税其他优惠政策请扫描二维码查看。

房产税其他优惠政策

五、房产税征收管理

(一)纳税义务发生时间

(1)纳税人将原有房产用于生产经营的,从生产经营之月起,缴纳房产税。

(2)纳税人自行新建房屋用于生产经营的,从建成之次月起,缴纳房产税。

(3)纳税人委托施工企业建设的房屋,从办理验收手续之次月起,缴纳房产税。

(4)纳税人购置新建商品房,自房屋交付使用之次月起,缴纳房产税。

(5)纳税人购置存量房,自办理房屋权属转移、变更登记手续,房地产权属登记机关签发房屋权属证书之次月起,缴纳房产税。

(6)纳税人出租、出借房产,自交付出租、出借房产之次月起,缴纳房产税。

(7)房地产开发企业自用、出租、出借本企业建造的商品房,自房屋使用或交付之次月起,缴纳房产税。

(8)融资租赁的房产,由承租人自融资租赁合同约定开始日的次月起依照房产余值缴纳房产税。合同未约定开始日的,由承租人自合同签订的次月起依照房产余值缴纳房产税。

(9)纳税人因房产的实物或权利状态发生变化而依法终止房产税纳税义务,其应纳税款的计算应截止到房产的实物或权利状态发生变化的当月末。

(二)纳税期限

房产税实行按年征收、分期缴纳,具体纳税期限由省、自治区、直辖市人民政府确定。

(三)纳税地点

房产税在房产所在地缴纳。房产不在同一地方的纳税人,应按房产的坐落地点分别向房产所在地的税务机关申报纳税。

(四)纳税申报

财产和行为税的10个税种之前实行分税种纳税申报,存在"入口多、表单多、数据重复采集"等问题。合并申报按照"一表申报、税源信息采集前置"的思路,对申报流程进行优化改造,将10税种申报统一到一个入口,将税源信息从申报环节分离至税源基础数据采集环节,便于数据的统筹运用,提高数据使用效率。财产和行为税合并申报的税种范围包括城镇土地使用税、房产税、车船税、印花税、耕地占用税、资源税、土地增值税、契税、环境保护税、烟叶税等10个税种。

作业题:房产税

纳税申报时,各税种统一采用《财产和行为税纳税申报表》。该申报表由一张主表和一张减免税附表组成,主表为纳税情况,附表为申报享受的各类减免税情况。纳税申报前,需先维护税源信息。税源信息没有变化的,确认无变化后直接进行纳税申报;税源信息有变化的,通过填报《税源明细表》进行数据更新维护后再进行纳税申报。

1. 城镇土地使用税、房产税税源明细表
2. 财产和行为税减免税明细申报附表

房产税的纳税人应按照有关规定,及时办理纳税申报,并如实填写《城镇土地使用税、房产税税源明细表》《财产和行为税纳税申报表》(见表7-1)、《财产和行为税减免税明细申报附表》(享受财产行为税税收优惠的纳税人填写,请扫码查看)。

表7-1　财产和行为税纳税申报表

纳税人识别号(统一社会信用代码):□□□□□□□□□□□□□□□□□□

纳税人名称:

金额单位:人民币元(列至角分)

序号	税种	税目	税款所属期起	税款所属期止	计税依据	税率	应纳税额	减免税额	已缴税额	应补(退)税额
1										
2										
3										
4										
5										
6										
7										
8										
9										
10										
11	合计									

声明:此表是根据国家税收法律法规及相关规定填写的,本人(单位)对填报内容(及附带资料)的真实性、可靠性、完整性负责。

纳税人(签章):　　　　年　月　日

经办人: 经办人身份证号: 代理机构签章: 代理机构统一社会信用代码:	受理人: 受理税务机关(章): 受理日期:　　年　月　日

任务二 契 税

任务引例

居民甲有两套住房,将一套出售给居民乙,成交价格为200万元;将另一套住房与居民丙的住房交换,并支付给丙换房差价款40万元。

请计算甲、乙、丙相关行为应缴纳的契税(假定税率为4%)。

任务二 引例解析

知识储备与业务操作

契税是以在中华人民共和国境内转移土地、房屋权属为征税对象,向承受权属的单位和个人征收的一种财产税。

1.微课:契税
2.契税讲义

一、纳税义务人和征税范围

(一)纳税义务人

契税的纳税义务人是中华人民共和国境内转移土地、房屋权属,承受的单位和个人。土地、房屋权属是指土地使用权和房屋所有权。单位是指企业单位、事业单位、国家机关、军事单位和社会团体以及其他组织。个人是指个体工商户及其他个人,包括中国公民和外籍人员。

(二)征税范围

征收契税的土地、房屋权属,具体为土地使用权、房屋所有权。具体征税范围包括以下内容:

(1)**土地使用权出让**,是指土地使用者向国家或集体交付土地使用权出让金,国家或集体将土地使用权在一定年限内让与土地使用者的行为。

(2)**土地使用权转让**,是指土地使用者以出售、赠与、互换等方式将土地使用权转移给其他单位和个人的行为。土地使用权的转让不包括土地承包经营权和土地经营权的转移。

(3)**房屋买卖**,是指房屋所有者将其房屋出售,由承受者交付货币及实物、其他经济利益的行为。另外,以作价投资、偿还债务等应交付经济利益的方式转移土地、房屋权属的,参照土地使用权出让、出售或房屋买卖确定契税适用税率、计税依据等。以划转、奖励等没有价格的方式转移土地、房屋权属的,参照土地使用权或房屋赠与确定契税适用税率、计税依据等。

提示:以自有房产作股投入本人独资经营的企业,不征契税。

(4)**房屋赠与**,是指房屋产权所有人将房屋无偿转让给他人所有,需要缴纳契税。以获奖方式取得房屋产权,实质上是接受赠与房产的行为,也应缴纳契税。

(5)**房屋互换**,是指房屋所有者之间互相交换房屋的行为。房屋交换房屋、房屋交换土地、土地交换土地行为是否缴纳契税,需区分以下两种情况:

①交换价格相等时,等价交换房屋、土地权属的免征契税。

②交换价格不相等时,由多交付货币、实物、无形资产或其他经济利益的一方缴纳契税。比如,A用价值100万元的房屋交换B价值150万元的土地使用权,另外单独支付50万元的现金,A缴纳契税,B无须缴纳契税。

(6)**下列情形发生土地、房屋权属转移的,承受方应当依法缴纳契税**:①因共有不动产份额变化的。②因共有人增加或者减少的。③因人民法院、仲裁委员会的生效法律文书或者监察机关出具的监察文书等因素,发生土地、房屋权属转移的。

二、契税应纳税额的计算

(一)税率

契税实行3%~5%的幅度税率。具体适用税率,由各省、自治区、直辖市人民政府在3%~5%的幅度内提出,报同级人民代表大会常务委员会决定,并报全国人民代表大会常务委员会和国务院备案。

(二)计税依据

契税计税依据的具体情形包括:

(1)土地使用权出售、房屋买卖,承受方计征契税的成交价格以发票上注明的不含税价格确定。

(2)土地使用权互换、房屋互换,契税计税依据为不含增值税价格的差额。

(3)土地使用权赠与、房屋赠与以及其他没有价格的转移土地、房屋权属行为,其计税依据为税务机关参照土地使用权出售、房屋买卖的市场价格依法核定的价格。

(4)以划拨方式取得的土地使用权,经批准改为出让方式重新取得该土地使用权的,应由该土地使用权人以补缴的土地出让价款为计税依据缴纳契税。

(5)先以划拨方式取得土地使用权,后经批准转让房地产,划拨土地性质改为出让的,承受方应分别以补缴的土地出让价款和房地产权属转移合同确定的成交价格为计税依据缴纳契税。

(6)先以划拨方式取得土地使用权,后经批准转让房地产,划拨土地性质未发生改变的,承受方应以房地产权属转移合同确定的成交价格为计税依据缴纳契税。

(7)土地使用权及所附建筑物、构筑物等转让的,包括在建的房屋、其他建筑物、构筑物和其他附着物,计税依据为承受方应交付的总价款。

(8)土地使用权出让的,计税依据包括土地出让金、土地补偿费、安置补助费、地上附着物和青苗补偿费、征收补偿费、城市基础设施配套费、实物配建房屋等应交付的货币以及实物、其他经济利益对应的价款。

(9)承受已装修房屋的,应将包括装修费用在内的费用计入承受方应交付的总价款。

小贴士:购买车位是否要缴纳契税,取决于车位是否有"产权",对于没有"产权"的车位不涉及土地使用权和房屋所有权转移变动的,不征收契税,反之,如果车位有"产权",则应当缴纳契税。

(三)应纳税额的计算

契税应纳税额的计算公式为:

应纳税额=计税依据×税率

纳税人申报的成交价格、互换价格差额明显偏低且无正当理由的,由税务机关依照相关规定核定。

三、契税会计核算

(一)一般企业契税会计核算

企业取得土地使用权、房屋所有权按规定缴纳的契税,应计入成本中。账务处理为:

借:无形资产/固定资产

    贷:银行存款

(二)房地产企业契税会计核算

房地产企业取得土地使用权缴纳的契税属于土地的入账成本,可以结合土地的用途区分以下情况进行账务处理:

(1)取得的土地用于开发建设商品房,缴纳的契税计入"开发成本"。

借:开发成本

    贷:银行存款

(2)取得的土地用于建造办公楼自用,缴纳的契税计入"无形资产"。

借:无形资产

    贷:银行存款

(3)取得的土地持有并准备增值后转让的,缴纳的契税计入"投资性房地产"。

借:投资性房地产

    贷:银行存款

四、税收优惠

(一)免征契税

以下项目免征契税:

（1）国家机关、事业单位、社会团体、军事单位承受土地、房屋用于办公、教学、医疗、科研和军事设施。

（2）非营利性的学校、医疗机构、社会福利机构承受土地、房屋权属并用于办公、教学、医疗、科研、养老、救助等。

（3）承受荒山、荒地、荒滩土地使用权，并用于农、林、牧、渔业生产。

（4）婚姻关系存续期间夫妻之间变更土地、房屋权属。

（5）夫妻因离婚分割共同财产发生土地、房屋权属变更。

（6）法定继承人通过继承承受土地、房屋权属。

（7）依照法律规定应当予以免税的外国驻华使馆、领事馆和国际组织驻华代表机构承受土地、房屋权属。

（8）城镇职工按规定第一次购买公有住房。

（二）免征或减征契税

以下项目免征或减征契税。

（1）对个人购买家庭唯一住房（家庭成员范围包括购房人、配偶以及未成年子女，下同），面积为90平方米及以下的，减按1%的税率征收契税；面积为90平方米以上的，减按1.5%的税率征收契税。对个人购买家庭第二套改善性住房，面积为90平方米及以下的，减按1%的税率征收契税；面积为90平方米以上的，减按2%的税率征收契税，但是北京市、上海市、广州市、深圳市采用当地规定。

思政园地：一位购房者的税收体验

（2）省、自治区、直辖市可以决定对下列情形免征或者减征契税：

①因土地、房屋被县级以上人民政府征收、征用，重新承受土地、房屋权属。

②因不可抗力灭失住房，重新承受住房权属。

免征或者减征契税的具体办法，由省、自治区、直辖市人民政府提出，报同级人民代表大会常务委员会决定，并报全国人民代表大会常务委员会和国务院备案。

五、征收管理

（一）纳税义务发生时间

契税的纳税义务发生时间是纳税人签订土地、房屋权属转移合同的当日，或者纳税人取得其他具有土地、房屋权属转移合同性质凭证的当日。

特殊情形下，契税纳税义务发生时间规定如下：

（1）因人民法院、仲裁委员会的生效法律文书或者监察机关出具的监察文书等发生土地、房屋权属转移的，纳税义务发生时间为法律文书等生效当日。

（2）因改变土地、房屋用途等情形应当缴纳已经减征、免征契税的，纳税义务发生时间为改变有关土地、房屋用途等情形的当日。

（3）因改变土地性质、容积率等土地使用条件需补缴土地出让价款，应当缴纳契税的，纳税义务发生时间为改变土地使用条件当日。

发生上述情形,按规定不再需要办理土地、房屋权属登记的,纳税人应自纳税义务发生之日起90日内申报缴纳契税。

(二)纳税期限

纳税人应当在依法办理土地、房屋权属登记手续前申报缴纳契税。

(三)纳税地点

契税在土地、房屋所在地的税务征收机关缴纳。

(四)纳税申报

契税纳税人依法纳税申报时,应如实填写《财产和行为税纳税申报表》(见表7-1)、《契税税源明细表》及《财产和行为税减免税明细申报附表》(享受财产和行为税税收优惠的纳税人填写)。并根据具体情形提交下列资料:

1. 契税税源明细表
2. 作业题:契税

(1)纳税人身份证件。

(2)土地、房屋权属转移合同或其他具有土地、房屋权属转移合同性质的凭证。

(3)交付经济利益方式转移土地、房屋权属的,提交土地、房屋权属转移相关价款支付凭证,其中,土地使用权出让为财政票据,土地使用权出售、互换和房屋买卖、互换为增值税发票。

(4)因人民法院、仲裁委员会的生效法律文书或者监察机关出具的监察文书等因素发生土地、房屋权属转移的,提交生效法律文书或监察文书等。

任务三　土地增值税

📋 任务引例

> 　　某市房地产开发公司,为增值税一般纳税人,当地适用的契税税率为4%,当地政府规定的房地产开发费用扣除比例为10%,20×5年开发并销售了一栋写字楼,取得不含增值税销售收入150 000万元,相关资料如下:
>
> 　　(1)购买土地使用权支付出让金68 000万元,按照规定缴纳了契税,写字楼面积共50 000平方米,全部出售。
>
> 　　(2)开发过程中发生建筑安装工程费4 280万元,基础设施及公共配套设施费980万元,开发间接费用260万元,20×5年10月底全部完工。
>
> 　　(3)发生销售费用300万元,财务费用180万元,管理费用220万元;该房地产开发公司不能按房地产项目计算分摊利息支出。
>
> 　　请计算应缴纳的土地增值税。
>
> 任务三　引例解析

ⓦ 知识储备与业务操作

土地增值税是对有偿转让国有土地使用权及地上建筑物和其他附着物产权,取得增值收入的单位和个人征收的一种税。

一、土地增值税纳税义务人及征税范围

(一)纳税义务人

1.微课:土地增值税纳税人及税率
2.土地增值税讲义

土地增值税的纳税义务人为转让国有土地使用权、地上的建筑物及其附着物(以下简称为"房地产")并取得收入的单位和个人。单位包括各类企业、事业单位、国家机关和社会团体及其他组织;个人包括个体经营者和其他个人。

(二)征税范围

1.一般规定

土地增值税是对转让国有土地使用权及其地上建筑物和附着物的行为征税,不包括国有土地使用权出让所取得的收入。国有土地使用权出让,是指国家以土地所有者的身份将土地使用权在一定年限内让与土地使用者,并由土地使用者向国家支付土地使用权出让金的行为,属于土地买卖的一级市场,土地使用权出让的出让方是国家。具体包括:

(1)转让国有土地使用权。土地使用者通过出让等形式取得土地使用权后,将土地使用权再转让的行为,包括出售、交换和赠与,它属于土地买卖的二级市场。是否发生转让行为主要以土地使用权和房产产权的变更为标准。

(2)地上的建筑物及其附着物连同国有土地使用权一并转让。地上的建筑物,是指建于土地上的一切建筑物,包括地上地下的各种附属设施。附着物,是指附着于土地上的各类设施,如树木、作物、围栏、水井等,它们与土地使用权一同构成转让的完整对象。

(3)存量房地产的买卖。存量房地产是指已经建成并已投入使用的房地产,其房屋所有人将房屋产权和土地使用权一并转让给其他单位和个人。

2.特殊规定

(1)房地产继承、出租、抵押、重新评估均未发生所有权转移,不属于土地增值税征税范围。

(2)房地产的赠与,虽发生了房地产的权属变更,但作为房产所有人、土地使用权的所有人并没有因为权属的转让而取得任何收入。因此,房地产的赠与不属于土地增值税的征税范围。这里的"赠与"仅指以下情况:

①房产所有人、土地使用权所有人将房屋产权、土地使用权赠与直系亲属或承担直接赡养义务人的。

②房产所有人、土地使用权所有人通过中国境内非营利的社会团体、国家机关将房屋产权、土地使用权赠与教育、民政和其他社会福利、公益事业的。

（3）房地产的交换，是指一方以房地产与另一方的房地产进行交换的行为。由于这种行为既发生了房产产权、土地使用权的转移，交换双方又取得了实物形态的收入，按规定，它属于土地增值税的征税范围。但对个人之间互换自有居住用房地产的，经当地税务机关核实，可以免征土地增值税。

二、土地增值税税率

土地增值税实行四级超率累进税率，每级"增值额未超过扣除项目金额"的比例，均包括本比例数。超率累进税率见表7-2。

表7-2　土地增值税四级超率累进税率

级数	增值额与扣除项目金额的比率	税率	速算扣除系数
1	不超过50%的部分	30%	0
2	超过50%~100%的部分	40%	5
3	超过100%~200%的部分	50%	15
4	超过200%的部分	60%	35

三、土地增值税应税收入与扣除费用

（一）应税收入

纳税人转让房地产取得的应税收入（不含增值税），应包括转让房地产的全部价款及有关的经济收益。从收入的形式来看，包括货币收入、实物收入和其他收入。其中，其他收入是指纳税人转让房地产而取得的无形资产收入或具有财产价值的权利，如专利权、商标权、著作权、专有技术使用权、土地使用权、商誉权等。这种类型的收入比较少见，其价值需要进行专门评估。

（二）扣除费用

（1）取得土地使用权所支付的金额，包括纳税人为取得土地使用权所支付的地价款及纳税人在取得土地使用权时按国家统一规定缴纳的有关费用，如登记费、过户手续费等。

（2）房地产开发成本，是指纳税人房地产开发项目实际发生的成本，包括土地的征用及拆迁补偿费、前期工程费、建筑安装工程费、基础设施费、公共配套设施费、开发间接费用等。

（3）房地产开发费用，是指与房地产开发项目有关的销售费用、管理费用和财务费用。具体包括以下内容。

①纳税人能够按转让房地产项目计算分摊利息支出，并能提供金融机构的贷款证明的，计算公式为：

允许扣除的房地产开发费用=利息+（取得土地使用权所支付的金额+房地产开发成本）×5%

其中，利息最高不能超过按商业银行同类同期贷款利率计算的金额。

②纳税人不能按转让房地产项目计算分摊利息支出或不能提供金融机构贷款证明的，或全部使用自有资金，没有利息支出的，按照以上方法扣除：

允许扣除的房地产开发费用=(取得土地使用权所支付的金额+房地产开发成本)×10%

上述具体适用的比例按省级人民政府此前规定的比例执行。

房地产开发企业既向金融机构借款，又有其他借款的，其房地产开发费用计算扣除时不能同时适用上述①②项所述两种办法。土地增值税清算时，已经计入房地产开发成本的利息支出，应调整至财务费用中计算扣除。

(4)与转让房地产有关的税金，是指在转让房地产时缴纳的城市维护建设税、印花税。因转让房地产缴纳的教育费附加，也可视同税金予以扣除。但是，如果房地产开发企业将其缴纳的印花税列入管理费用中，不允许再单独扣除；如果记入"税金及附加"科目核算，允许在此扣除。

(5)财政部确定的其他扣除项目，对从事房地产开发的纳税人，允许按取得土地使用权所支付的金额和房地产开发成本之和，加计20%的扣除。

四、土地增值税应纳税额的计算

增值额为纳税人转让房地产所取得的收入减去规定的扣除项目金额后的余额。适用税率和速算扣除系数的确定取决于增值额与扣除项目金额的比率(见表7-3)。具体公式如下：

微课：土地增值税计算

应纳税额=土地增值额×适用税率−扣除项目金额×速算扣除系数

表7-3 土地增值税税率

级数	增值额与扣除项目金额的比率	税率	速算扣除系数
1	不超过50%的部分	30%	0
2	超过50%至100%的部分	40%	5%
3	超过100%至200%的部分	50%	15%
4	超过200%的部分	60%	35%

五、土地增值税核定征收情形

房地产开发企业有下列情形之一的，税务机关可以参照与其开发规模和收入水平相近的当地企业的土地增值税税负情况，按不低于预征率的征收率核定征收土地增值税：

(1)依照法律、行政法规的规定应当设置但未设置账簿的。

(2)擅自销毁账簿或者拒不提供纳税资料的。

(3)虽设置账簿，但账目混乱或者成本资料、收入凭证、费用凭证残缺不全，难以确定转让收入或扣除项目金额的。

(4)符合土地增值税清算条件，未按照规定的期限办理清算手续，经税务机关责令限期清算，逾期仍不清算的。

(5)申报的计税依据明显偏低，又无正当理由的。

六、土地增值税征收管理

(一)预征管理

由于房地产开发与转让周期较长,造成土地增值税征管难度大,根据相关规定,对纳税人在项目全部竣工结算前转让房地产取得的收入,可以预征土地增值税,具体办法由各省、自治区、直辖市税务局根据当地情况制定。为了发挥土地增值税在预征阶段的调节作用,对已经实行预征办法的地区,可根据不同类型房地产的实际情况,确定适当的预征率。除保障性住房外,东部地区省份预征率不得低于2%,中部和东北地区省份不得低于1.5%,西部地区省份不得低于1%。

对于纳税人预售房地产所取得的收入,凡当地税务机关规定预征土地增值税的,纳税人应当到主管税务机关办理纳税申报,并按规定比例预交税款,待办理决算后,多退少补;凡当地税务机关规定不预征土地增值税的,也应在取得收入时先到税务机关登记或备案。

(二)纳税地点

土地增值税的纳税人应向房地产所在地主管税务机关办理纳税申报,并在税务机关核定的期限内缴纳土地增值税。房地产所在地,是指房地产的坐落地。纳税人转让的房地产坐落在两个或两个以上地区的,应按房地产所在地分别申报纳税。当转让的房地产坐落地与其机构所在地或经营所在地一致时,则在办理税务登记的原管辖税务机关申报纳税即可;如果转让的房地产坐落地与其机构所在地或经营所在地不一致时,则应在房地产坐落地所管辖的税务机关申报纳税。

(三)纳税申报

土地增值税的纳税人应在转让房地产合同签订后的7日内,到房地产所在地主管税务机关办理纳税申报,如实填写《财产和行为税纳税申报表》《土地增值税税源明细表》及《财产和行为税减免税明细申报附表》(享受财产行为税税收优惠的纳税人填写)。

作业题:土地增值税

任务四　资源税

🎖 任务引例

> 某砂石厂20×5年1月开采6 000立方米砂石,对外销售3 000立方米,另将600立方米砂石用于厂房建造。已知当地砂石资源税税率为2元/立方米。
>
> 请计算该厂当月应纳资源税并进行账务处理。

任务四　引例解析

知识储备与业务操作

1. 微课：资源税
2. 资源税讲义

一、资源税纳税义务人

资源税法，是指国家制定的用以调整资源税征收与缴纳相关权利及义务关系的法律规范，是对在我国领域和管辖的其他海域开发应税资源的单位和个人课征的一种税收，属于对自然资源开发课税的范畴。

资源税的纳税义务人是指在中华人民共和国领域及管辖的其他海域开发应税资源的单位和个人。应税资源的具体范围由《资源税税目税率表》确定。

资源税规定仅对在中国境内开发应税资源的单位和个人征收，因此进口的矿产品和盐不征收资源税，相应地，对出口应税产品也不免征或退还已纳资源税。

纳税人自用应税产品，如果属于应当缴纳资源税的情形，应按规定缴纳资源税。纳税人开采或者生产应税产品自用于连续生产应税产品的，不缴纳资源税。如铁原矿用于继续生产铁精粉的，在移送铁原矿时不缴纳资源税；但对于生产非应税产品的，如将铁精粉继续用于冶炼的，应当在移送环节缴纳资源税。

二、资源税税目、税率

资源税税目分为五大类，分别是：能源矿产、金属矿产、非金属矿产、水气矿产、盐。在5个税目下设有164个子目，涵盖了所有已经发现的矿种和盐。

资源税税率确定中，原油、天然气、页岩气、天然气水合物、铀、钍、钨、钼、中重稀土等9个税目实行固定税率。其他155个税目实行幅度税率，其具体适用税率由省、自治区、直辖市人民政府统筹考虑该应税资源的品位、开采条件以及对生态环境的影响等情况，在规定的税率幅度内提出，报同级人民代表大会常务委员会决定，并报全国人民代表大会常务委员会和国务院备案。资源税税目税率如表7-4所示。

表7-4　资源税税目税率

税目		征税对象	税率
能源矿产	原油	原矿	6%
	天然气、页岩气、天然气水合物	原矿	6%
	煤	原矿或选矿	2%～10%
	煤成(层)气	原矿	1%～2%
	铀、钍	原矿	4%
	油页岩、油砂、天然沥青、石煤	原矿或选矿	1%～4%
	地热	原矿	1%～20%或者每立方米1～30元
金属矿产	黑色金属　铁、锰、铬、钒、钛	原矿或选矿	1%～9%

续表

税目			征税对象	税率
金属矿产	有色金属	铜、铅、锌、锡、镍、锑、镁、钴、铋、汞	原矿或选矿	2%～10%
		铝土矿	原矿或选矿	2%～9%
		钨	选矿	6.5%
		钼	选矿	8%
		金、银	原矿或选矿	2%～6%
		铂、钯、钌、锇、铱、铑	原矿或选矿	5%～10%
		轻稀土	选矿	7%～12%
		中重稀土	选矿	20%
		铍、锂、锆、锶、铷、铯、铌、钽、锗、镓、铟、铊、铪、铼、镉、硒、碲	原矿或选矿	2%～10%
非金属矿产	矿物类	高岭土	原矿或选矿	1%～6%
		石灰岩	原矿或选矿	1%～6%或者每吨(或者每立方米)1～10元
		磷	原矿或选矿	3%～8%
		石墨	原矿或选矿	3%～12%
		萤石、硫铁矿、自然硫	原矿或选矿	1%～8%
		天然石英砂、粉石英、水晶、工业用金刚石、冰洲石、蓝晶石、硅线石(矽线石)、长石、滑石、刚玉、菱镁矿、颜料矿物、天然碱、钠硝石、明矾石、砷、硼、碘、溴、硅藻土、陶瓷土、铁矾土、凹凸棒石黏土、海泡石黏土、伊利石黏土、累托石黏土	原矿或选矿	1%～12%
		叶蜡石、硅灰石、透辉石、珍珠岩、云母、沸石、重晶石、毒重石、方解石、蛭石、透闪石、工业用电气石、白垩、石棉、蓝石棉、红柱石、石榴子石、石膏	原矿或选矿	2%～12%
		其他黏土(铸型用黏土、砖瓦用黏土、陶粒用黏土、水泥配料用黏土、水泥配料用红土、水泥配料用黄土、水泥配料用泥岩、保温材料用黏土)	原矿或选矿	1%～5%或者每吨(或者每立方米)0.1～5元
	岩石类	大理岩、花岗岩、白云岩、石英岩、砂岩、辉绿岩、安山岩、闪长岩、板岩、玄武岩、片麻岩、角闪岩、页岩、浮石、凝灰岩、黑曜岩、霞石正长岩、蛇纹岩、麦饭石、泥灰岩、含钾岩石、含钾砂页岩、天然油石、橄榄岩、松脂岩、粗面岩、辉长岩、辉石岩、正长岩、火山灰、火山渣、泥炭	原矿或选矿	1%～10%
		砂石	原矿或选矿	1%～5%或者每吨(或者每立方米)0.1～5元
	宝玉石类	宝石、玉石、宝石级金刚石、玛瑙、黄玉、碧玺	原矿或选矿	4%～20%

税目		征税对象	税率
水气矿产	二氧化碳气、硫化氢气、氦气、氡气	原矿	2%～5%
	矿泉水	原矿	1%～20% 或者每立方米1～30元
盐	钠盐、钾盐、镁盐、锂盐	选矿	3%～15%
	天然卤水	原矿	3%～15% 或者每吨（或者每立方米）1～10元
	海盐		2%～5%

纳税人开采或者生产不同税目或者同一税目下不同税率的应税产品,应当分别核算不同应税产品的销售额或者销售数量;未分别核算或者不能准确提供不同应税产品的销售额或者销售数量的,从高适用税率。

三、资源税计算

资源税的计税依据为应税产品的销售额或销售量,各税目的征税对象包括原矿、选矿等。资源税适用从价计征为主、从量计征为辅的征税方式。在资源税征税范围中,地热、石灰岩、其他黏土、砂石、矿泉水和天然卤水可采用从价计征或从量计征的方式,其他应税产品统一适用从价定率征收的方式。

(一)资源税计税依据

1.从价定率征收的计税依据

(1)一般情形下销售额的确定。

资源税应税产品的销售额,按照纳税人销售应税产品向购买方收取的全部价款确定,不包括增值税税款。计入销售额中的相关运杂费用,凡取得增值税发票或者其他合法有效凭据的,准予从销售额中扣除。相关运杂费用是指应税产品从坑口或者洗选、加工地到车站、码头或者购买方指定地点的运输费用、建设基金以及随运销产生的装卸、仓储、港杂费用。

(2)**特殊情形下销售额的确定**。

纳税人申报的应税产品销售额明显偏低且无正当理由的,或者有自用应税产品行为而无销售额的,主管税务机关可以按下列顺序确定其应税产品销售额:

①按纳税人最近时期同类产品的平均销售价格确定。

②按其他纳税人最近时期同类产品的平均销售价格确定。

③按后续加工非应税产品销售价格,减去后续加工环节的成本利润后确定。

④按应税产品组成计税价格确定。

组成计税价格=成本×(1+成本利润率)÷(1-资源税税率)

上述公式中的成本利润率由省、自治区、直辖市税务机关确定。

⑤按其他合理方法确定。

【做中学7-2】

某煤矿开采企业为增值税一般纳税人,20×5年12月领用自采原煤1万吨,用于企业冬季取暖。已知该企业同类原煤的最高售价为610元/吨,平均售价为350元/吨,以上价格均不含增值税,当地规定煤矿的资源税税率为10%。

要求:计算该企业当月应纳销售额。

解析:应纳资源税销售额=350×1=350(万元)

2.从量定额征收的计税依据

实行从量定额征收的,以应税产品的销售数量为计税依据。应税产品的销售数量,包括纳税人开采或者生产应税产品的实际销售数量和自用于应当缴纳资源税情形的应税产品数量。

(二)资源税应纳税额计算

资源税的应纳税额,按照从价定率或者从量定额的办法,分别以应税产品的销售额乘以纳税人具体适用的比例税率或者以应税产品的销售数量乘以纳税人具体适用的定额税率计算。

1.从价定率应纳税额计算

实行从价定率方式征收资源税的,根据应税产品的销售额和规定的适用税率计算应纳税额,具体计算公式为:

应纳税额=销售额×适用税率

【做中学7-3】

某煤矿企业为增值税一般纳税人,20×5年2月开采原煤100吨,当月销售100吨,取得不含增值税销售额50 000元,另收取从坑口至购买方指定地点的运输费用4 360元。煤炭资源税税率为5%。

要求:计算煤矿企业当月应缴纳的资源税。

解析:该煤矿企业当月应纳资源税=50 000×5%=2 500(元)

2.从量定额应纳税额计算

实行从量定额征收资源税的,根据应税产品的课税数量和规定的单位税额计算应纳税额,具体计算公式为:

应纳税额=课税数量×单位税额

【做中学7-4】

某砂石开采企业20×5年4月销售砂石4 000立方米,资源税税率为2元/立方米。

要求:计算该企业当月应纳资源税税额。

解析:销售砂石应纳税额=4 000×2=8 000(元)

四、资源税会计核算

企业核算资源税应设置"应交税费——应交资源税"科目。根据资源矿产品用途不同，其会计核算存在差异，具体内容如下。

（1）对外销售应税产品应交资源税时的账务处理。

借：税金及附加

    贷：应交税费——应交资源税

（2）对自产自用应税产品应交资源税时的账务处理。

借：生产成本、制造费用等

    贷：应交税费——应交资源税

（3）收购未税矿产品时的账务处理。

企业在收购未税矿产品时，按实际支付的收购款及代扣代缴资源税，进行以下账务处理。

借：材料采购

    贷：银行存款

        应交税费——应交资源税

（4）企业外购液体盐加工成固体盐时的账务处理。

①购入液体盐时的账务处理。

按抵扣的资源税，借记"应交税费——应交资源税"科目，按外购价款扣除允许抵扣资源税后的数额，借记"在途物资"等科目，按应支付的全部价款，贷记"银行存款"等科目。

借：在途物资

    应交税费——应交资源税

    贷：银行存款

②企业加工成固体盐，销售时的账务处理。

借：税金及附加

    贷：应交税费——应交资源税

最后，将销售固体盐应纳资源税扣抵液体盐已纳资源税后的差额上交。

（5）纳税人按规定缴纳资源税时的账务处理。

借：应交税费——应交资源税

    贷：银行存款

五、资源税优惠政策

（一）免征资源税

（1）开采原油以及油田范围内运输原油过程中用于加热的原油、天然气。

（2）煤炭开采企业因安全生产需要抽采的煤成（层）气。

(二)减征资源税

(1)从低丰度油气田开采的原油、天然气,减征20%的资源税。

(2)高含硫天然气、三次采油和从深水油气田开采的原油、天然气,减征30%的资源税。

(3)稠油、高凝油减征40%的资源税。

(4)从衰竭期矿山开采的矿产品,减征30%的资源税。

根据国民经济和社会发展的需要,国务院对有利于促进资源节约集约利用、保护环境等情形可以规定免征或者减征资源税,报全国人民代表大会常务委员会备案。

(三)由省、自治区、直辖市人民政府决定的减税或者免税

(1)纳税人开采或者生产应税产品过程中,因意外事故或者自然灾害等原因遭受重大损失的。

(2)纳税人开采共伴生矿、低品位矿、尾矿。

上述两项的免征或者减征的具体办法,由省、自治区、直辖市人民政府提出,报同级人民代表大会常务委员会决定,并报全国人民代表大会常务委员会和国务院备案。

纳税人享受资源税优惠政策,实行"自行判别、申报享受、有关资料留存备查"的办理方式,另有规定的除外。纳税人对资源税优惠事项留存材料的真实性和合法性承担法律责任。

六、资源税征收管理

(一)纳税义务发生时间

纳税人销售应税产品,纳税义务发生时间为收讫销售款或者取得索取销售款凭据的当日;自用应税产品的,纳税义务发生时间为移送应税产品的当日。

(二)纳税期限

资源税按月或者按季申报缴纳;不能按固定期限计算缴纳的,可以按次申报缴纳。纳税人按月或者按季申报缴纳的,应当自月度或者季度终了之日起15日内,向税务机关办理纳税申报并缴纳税款。

(三)纳税地点

纳税人应当在矿产品的开采地或者海盐的生产地缴纳资源税。

(四)资源税纳税申报

资源税纳税申报应填写的表单如下:《财产和行为税纳税申报表》《资源税税源明细表》《财产和行为税减免税明细申报附表》(享受财产行为税税收优惠的纳税人填写)。

1.资源税税源明细表

2.作业题:资源税

任务五　城镇土地使用税

📋 任务引例

A企业设在某城市,使用土地面积为10 000平方米,经税务机关核定,该土地为应税土地,每平方米年税额为4元。

请计算其全年应纳的城镇土地使用税税额并进行账务处理。

任务五　引例解析

Ⓦ 知识储备与业务操作

一、城镇土地使用税纳税人、征税范围、税率

1.微课:城镇土地使用税
2.城镇土地使用税讲义

(一)城镇土地使用税纳税义务人

在城市、县城、建制镇、工矿区范围内使用土地的单位和个人,为城镇土地使用税的纳税人。单位,包括国有企业、集体企业、私营企业、股份制企业、外商投资企业、外国企业以及其他企业和事业单位、社会团体、国家机关、军队以及其他单位;个人,包括个体工商户以及其他个人;工矿区是指工商业比较发达,人口比较集中,符合国务院规定的建制镇标准,但尚未设立镇建制的大中型工矿企业所在地,工矿区须经省、自治区、直辖市人民政府批准。

城镇土地使用税的纳税人通常包括以下几类:

(1)拥有土地使用权的单位和个人。

(2)拥有土地使用权的单位和个人不在土地所在地的,其土地的实际使用人和代管人为纳税人。

(3)土地使用权未确定或权属纠纷未解决的,其实际使用人为纳税人。

(4)土地使用权共有的,共有各方都是纳税人,由共有各方分别纳税。

(5)在城镇土地使用税征税范围内,承租集体所有建设用地的,由直接从集体经济组织承租土地的单位和个人,缴纳城镇土地使用税。

(二)城镇土地使用税税率

城镇土地使用税采用定额税率,即采用有幅度的差别税额,按大、中、小城市和县城、建制镇、工矿区分别规定每平方米城镇土地使用税年应纳税额。具体标准如表7-5所示。

表7-5　城镇土地使用税税率

级别	人口	每平方米税额/元
大城市	50万人以上	1.5～30
中等城市	20～50万人	1.2～24
小城市	20万人以下	0.9～18
县城、建制镇、工矿区		0.6～12

各省、自治区、直辖市人民政府可根据市政建设情况和经济繁荣程度在规定税额幅度内,确定所辖地区的适用税额幅度。经济落后地区,城镇土地使用税的适用税额标准可以适当降低,但降低额不得超过上述规定最低税额的30%。经济发达地区的适用税额标准可以适当提高,但须报财政部批准。

二、城镇土地使用税计算及会计核算

(一)计税依据

城镇土地使用税以纳税人实际占用的土地面积为计税依据,土地面积计量标准为每平方米。即税务机关根据纳税人实际占用的土地面积,按照规定的税额计算应纳税额,向纳税人征收城镇土地使用税。

纳税人实际占用的土地面积按下列办法确定:

(1)由省、自治区、直辖市人民政府确定的单位组织测定土地面积的,以测定的面积为准。

(2)尚未组织测定,但纳税人持有政府部门核发的土地使用证书的,以证书确认的土地面积为准。

(3)尚未核发土地使用证书的,应由纳税人据实申报土地面积,并据以纳税,待核发土地使用证书以后再做调整。

(4)对在城镇土地使用税征税范围内单独建造的地下建筑用地,按规定征收城镇土地使用税。其中,已取得地下土地使用权证的,按土地使用权证确认的土地面积计算应征税款;未取得地下土地使用权证或地下土地使用权证上未标明土地面积的,按地下建筑垂直投影面积计算应征税款。

提示:地下建筑用地暂按应征税款的50%征收城镇土地使用税。

【做中学7-5】

A企业20×5年度拥有位于市郊的一宗地块,其地上面积为2万平方米,单独建造的地下建筑用地为5000平方米,已取得地下土地使用权证。该市规定的城镇土地使用税年税额为4元/平方米。

要求:计算A企业20×5年度此地块应缴纳的城镇土地使用税。

解析:20×5年应缴纳的城镇土地使用税=2×4+0.5×4×50%=9(万元)

(二)应纳税额的计算方法

城镇土地使用税的应纳税额可以通过纳税人实际占用的土地面积乘以该土地所在地段的适用税额求得。其计算公式为：

全年应纳税额=实际占用应税土地面积(平方米)×适用税额

(三)城镇土地使用税会计核算

城镇土地使用税计提时,借"税金及附加",贷"应交税费——应交城镇土地使用税";实际缴纳时,借"应交税费——应交城镇土地使用税",贷"银行存款"。

三、城镇土地使用税优惠政策

(一)法定免征城镇土地使用税的优惠

纳税人享受免税政策,应按规定进行免税申报,并将不动产权属证明、土地用途证明等资料留存备查。

(1)国家机关、人民团体、军队自用的土地,如国家机关、人民团体的办公楼用地,军队的训练场用地等。

(2)由国家财政部门拨付事业经费的单位自用的土地,如学校的教学楼、操场、食堂等占用的土地。

(3)宗教寺庙、公园、名胜古迹自用的土地。上述单位的生产、经营用地和其他用地,不属于免税范围,应按规定缴纳城镇土地使用税,如公园、名胜古迹中附设的营业单位如影剧院、饮食部、茶社、照相馆等使用的土地。

(4)市政街道、广场、绿化地带等公共用地。

(5)直接用于农、林、牧、渔业的生产用地,是指直接从事于种植养殖、饲养的专业用地,不包括农副产品加工场地和生活办公用地。

(6)经批准开山填海整治的土地和改造的废弃土地,从使用的月份起免征城镇土地使用税5~10年。具体免税期限由各省、自治区、直辖市税务局在《中华人民共和国城镇土地使用税暂行条例》规定的期限内自行确定。

(7)非营利性医疗机构、疾病控制机构和妇幼保健机构等卫生机构和非营利性科研机构自用的土地。

(8)国家拨付事业经费和企业办的各类学校,托儿所,幼儿园自用的土地。

思政园地:税收杠杆撬动资源节约

(9)免税单位无偿使用纳税单位的土地,如公安、海关等单位使用铁路、民航等单位的土地等。

提示:纳税单位无偿使用免税单位的土地,纳税单位应照章缴纳城镇土地使用税。纳税单位与免税单位共同使用、共有使用权土地上的多层建筑,对纳税单位可按其占用的建筑面积占建筑总面积的比例计征城镇土地使用税。

(10)改造安置住房建设用地。

(11)对石油、电力、煤炭等能源用地,民用港口、铁路等交通用地和水利设施用地,盐业、采石场、邮电等一些特殊用地划分了征免税界限和给予政策性减免税照顾。

【做中学7-6】

A为大型企业,20×5年拥有的土地使用权证书载明占地面积200万平方米,其中小学占地5万平方米、厂区以外的公共绿化占地10万平方米,其余为生产、办公用地。已知当地城镇土地使用税年税额为8元/平方米。

要求:计算20×5年该企业应缴纳的城镇土地使用税。

解析:20×5年该企业应缴纳城镇土地使用税=(200-5-10)×8=1 480(万元)

(二)省、自治区、直辖市确定的城镇土地使用税减免优惠

(1)个人所有的居住房屋及院落用地。

(2)房产管理部门在房租调整改革前经租的居民住房用地。

(3)免税单位职工家属的宿舍用地。

(4)集体和个人办的各类学校、医院、托儿所、幼儿园用地。

四、征收管理

(一)纳税期限

城镇土地使用税实行按年计算、分期缴纳的征收方法,具体纳税期限由省、自治区、直辖市人民政府确定。

(二)纳税义务发生时间

(1)纳税人购置新建商品房,自房屋交付使用之次月起,缴纳城镇土地使用税。

(2)纳税人购置存量房,自办理房屋权属转移、变更登记手续,房地产权属登记机关签发房屋权属证书之次月起,缴纳城镇土地使用税。

(3)纳税人出租、出借房产,自交付出租、出借房产之次月起,缴纳城镇土地使用税。

(4)以出让或转让方式有偿取得土地使用权的,应由受让方从合同约定交付土地时间之次月起缴纳城镇土地使用税;合同未约定交付土地时间的,由受让方从合同签订之次月起缴纳城镇土地使用税。

(5)纳税人新征用的耕地,自批准征用之日起满1年时开始缴纳城镇土地使用税。

(6)纳税人新征用的非耕地,自批准征用次月起缴纳城镇土地使用税。

(7)自2009年1月1日起,纳税人因土地的权利发生变化而依法终止城镇土地使用税纳税义务的,其应纳税款的计算应截止到土地权利发生变化的当月末。

【做中学7-7】

A企业20×5年初占用土地5万平方米,其中托儿所占地5 000平方米,其余为生产经营用地;7月购置一栋厂房并于当月取得房屋权属证书,占地3 000平方米。该企业所在地城镇

土地使用税年税额为7元/平方米。

要求：计算该企业20×5年应缴纳多少城镇土地使用税。

解析：企业20×5年应缴纳的城镇土地使用税＝（50 000-5 000）×7+3 000×6×5÷12＝322 500（元）

(三)纳税地点和征收机构

城镇土地使用税在土地所在地缴纳。纳税人使用的土地不属于同一省、自治区、直辖市管辖的，由纳税人分别向土地所在地的税务机关缴纳城镇土地使用税；在同一省、自治区、直辖市管辖范围内，纳税人跨地区使用的土地，其纳税地点由各省、自治区、直辖市税务局确定。

(四)纳税申报

城镇土地使用税的纳税申报应填写的表单如下：《财产和行为税纳税申报表》《城镇土地使用税税源明细表》《财产和行为税减免税明细申报附表》（享受财产行为税税收优惠的纳税人填写）。

作业题：城镇土地使用税

🖥 工作实例解析

1.城镇土地使用税计算及账务处理。

城镇土地使用税＝270×8＝2 160（元）

(1)城镇土地使用税计提时的账务处理。

借：税金及附加 2 160

　贷：应交税费——应交城镇土地使用税 2 160

(2)城镇土地使用税缴纳时的账务处理。

借：应交税费——应交城镇土地使用税 2 160

　贷：银行存款 2 160

2.房产税计算及账务处理的账务处理。

2025年应缴房产税＝200×(1-30%)×1.2%÷2×10 000＝8 400（元）

(1)房产税计提时的账务处理。

借：税金及附加 8 400

　贷：应交税费——应交房产税 8 400

(2)缴纳房产税时的账务处理。

借：应交税费——应交房产税 8 400

　贷：银行存款 8 400

3.城镇土地使用税、房产税的申报请扫码查看。

城镇土地使用税房产税申报流程

💻 实战演练

杭州卓越木业有限责任公司(纳税人识别号:7213012176001112569A),为增值税一般纳税人,非小型微利企业,按月申报增值税、消费税。

2025年10月该公司购入价值290万元的办公室自用,建筑面积600平方米。房产相关信息如下。

房产名称:办公室,纳税人类型:产权所有人,

不动产权证号:JJ237487538,不动产单元代码:JJ55

建筑面积:600,房产用途:商业,房产取得时间:2025-10-07

房产原值:2900000.00,纳税义务有效期始:2025-11-01

计税比例:0.70,出租房产原值(元):0,出租房产面积:0

任务要求:

1.计算2025年应缴纳的房产税并进行账务处理。

2.计算上述业务应缴纳的契税并进行账务处理。

3.对房产税及契税进行纳税申报。

📋 项目小结

财产和资源税类思维导图

📋 项目测试

项目七 测试题

特定行为目的税类会计实务

◎ 职业能力目标

1.能根据相关业务资料计算印花税、城市维护建设税、教育费附加和地方教育附加、车辆购置税、耕地占用税的应纳税额。

2.能根据相关业务资料对印花税、城市维护建设税、教育费附加和地方教育附加、车辆购置税、耕地占用税税款进行会计核算。

3.能熟练填制增值税(消费税)及附加税费申报表、财产和行为税纳税申报表,正确进行纳税申报。

◎ 典型工作任务

1.印花税纳税人、征税范围的确定,适用税率的选择,应纳税额的计算和会计处理,优惠政策的运用及纳税申报、税款缴纳。

2.城市维护建设税、教育费附加和地方教育附加纳税人、征税范围的确定,适用税率的选择,应纳税额的计算和会计处理,优惠政策的运用及纳税申报、税款缴纳。

3.车辆购置税纳税人、征税范围的确定,适用税率的选择,应纳税额的计算和会计处理,优惠政策的运用及纳税申报、税款缴纳。

4.耕地占用税纳税人、征税范围的确定,适用税率的选择,应纳税额的计算和会计处理,优惠政策的运用及纳税申报、税款缴纳。

◎ 素养提升

课程思政:传承发展 契约精神   专创融合:智契链印

▣ 工作实例导入

杭州卓越木业有限责任公司(纳税人识别号:721301217600112569A),为增值税一般纳税人,非小型微利企业,按月申报增值税、消费税,按季度申报印花税。

1.20×5年1月该公司实际缴纳增值税200 000元,缴纳消费税300 000元,同时补缴上月欠缴的消费税20 000元,并因欠缴税款而缴纳滞纳金250元。

2. 20×5年第一季度发生相关业务如下：

(1)签订采购合同5份，共记载金额663 211元。

(2)签订货物销售合同10份，共记载金额1 538 461元。

(3)签订仓储合同1份，共记载金额5 000元。

(4)签订管理咨询服务合同1份，共记载金额12 000元。

(5)签订专利权转让合同1份，共记载金额6 000元。

(6)委托杭州木艺有限责任公司加工柚木地板1 500箱，卓越木业有限责任公司提供原木等材料179 923元，加工费含税金额89 500元。

(7)签订技术开发合同1份，共记载金额100 000元，其中研究费用80 000元。

(8)2月份实收资本与资本公积增加了500万元。

任务要求：

1. 计算该公司20×5年1月应缴纳的城市维护建设税、教育费附加、地方教育附加(不考虑欠缴城市维护建设税、教育费附加和地方教育附加的滞纳金)并进行账务处理。

2. 计算该公司20×5年第一季度应缴纳的印花税并进行账务处理。

3. 填制财产和行为税纳税申报表，并申报印花税。

任务一　印花税

🗨 任务引例

A企业为一般纳税人，20×5年发生的有关业务如下：

1. 与B企业签订产品购销合同1份，所载含增值税金额113万元。

2. 与C企业签订非专利技术转让合同1份，所载不含增值税金额为50万元。

3. 与D银行签订借款合同1份，所载不含增值税金额300万元。

4. A企业增加实收资本30万元，资本公积10万元。

请计算该企业20×5年应缴纳的印花税税额并进行账务处理。

任务一　引例解析

🔍 知识储备与业务操作

1. 微课：印花税
2. 印花税讲义

一、印花税纳税义务人

印花税是以经济活动和经济交往中，书立、领受应税凭证的行为为征税对象征收的一种税。现行印花税法是由第十三届全国人民代表大会常务委员会通过，自2022年7月1日起施行的《中华人民共和国印花税法》。

在中华人民共和国境内书立应税凭证、进行证券交易或在境外书立在境内使用的应税凭证的单位和个人，为印花税的纳税人。应税凭证，是指《印花税税目税率表》列明的合同、产权转移书据、营业账簿和证券交易。证券交易，是指转让在依法设立的证券交易所、国务院批准的其他全国性证券交易场所交易的股票和以股票为基础的存托凭证。对纳税人以电子形式签订的各类应税凭证按规定征收印花税。纳税人具体包括：

（1）书立应税凭证的纳税人，为对应税凭证有直接权利义务关系的单位和个人。

（2）采用委托贷款方式书立的借款合同纳税人，为受托人和借款人，不包括委托人。

（3）按买卖合同或者产权转移书据税目缴纳印花税的拍卖成交确认书纳税人，为拍卖标的的产权人和买受人，不包括拍卖人。

（4）证券交易印花税对证券交易的出让方征收，不对受让方征收。

其中，在中华人民共和国境外书立在境内使用的应税凭证，应当按规定缴纳印花税，包括以下几种情形：

（1）应税凭证的标的为不动产的，该不动产在境内。

（2）应税凭证的标的为股权的，该股权为中国居民企业的股权。

（3）应税凭证的标的为动产或者商标专用权、著作权、专利权、专有技术使用权的，其销售方或者购买方在境内。

提示：（3）不包括境外单位或者个人向境内单位或者个人销售完全在境外使用的动产或者商标专用权、著作权、专利权、专有技术使用权。

（4）应税凭证的标的为服务的，其提供方或者接受方在境内。

提示：（4）不包括境外单位或者个人向境内单位或者个人提供完全在境外发生的服务。

二、印花税税目税率

印花税的税目具体划定了其征税范围，印花税的税率遵循税负从轻、共同负担的原则，即对凭证有直接权利与义务关系的单位和个人均应就其所持凭证依法纳税。一般来说，列入税目的就要征税，未列入税目的就不征税，具体如表8-1所示。

表8-1　印花税税目税率

税目		税率	备注
合同（指书面合同）	运输合同	0.3‰	指货运合同和多式联运合同（不包括管道运输合同）
	承揽合同	0.3‰	
	建设工程合同	0.3‰	
	借款合同	0.05‰	银行业金融机构、经国务院银行业监督管理机构批准设立的其他金融机构与借款人（不包括同业拆借）的借款合同

续表

	税目	税率	备注
合同(指书面合同)	融资租赁合同	0.05‰	
	买卖合同	0.3‰	动产买卖合同(不包含个人书立的动产买卖合同)
	技术合同	0.3‰	不包括专利权、专有技术使用权转让书据
	仓储合同	1‰	
	保管合同	1‰	
	租赁合同	1‰	
	财产保险合同	1‰	不包括再保险合同
产权转移书据	土地使用权出让书据	0.5‰	转让包括买卖(出售)、继承、赠与、互换、分割
	土地使用权、房屋等建筑物和构筑物所有权转让书据(不包括土地承包经营权和土地经营权转移)	0.5‰	
	股权转让书据(不包括应缴纳证券交易印花税)	0.5‰	
	商标专用权、著作权、专利权、专有技术使用权转让书据	0.3‰	
营业账簿		0.25‰	
证券交易		1‰	

印花税特殊征税情况如下:

(1)企业之间书立的确定买卖关系、明确买卖双方权利义务的订单、要货单等单据,且未另外书立买卖合同的,应当按规定缴纳印花税。

(2)由受托方提供原材料的加工、定作合同,凡在合同中分别记载加工费金额与原材料金额的,应分别按"承揽合同""买卖合同"计税,两项税额相加数,即为合同应贴印花;合同中不划分加工费金额与原材料金额的应按全部金额,依照"承揽合同"计税贴花。

【做中学8-1】

A企业与B企业签订承揽合同,合同约定:由受托方B公司提供主要材料100万元并收取加工费20万元,合同已分别注明。

要求:计算A企业应缴纳的印花税。

解析:A企业应缴纳的印花税=(100×0.3‰+20×0.3‰)×10 000=360(元)

(3)对开展融资租赁业务签订的融资租赁合同,含融资性售后回租,统一按照其所载明的租金总额依照"借款合同"缴纳印花税。

三、印花税计算

(一)印花税计税依据

印花税的计税依据为各种应税凭证上所记载的计税金额。具体规定为:

(1)应税合同的计税依据,为合同所列的金额,不包括列明的增值税税款。

①同一应税凭证载有两个以上事项并分别列明金额的,按照各自适用的税目税率分别计算应纳税额;未分别列明金额的,从高适用税率。

②同一应税凭证由两方以上当事人书立的,按照各自涉及的金额分别计算应纳税额。未列明纳税人各自涉及金额的,以纳税人平均分摊的应税凭证所列金额(不包括列明的增值税税款)确定计税依据。

(2)应税产权转移书据的计税依据,为产权转移书据所列的金额,不包括列明的增值税税款。

(3)应税营业账簿的计税依据,为账簿记载的实收资本(股本)、资本公积合计金额。已缴纳印花税的营业账簿,以后年度记载的实收资本(股本)、资本公积合计金额比已缴纳印花税的实收资本(股本)、资本公积合计金额增加的,按照增加部分计算应纳税额。

(4)证券交易的计税依据,为成交金额。

提示:应税合同、产权转移书据未列明金额,在后续实际结算时,以实际结算金额计算申报缴纳印花税。实际结算的金额仍不能确定的,按照书立合同、产权转移书据时的市场价格确定。

(二)印花税应纳税额计算

印花税的应纳税额按照计税依据乘以适用税率计算。

应纳税额=计税依据×适用税率

同一应税凭证载有两个以上税目事项并分别列明金额的,按照各自适用的税目税率分别计算应纳税额;未分别列明金额的,从高适用税率。

同一应税凭证由两方以上当事人书立的,按照各自涉及的金额分别计算应纳税额。已缴纳印花税的营业账簿,以后年度记载的实收资本(股本)、资本公积合计金额比已缴纳印花税的实收资本(股本)、资本公积合计金额增加的,按照增加部分计算应纳税额。

提示:对技术开发合同,只就合同所载的报酬金额计税,研究开发经费不作为计税依据。但对合同约定按研究开发经费一定比例作为报酬的,应按一定比例的报酬金额计税贴花。

四、印花税会计核算

印花税通过"税金及附加""应交税费——应交印花税"科目核算,并进行以下账务处理。

(1)每月计提时的账务处理。

借:税金及附加

  贷:应交税费——应交印花税

(2)缴纳时的账务处理。

借:应交税费——应交印花税

  贷:银行存款

按次申报的印花税,当期申报当期缴款,可以按上述会计核算入账,也可以不计提直接做缴纳的分录。

借:税金及附加
   贷:银行存款

五、印花税优惠政策

(1)中国人民解放军、中国人民武装警察部队书立的应税凭证,免征印花税。

(2)农民、家庭农场、农民专业合作社、农村集体经济组织、村民委员会购买农业生产资料或者销售农产品书立的买卖合同和农业保险合同,免征印花税。

(3)无息或者贴息借款合同、国际金融组织向中国提供优惠贷款书立的借款合同,免征印花税。

(4)财产所有权人将财产赠与政府、学校、社会福利机构、慈善组织书立的产权转移书据,免征印花税。

(5)符合条件的军事物资运输、抢险救灾物资运输,免征印花税。

(6)对个人出租、承租住房签订的租赁合同,免征印花税。对个人销售或购买住房暂免征收印花税。

(7)在融资性售后回租业务中,对承租人、出租人因出售租赁资产及购回租赁资产所签订的合同,不征收印花税。

(8)自2023年1月1日至2027年12月31日,对增值税小规模纳税人、小型微利企业和个体工商户减半征收资源税(不含水资源税)、城市维护建设税、房产税、城镇土地使用税、印花税(不含证券交易印花税)、耕地占用税和教育费附加、地方教育附加。

六、印花税征收管理

(一)纳税义务发生时间

(1)印花税的纳税义务发生时间为纳税人书立应税凭证或者完成证券交易的当日。证券交易印花税扣缴义务发生时间为证券交易完成的当日。

(2)应税合同、产权转移书据未列明金额,在后续实际结算时确定金额的,纳税人应当于书立应税合同、产权转移书据的首个纳税申报期申报应税合同、产权转移书据书立情况,在实际结算后下一个纳税申报期,以实际结算金额计算申报缴纳印花税。

(二)纳税地点

纳税人为单位的,应当向其机构所在地的主管税务机关申报缴纳印花税;纳税人为个人的,应当向应税凭证书立地或者纳税人居住地的主管税务机关申报缴纳印花税。不动产产权发生转移的,纳税人应当向不动产所在地的主管税务机关申报缴纳印花税。

纳税人为境外单位或者个人,在境内有代理人的,以其境内代理人为扣缴义务人,向境内代理人机构所在地(居住地)主管税务机关申报解缴税款。在境内没有代理人的,由纳税人自行申报缴纳印花税,境外单位或者个人可以向资产交付地、境内服务提供方或者接受方所在地(居住地)、书立应税凭证境内书立人所在地(居住地)主管税务机关申报缴纳;涉及不动产产权转移的,应当向不动产所在地主管税务机关申报缴纳。

证券登记结算机构为证券交易印花税的扣缴义务人,应当向其机构所在地的主管税务机关申报解缴税款以及银行结算的利息。

(三)纳税申报

印花税按季、按年或者按次计征。实行按季、按年计征的,纳税人应当自季度、年度终了之日起15日内申报缴纳税款;实行按次计征的,纳税人应当自纳税义务发生之日起15日内申报缴纳税款。应税合同、产权转移书据印花税可以按季或者按次申报缴纳,应税营业账簿印花税可以按年或者按次申报缴纳,具体纳税期限由各省、自治区、直辖市、计划单列市税务局结合征管实际确定。

作业题:印花税

纳税人应当根据书立印花税应税合同、产权转移书据和营业账簿情况,如实填写《财产和行为税纳税申报表》《印花税税源明细表》《财产和行为税减免税明细申报附表》(享受财产行为税税收优惠的纳税人填写)。

印花税可以采用粘贴印花税票或者由税务机关依法开具其他完税凭证的方式缴纳。印花税票粘贴在应税凭证上的,由纳税人在每枚税票的骑缝处盖戳注销或者画销。

印花税税源明细表

任务二　城市维护建设税、教育费附加及地方教育附加会计实务

任务引例

位于某市区的一家企业,20×5年11月实际缴纳增值税70万元,消费税30万元,当月被税务机关查补增值税15万元并处罚款5万元。计算该企业当月应申报缴纳的城市维护建设税。

任务二 引例解析

知识储备与业务操作

一、城市维护建设税

(一)纳税义务人和扣缴义务人

1.微课:城市维护建设税
2.城市维护建设税讲义

1.纳税义务人

在中华人民共和国境内缴纳增值税、消费税的单位和个人,为城市维护建设税的纳税

人,应当依照规定缴纳城市维护建设税。对进口货物或者境外单位和个人向境内销售劳务、服务、无形资产缴纳的增值税、消费税额,不征收城市维护建设税。采用委托代征、代扣代缴、代收代缴、预缴、补缴等方式缴纳增值税和消费税的,应当同时缴纳城市维护建设税。

2.扣缴义务人

城市维护建设税的扣缴义务人为负有增值税、消费税扣缴义务的单位和个人,在扣缴增值税、消费税的同时扣缴城市维护建设税。

(二)城市维护建设税税率

城市维护建设税根据纳税人所在地的不同,设置以下三档地区差别比例税率,见表8-2。

表8-2　城市维护建设税税率

档次	纳税人所在地	税率
1	市区	7%
2	县城、镇	5%
3	不在市区、县城、镇	1%

表8-2中的"纳税人所在地",是指纳税人住所或者与纳税人生产经营活动相关的其他地点,具体地点由省、自治区、直辖市确定。

(三)城市维护建设税应纳税额计算

1.城市维护建设税计税依据

城市维护建设税的计税依据,是纳税人依法实际缴纳的增值税、消费税额。具体是指纳税人依照增值税、消费税相关法律法规和税收政策规定计算的应当缴纳的两税税额(不含因进口货物或境外单位和个人向境内销售劳务、服务、无形资产缴纳的两税税额),加上增值税免抵税额,扣除直接减免的两税税额和期末留抵退税退还的增值税额后的金额。

计算公式如下:

城市维护建设税计税依据=依法实际缴纳的增值税税额+依法实际缴纳的消费税税额

依法实际缴纳的增值税税额=纳税人依照增值税相关法律法规和税收政策规定计算应当缴纳的增值税额+增值税免抵税额-直接减免的增值税额-留抵退税额

依法实际缴纳的消费税税额=纳税人依照消费税相关法律法规和税收政策规定计算应当缴纳的消费税税额-直接减免的消费税税额

上述直接减免的增值税、消费税额,是指按照增值税、消费税相关法律法规和税收政策规定,直接减征或免征的增值税、消费税税额,不包括实行先征后返、先征后退、即征即退办法退还的增值税、消费税税额。留抵退税额仅允许在按照增值税一般计税方法确定的城建税计税依据中扣除。当期未扣除完的余额,在以后纳税申报期按规定继续扣除。

纳税人违反增值税、消费税等有关规定而加收的滞纳金和罚款,是税务机关对纳税人违法行为的经济制裁,不作为城市维护建设税的计税依据;但纳税人在被查补增值税、消费税并被处以罚款时,应同时对其偷漏的城市维护建设税进行补税、征收滞纳金并按规定处以罚款。

提示:城市维护建设税随增值税和消费税的减免而减免,但不随增值税和消费税的返还而返还。

2.应纳税额的计算

城市维护建设税纳税人的应纳税额的计算公式为:

应纳税额=纳税人实际缴纳的增值税、消费税税额×适用税率

【做中学8-2】

位于某县城的B企业,20×5年10月收到增值税留抵退税370万元;10月申报缴纳增值税220万元(其中按一般计税方法计算的税额为200万元,按简易计税方法计算的税额为20万元);11月该企业申报缴纳增值税270万元,均为按一般计税方法产生的税额。

要求:分别计算该企业10月、11月应申报的城市维护建设税。

解析:10月应纳城市维护建设税=(200-200)×5%+20×5%=1(万元)

11月应纳城市维护建设税=(270-170)×5%=5(万元)

(四)城市维护建设税会计核算

城市维护建设税的会计核算应设置"应交税费——应交城市维护建设税"科目。计提城市维护建设税时,应借记"税金及附加"科目,贷记本科目;实际缴纳城市维护建设税时,应借记本科目,贷记"银行存款"科目。本科目对应账户期末贷方余额反映企业应交而未交的城市维护建设税。

(五)城市维护建设税税收优惠

城市维护建设税的税收优惠主要有以下内容:

(1)对黄金交易所会员单位通过黄金交易所销售且发生实物交割的标准黄金,免征城市维护建设税。

思政园地:一座城市的焕新之路

(2)对上海期货交易所会员和客户通过上海期货交易所销售且发生实物交割并已出库的标准黄金,免征城市维护建设税。

(3)对国家重大水利工程建设基金免征城市维护建设税。

(4)至2027年12月31日,自主就业退役士兵从事个体经营的,自办理个体工商户登记当月起,在3年内按每户每年12 000元为限额依次扣减其当年实际应缴纳的增值税、城市维护建设税、教育费附加、地方教育附加和个人所得税。

(5)脱贫人口持《就业创业证》或《就业失业登记证》,从事个体经营的,自办理个体工商户登记当月起,在3年内按每户每年20 000元为限额依次扣减其当年实际应缴纳的增值税、城市维护建设税、教育费附加和个人所得税。

(6)至2027年12月31日,对增值税小规模纳税人、小型微利企业和个体工商户减半征收城市维护建设税。

提示：第4点和第5点限额标准最高可上浮20%，各省、自治区、直辖市人民政府可根据本地区实际情况在此幅度内确定具体限额标准。

(六)城市维护建设税征收管理

1.纳税义务发生时间、地点

城市维护建设税的纳税义务发生时间与增值税和消费税的纳税义务发生时间一致，分别在缴纳增值税和消费税的同一缴纳地点、同一缴纳期限内，一并缴纳对应的城市维护建设税。

2.进出口环节城市维护建设税缴纳

进口货物或者境外单位和个人向境内销售劳务、服务、无形资产缴纳的增值税和消费税税额，不征收城市维护建设税。

在退税环节，因纳税人多缴发生的增值税和消费税退税，同时退还已缴纳的城市维护建设税。但是，增值税和消费税实行先征后返、先征后退、即征即退的，除另有规定外，不予退还随增值税和消费税附征的城市维护建设税。对出口产品退还增值税、消费税的，不退还已缴纳的城市维护建设税。

作业题：城市维护建设税

【做中学8-3】

位于某市区的丙企业，由于申报错误未享受优惠政策，20×5年12月申报期间，申请退还多缴的增值税和消费税共计200万元，同时当月享受增值税即征即退税款100万元。

要求：计算该企业12月应退税的城市维护建设税。

应退城市维护建设税=200×7%=14(万元)

二、教育费附加和地方教育附加

(一)征收范围、计征依据及计征比率

教育费附加和地方教育附加对缴纳增值税、消费税的单位和个人征收，以其实际缴纳的增值税、消费税税款为计征依据，分别与增值税、消费税同时缴纳。

对海关进口的产品征收的增值税、消费税，不征收教育费附加。

教育费附加征收比率为3%。地方教育附加征收率从2010年起统一调整为2%。

(二)教育费附加和地方教育附加的计算

教育费附加和地方教育附加的计算公式为：

应纳教育费附加或地方教育附加=实际缴纳的增值税、消费税×征收比率(3%或2%)

(三)教育费附加和地方教育附加会计核算

教育费附加和地方教育附加计提时，借记"税金及附加"，贷记"应交税费——应交教育费附加和地方教育附加"。如果企业符合以下两种情况，可以免征教育费附加和地方教育费

附加:

(1)小规模纳税人因未达起征点免征增值税,附加税不需要做账务处理;

(2)一般纳税人月销售额不超过10万元(季不超过30万元),免征教育费附加和地方教育费附加。

如果账上已经计提,但企业满足政策优惠条件,也可以结转到营业外收入等科目。借记"应交税费——应交教育费附加和地方教育附加",贷记"营业外收入""税金及附加"或"其他收益"科目

【做中学8-4】

A企业20×5年11月实际缴纳增值税500 000元,缴纳消费税500 000元。

要求:计算该企业应缴纳的教育费附加和地方教育附加。

解析:应纳教育费附加=(500 000+500 000)×3%=30 000(元)

应纳地方教育附加=(500 000+500 000)×2%=20 000(元)

借:税金及附加 50 000

 贷:应交税费——应交教育费附加和地方教育附加 50 000

(四)教育费附加和地方教育附加的减免规定

(1)对由于减免增值税、消费税而发生退税的,可同时退还已征收的教育费附加。但对出口产品退还增值税、消费税的,不退还已征的教育费附加。

提示:出口不征,进口不退,教育费附加和地方教育附加的减免规定与城市维护建设税相关规定一致。

(2)对国家重大水利工程建设基金免征教育费附加。

(3)自2016年2月1日起,按月纳税的月销售额或营业额不超过10万元(按季度纳税的季度销售额或营业额不超过30万元)的缴纳义务人,免征教育费附加、地方教育附加。

(4)自2023年1月1日至2027年12月31日,对增值税小规模纳税人、小型微利企业和个体工商户减半征收教育费附加、地方教育附加。

任务三 车辆购置税

任务引例

A企业20×5年10月从某汽车有限公司购买一辆小汽车供企业使用,支付了226 000元(含增值税),另外支付代收临时牌照费550元、代收保险费1 200元。其中车辆价款由该汽车公司开具了机动车销售统一发票,代收的临时牌照费和代收保险费分别取得了车辆登记管理部门、保险公司开具的财政收据和发票。

请计算A企业应纳车辆购置税并进行账务处理。

任务三 引例解析

知识储备与业务操作

一、车辆购置税纳税人、征税范围

车辆购置税的纳税人是指在中华人民共和国境内购置规定车辆的单位和个人。其中,购置是指以购买、进口、自产、受赠、获奖或者其他方式取得并自用应税车辆的行为。车辆购置税以列举的车辆作为征税对象,未列举的车辆不纳税。其征税范围包括汽车、有轨电车、汽车挂车、排气量超过150毫升的摩托车。

车辆购置税实行一次性征收。购置已征车辆购置税的车辆,不再征收车辆购置税。

二、车辆购置税计算及会计核算

(一)计税依据

计税依据为应税车辆的计税价格,按照下列规定确定:

(1)纳税人购置应税车辆,以发票电子信息中的不含增值税价作为计税价格。纳税人依据相关规定提供其他有效价格凭证的情形除外。

(2)纳税人进口自用应税车辆的计税价格,为关税完税价格加上关税和消费税。

(3)纳税人自产自用应税车辆的计税价格,按照纳税人生产的同类应税车辆的销售价格确定,不包括增值税税款;没有同类应税车辆销售价格的,按照组成计税价格确定。组成计税价格计算公式为:

组成计税价格=成本×(1+成本利润率)

上述公式中的成本利润率,由国家税务总局各省、自治区、直辖市和计划单列市税务局确定。

(4)纳税人以受赠、获奖或者其他方式取得自用应税车辆的计税价格,按照购置应税车辆时相关凭证载明的价格确定,不包括增值税税款。无法提供相关凭证的,参照同类应税车辆市场平均交易价格确定其计税价格。

(5)纳税人以外汇结算应税车辆价款的,按照申报纳税之日的人民币汇率中间价折合成人民币计算缴纳税款。

(二)税率

车辆购置税实行统一比例税率,税率为10%。

(三)应纳税额的计算方法

车辆购置税实行从价定率的方法计算应纳税额,计算公式为:

应纳税额=计税依据×税率

已经办理免税、减税手续的车辆因转让、改变用途等原因不再属于免税、减税范围的,发生转让行为的,受让人为车辆购置税纳税人;未发生转让行为的,车辆所有人为车辆购置税纳税人。纳税义务发生时间为车辆转让或者用途改变等情形发生之日。

应纳税额=初次办理纳税申报时确定的计税价格×(1-使用年限×10%)×10%-已纳税额

应纳税额不得为负数。使用年限的计算方法是,自纳税人初次办理纳税申报之日起,至不再属于免税、减税范围的情形发生之日止。使用年限取整计算,不满一年的不计算在内。

(四)车辆购置税会计核算

车辆购置税属于车辆达到预定可使用状态发生的必要支出,可以直接计入车辆的入账价值中。

借:固定资产

贷:银行存款等

三、车辆购置税优惠政策

我国车辆购置税实行法定减免,减免税范围的具体规定如下:

(1)外国驻华使馆、领事馆和国际组织驻华机构及其外交人员自用车辆免税。

(2)中国人民解放军和中国人民武装警察部队列入装备订货计划的车辆免税。

(3)悬挂应急救援专用号牌的国家综合性消防救援车辆免税。

(4)设有固定装置的非运输专用作业车辆免税。

(5)城市公交企业购置的公共汽电车辆免税。

(6)回国服务的在外留学人员用现汇购买1辆个人自用国产小汽车和长期来华定居专家进口1辆自用小汽车免征车辆购置税。

(7)防汛部门和森林消防部门用于指挥、检查、调度、报汛(警)、联络的由指定厂家生产的设有固定装置的指定型号的车辆免征车辆购置税。

四、车辆购置税征收管理

(一)纳税义务发生时间

车辆购置税的纳税义务发生时间为纳税人购置应税车辆的当日,以纳税人购置应税车辆所取得的车辆相关凭证上注明的时间为准。具体规定如下:

(1)购买自用应税车辆的为购买之日,即车辆相关价格凭证的开具日期。

(2)进口自用应税车辆的为进口之日,即《海关进口增值税专用缴款书》或者其他有效凭证的开具日期。

(3)自产、受赠、获奖或者以其他方式取得并自用应税车辆的为取得之日,即合同、法律文书或者其他有效凭证的生效或者开具日期。

纳税人应当自纳税义务发生之日起60日内申报缴纳车辆购置税。纳税人应当在向公安机关交通管理部门办理车辆注册登记前,缴纳车辆购置税。

(二)纳税申报地点

需要办理车辆登记注册手续的纳税人,向车辆登记地的主管税务机关申报纳税。不需要办理车辆登记注册手续的纳税人,单位纳税人向其机构所在地的主管税务机关申报纳税,个人纳税人向其户籍所在地或者经常居住地的主管税务机关申报纳税。

作业题:车辆购置税

(三)纳税申报流程

纳税人办理纳税申报时应当如实填报《车辆购置税纳税申报表》(见表8-3),同时提供车辆合格证明和车辆相关价格凭证。车辆合格证明,是指整车出厂合格证或者《车辆电子信息单》。车辆相关价格凭证,是指购车发票或者其他能够证明车辆价格的凭证。

表8-3 车辆购置税纳税申报表

填表日期: 年 月 日 　　　　　　　　　　　　　　　　　金额单位:元

纳税人名称		申报类型	□征税　□免税　□减税
证件名称		证件号码	
联系电话		地　址	
合格证编号(货物进口证明书号)		车辆识别代号/车架号	
厂牌型号			
排量(cc)		机动车销售统一发票代码	
机动车销售统一发票号码		不含税价	
海关进口关税专用缴款书(进出口货物征免税证明)号码			
关税完税价格		关税		消费税	
其他有效凭证名称		其他有效凭证号码		其他有效凭证价格	
购置日期		申报计税价格		申报免(减)税条件或者代码	
是否办理车辆登记		车辆拟登记地点			

纳税人声明:

本纳税申报表是根据国家税收法律法规及相关规定填报的,我确定它是真实的、可靠的、完整的。

纳税人(签名或盖章):
_____

委托声明:

现委托(姓名)_____(证件号码)_____办理车辆购置税涉税事宜,提供的凭证、资料是真实、可靠、完整的。任何与本申报表有关的往来文件,都可交予此人。

委托人(签名或盖章): 　　　　　被委托人(签名或盖章):

续表

以下由税务机关填写					
免(减)税条件代码					
计税价格	税率	应纳税额	免(减)税额	实纳税额	滞纳金金额

受理人:	复核人(适用于免、减税申报):	
		主管税务机关(章)
年 月 日	年 月 日	

任务四　耕地占用税

📋 任务引例

某省教育部门批准一所新建中学占用基本农田3 000平方米,其中2 200平方米建造教学楼和操场,800平方米建造教职工住房。假定当地耕地占用税税率为每平方米25元。

要求计算新建中学占用基本农田应纳耕地占用税。

任务四　引例解析

ⓦ 知识储备与业务操作

一、耕地占用税纳税人、征税范围、税率

1.微课:耕地占用税
2.耕地占用税讲义

(一)纳税人

耕地占用税的纳税人是指在中华人民共和国境内占用耕地建设建筑物、构筑物或者从事非农业建设的单位和个人。

经批准占用耕地的,纳税人为农用地转用审批文件中标明的建设用地人;农用地转用审批文件中未标明建设用地人的,纳税人为用地申请人,其中用地申请人为各级人民政府的,由同级土地储备中心、自然资源主管部门或政府委托的其他部门、单位履行耕地占用税申报纳税义务。

未经批准占用耕地的,纳税人为实际用地人。

(二)征税范围

耕地占用税的征税范围包括纳税人占用耕地建设建筑物、构筑物或者从事非农业建设的国家所有和集体所有的耕地。所称耕地,是指用于种植农作物的土地,包括菜地、园地。其中,园地包括花圃、苗圃、茶园、果园、桑园和其他种植经济林木的土地。占用鱼塘及其他农用土地建房或从事其他非农业建设,也视同占用耕地,必须依法征收耕地占用税。占用已开发从事种植、养殖的滩涂、草场、水面和林地等从事非农业建设,由省、自治区、直辖市本着有利于保护土地资源和生态平衡的原则,结合具体情况确定是否征收耕地占用税。

(三)税率

由于我国不同地区之间人口和耕地资源的分布极不均衡,各地区之间的经济发展水平也有很大差异。耕地占用税在税率设计上采用了地区差别定额税率,占用基本农田的,应当按照当地适用税额,加按150%征收。税率具体标准如下:

(1)人均耕地不超过1亩(1亩约等于666.57平方米)的地区(以县、自治县、不设区的市、市辖区为单位,下同),每平方米为10~50元。

(2)人均耕地超过1亩但不超过2亩的地区,每平方米为8~40元。

(3)人均耕地超过2亩但不超过3亩的地区,每平方米为6~30元。

(4)人均耕地超过3亩的地区,每平方米为5~25元。

各地区耕地占用税的适用税额,由省、自治区、直辖市人民政府根据人均耕地面积和经济发展等情况,在规定的税额幅度内提出,报同级人民代表大会常务委员会决定,并报全国人民代表大会常务委员会和国务院备案。

二、耕地占用税税额计算及会计核算

(一)计税依据

耕地占用税以纳税人实际占用的属于耕地占用税征税范围的土地面积为计税依据,按应税土地当地适用税额计税,实行一次性征收。

临时占用耕地,应当依照规定缴纳耕地占用税。纳税人在批准临时占用耕地的期限内恢复所占用耕地原状的,全额退还已经缴纳的耕地占用税。纳税人临时占用耕地,是指经自然资源主管部门批准,在一般不超过2年内临时使用耕地并且没有修建永久性建筑物的行为。

(二)税额计算

耕地占用税以纳税人实际占用的应税土地面积为计税依据,以每平方米土地为计税单位,按适用的定额税率计税。应纳税额为纳税人实际占用的应税土地面积(平方米)乘以适用税额。其计算公式为:

应纳税额=应税土地面积×适用税额

占用基本农田的,应当按照当地适用税额,加按150%征收,计算公式为:

应纳税额=应税土地面积×适用税额×150%

应税土地面积包括经批准占用面积和未经批准占用面积,以平方米为单位。适用税额是指省、自治区、直辖市人民代表大会常务委员会决定的应税土地所在地县级行政区的现行适用税额。

(三)会计核算

耕地占用税不需要计提,不通过"应交税费"科目核算,在实际发生时计入土地使用权的成本中。账务处理过程如下所示。

借:在建工程

　　贷:银行存款

【做中学8-5】

A企业新占用50 000平方米耕地用于工业建设,所占耕地适用的定额税率为25元/平方米。

要求:计算该企业应纳的耕地占用税并进行账务处理。

解析:应纳税额=50 000×25=1 250 000(元)

借:在建工程　　　　　　　　　　　　　　　　　　　　　1 250 000

　　贷:银行存款　　　　　　　　　　　　　　　　　　　　　　　1 250 000

三、耕地占用税优惠政策

耕地占用税对占用耕地实行一次性征收,对生产经营单位和个人不设立减免税,仅对公益性单位和需照顾群体设立减免税。纳税人改变原占地用途,不再属于免征或减征情形的,应自改变用途之日起30日内申报补缴税款,补缴税款按改变用途的实际占用耕地面积和改变用途时当地适用税额计算。

免征耕地占用税包括:(1)军事设施占用耕地;(2)学校、幼儿园、社会福利机构、医疗机构占用耕地;(3)农村烈士遗属、因公牺牲军人遗属、残疾军人以及符合农村最低生活保障条件的农村居民,在规定用地标准以内新建自用住宅,免征耕地占用税。

减征耕地占用税包括:

(1)铁路线路、公路线路、飞机场跑道、停机坪、港口、航道、水利工程占用耕地,减按每平方米2元的税额征收耕地占用税。

(2)农村居民在规定用地标准以内占用耕地新建自用住宅,按照当地适用税额减半征收耕地占用税;其中农村居民经批准搬迁,新建自用住宅占用耕地不超过原宅基地面积的部分,免征耕地占用税。

四、耕地占用税征收管理

(一)纳税义务发生时间

1.耕地占用税税源明细表

2.作业题:耕地占用税

耕地占用税由税务机关负责征收。耕地占用税的纳税义务发生时间为纳税人收到自然资源主管部门办理占用耕地手续的书面通知的当日。纳税人应当自纳税义务发生之日起30

日内申报缴纳耕地占用税。

纳税人改变原占地用途,需要补缴耕地占用税的,其纳税义务发生时间为改变用途当日,具体为:经批准改变用途的,纳税义务发生时间为纳税人收到批准文件的当日;未经批准改变用途的,纳税义务发生时间为自然资源主管部门认定纳税人改变原占地用途的当日。

(二)纳税申报

纳税人应按照规定及时办理纳税申报,并如实填写《财产和行为税纳税申报表》《耕地占用税税源明细表》及《财产和行为税减免税明细申报附表》(享受财产行为税税收优惠的纳税人填写)。

工作实例解析

1.20×5年1月,城市维护建设税、教育费附加、地方教育附加计算及账务处理:

应纳城市维护建设税税额=(200 000+300 000)×7%=35 000(元)

应补缴城市维护建设税税额=20 000×7%=1 400(元)

应纳教育费附加金额=(200 000+300 000)×3%=15 000(元)

应补缴教育费附加金额=20 000×3%=600(元)

应纳地方教育附加金额=(200 000+300 000)×2%=10 000(元)

应补缴地方教育附加金额=20 000×2%=400(元)

借:税金及附加——城市维护建设税　　　　　　　　　　　　36 400
　　　　　　　——教育费附加　　　　　　　　　　　　　　15 600
　　　　　　　——地方教育附加　　　　　　　　　　　　　10 400
　　贷:应交税费——应交城市维护建设税　　　　　　　　　　36 400
　　　　　　　　——应交教育附加　　　　　　　　　　　　　15 600
　　　　　　　　——应交地方教育费附加　　　　　　　　　　10 400

2.20×5年第一季度印花税计算及账务处理过程。

(1)采购合同属于买卖合同,应缴纳的印花税金额=663 211×0.3‰=198.96(元)。

(2)货物销售合同属于买卖合同,应缴纳的印花税金额=1 538 461×0.3‰=461.54(元)。

(3)仓储合同适用1‰的印花税税率=5 000×1‰=5(元)。

(4)企业管理咨询服务合同不属于《印花税税目税率表》中所列举的项目,所以不需要缴纳印花税。

(5)专利权转让合同属于产权转移书据,应缴纳印花税=6 000×0.3‰=1.8(元)。

(6)委托加工合同,委托方提供原材料,仅就加工费以承揽合同为税目进行缴纳印花税=89 500×0.3‰=26.85(元)。

(7)技术服务合同属于技术合同,对技术开发合同,只就合同所载的报酬金额计税,研究开发经费不作为计税依据。应缴纳印花税=(100 000−80 000)×0.3‰=6(元)。

(8)营业账簿印花税按实收资本(股本)、资本公积合计金额的万分之二点五计算缴纳=5 000 000×0.25‰=1250(元)。

印花税总金额=198.96+461.54+5+1.8+26.85+6+1 250=1 944.15（元）

计提印花税时的账务处理过程。

借：税金及附加 1 944.15

贷：应交税费——应交印花税 1 944.15

缴纳印花税时的账务处理过程。

借：应交税费——应交印花税 1 944.15

贷：银行存款 1 944.15

3.第一步：点击"财产和行为税税源信息报告"—点击"印花税税源采集"—点击"新增税源"，填写印花税税源明细表（见表8-4）。

第二步：核对财产和行为税纳税申报表（见表8-5）的数据，点击"申报"。

表8-4 印花税税源明细表

纳税人识别号（统一社会信用代码）：721301217600112569A

纳税人名称：杭州卓越木业有限责任公司 金额单位：人民币元（列至角分）

序号	*税目	*税款所属期起	*税款所属期止	应纳税凭证编号	应纳税凭证书立（领受）日期	*计税金额或件数	核定比例	*税率	减免性质代码和项目名称
按期申报									
1	购销合同	20×5-01-01	20×5-03-31			2 201 672	0.00	0.03%	
2	产权转移书据	20×5-01-01	20×5-03-31			6 000	0.00	0.03%	
3	技术合同	20×5-01-01	20×5-03-31			6	0.00		
4	仓储保管合同	20×5-01-01	20×5-03-31			5 000	0.00	0.10%	
5	加工承揽合同	20×5-01-01	20×5-03-31			89 500	0.00	0.03%	
6	营业账簿	20×5-01-01	20×5-03-31			5 000 000	0.00	0.025%	
按次申报									

表8-5 财产和行为税纳税申报表

纳税人识别号（统一社会信用代码）：721301217600112569A

纳税人名称：杭州卓越木业有限责任公司 金额单位：人民币元（列至角分）

序号	税种	税目	税款所属期起	税款所属期止	计税依据	税率	应纳税额	减免税额	已缴税额	应补（退）税额
1	印花税	购销合同	20×5-01-01	20×5-03-31	2 201 672	0.03%	660.50	0.00	0.00	660.50
2	印花税	产权转移书据	20×5-01-01	20×5-03-31	6 000	0.03%	1.80	0.00	0.00	1.80
3	印花税	技术合同	20×5-01-01	20×5-03-31	6		0.00	0.00	0.00	0.00
4	印花税	仓储保管合同	20×5-01-01	20×5-03-31	5 000	0.10%	5.00	0.00	0.00	5.00
5	印花税	加工承揽合同	20×5-01-01	20×5-03-31	89 500	0.03%	26.85	0.00	0.00	26.85
6	印花税	营业账簿	20×5-01-01	20×5-03-31	5 000 000	0.025%	1 250.00	0.00	0.00	1 250.00

🖥 实战演练

杭州卓越木业有限责任公司(纳税人识别号:721301217600112569A),为增值税一般纳税人,非小型微利企业,按月申报增值税、消费税,按季度申报印花税。有关资料如下:

1.20×5年第二季度发生相关业务如下:

(1)与某科研单位签订一份技术开发合同,合同总金额为400万元。合同规定,研究开发费用320万元。

(2)与大华公司签订非专利技术转让合同,价款50万元;与富达公司签订专利权转让合同,价款100万元。

(3)与工商银行签订借款合同,合同总金额为500万元,又分两次填开借据领取该笔借款,金额分别是400万元、100万元。

(4)与A建筑公司签订一项建筑工程承包合同,金额为600万元。

(5)与保险公司签订财产保险合同1份,保险标的物价值总额3000万元,按10‰的比例支付保险费。

(6)签订采购合同6份,共记载金额753 223元。

(7)签订货物销售合同8份,共记载金额1 967 381元。

2.20×5年6月购买了一辆小汽车,不含税价为10万元。

任务要求:

1.计算该企业20×5年第二季度应缴纳的印花税并进行账务处理。

2.计算该企业20×5年6月应缴纳的车辆购置税并进行账务处理。

3.填制《财产和行为税纳税申报表》,申报印花税。

📋 项目小结

特定行为目的税类思维导图

📋 项目测试

项目八 测试题

全书作业题、测试题答案